Oltre la Penna: Rivoluzionare la Scrittura con ChatGPT

Guida all'Integrazione dell'Intelligenza Artificiale nel Processo Creativo: Dall'Ispirazione alla Pubblicazione

Andrea Piergiacomi

1. **Introduzione a ChatGPT**: Spiegare cos'è ChatGPT, come funziona e perché è uno strumento prezioso per gli autori.

2. **Preparazione Iniziale**: Come impostare obiettivi chiari per il tuo libro e utilizzare ChatGPT per brainstorming e ricerca iniziale.

3. **Strutturazione del Libro**: Utilizzare ChatGPT per sviluppare un indice dettagliato e la struttura del libro.

4. **Ricerca di Contenuto**: Tecniche per utilizzare ChatGPT nella ricerca approfondita sui temi del libro.

5. **Sviluppo del Capitolo**: Guida alla scrittura dei capitoli utilizzando ChatGPT per generare contenuti, idee e sottotitoli.

6. **Creazione di Personaggi e Case Studies**: Per libri che includono storie o studi di caso, come creare personaggi realistici o racconti utili.

7. **Revisione e Editing**: Consigli su come utilizzare ChatGPT per revisionare e modificare il tuo libro, migliorando la coerenza e la chiarezza.

8. **Feedback e Collaborazione**: Integrare ChatGPT nel processo di raccolta feedback da lettori beta o collaboratori.

9. **Superare il Blocco dello Scrittore**: Strategie per utilizzare ChatGPT quando ti senti bloccato o hai bisogno di ispirazione.

10. **Titoli e Sottotitoli**: Creazione di titoli accattivanti e sottotitoli per capitoli o sezioni con l'aiuto di ChatGPT.

11. **Introduzioni e Conclusioni**: Scrivere introduzioni coinvolgenti e conclusioni significative con l'assistenza di ChatGPT.

12. **Creazione di Metafore e Analogie**: Uso di ChatGPT per generare metafore, similitudini e analogie che arricchiscono il testo.

13. **Raccolta di Citazioni e Riferimenti**: Guida su come utilizzare ChatGPT per trovare e integrare citazioni pertinenti e riferimenti nel tuo libro.

14. **Marketing e Promozione**: Strategie per utilizzare ChatGPT nella creazione di materiali di marketing, come post per blog, descrizioni di libri e contenuti per social media.

15. **Pubblicazione**: Consigli su come preparare il tuo manoscritto per la pubblicazione utilizzando ChatGPT, inclusa la formattazione e la scelta tra autopubblicazione e editori tradizionali.

16. **SEO e Presenza Online**: Utilizzare ChatGPT per migliorare la presenza online del tuo libro attraverso tecniche SEO e creazione di contenuti web.

17. **Interazione con i Lettori**: Creazione di una community e coinvolgimento dei lettori utilizzando ChatGPT per rispondere a domande e commenti.

18. **Aggiornamenti e Revisioni**: Come utilizzare ChatGPT per aggiornare il tuo libro o scrivere edizioni future basate sui feedback dei lettori.

19. **Case Studies di Successo**: Presentazione di studi di caso e testimonianze di autori che hanno utilizzato con successo ChatGPT nella scrittura di libri.

20. **Risorse e Strumenti Aggiuntivi**: Elenco di risorse, strumenti e community online per autori che utilizzano ChatGPT nella loro pratica di scrittura.

Introduzione a ChatGPT

Cos'è ChatGPT?

ChatGPT è una forma avanzata di intelligenza artificiale sviluppata da OpenAI, basata sull'architettura dei modelli di linguaggio GPT (Generative Pre-trained Transformer). Questa tecnologia utilizza l'apprendimento profondo per comprendere e generare testi naturali, permettendo agli utenti di interagire con il sistema in un dialogo fluido e intuitivo. ChatGPT può rispondere a domande, creare contenuti, simulare conversazioni e molto altro, imitando lo stile e il tono umani con una sorprendente precisione.

Come Funziona?

ChatGPT è stato addestrato su un vasto dataset di testi tratti da libri, articoli, siti web e altre fonti di testo pubbliche. Questo addestramento gli consente di capire e generare testi in varie lingue su una miriade di argomenti. Il modello utilizza quello che ha appreso per prevedere la sequenza di parole più probabile in risposta a un input fornito dall'utente, consentendo conversazioni complesse e la generazione di testi coerenti e contestualmente rilevanti.

Perché È uno Strumento Prezioso per Gli Autori?

1. **Generazione di Idee**: ChatGPT può aiutare gli autori a superare il blocco dello scrittore generando idee, trame,

titoli e molto altro. Può servire come una fonte inesauribile di ispirazione.

2. **Ricerca**: Può accelerare il processo di ricerca fornendo informazioni e sintesi su un'ampia gamma di argomenti, consentendo agli autori di concentrarsi sulla scrittura.

3. **Bozza Iniziale**: Gli autori possono utilizzare ChatGPT per creare bozze iniziali o parti di contenuto, riducendo il tempo di scrittura e offrendo una base su cui costruire e rifinire il lavoro.

4. **Editing e Revisione**: ChatGPT può assistere nella revisione del testo, suggerendo miglioramenti stilistici, correggendo errori grammaticali e raffinando la scelta delle parole.

5. **Feedback**: Può simulare una prima lettura del manoscritto, fornendo feedback immediato sugli aspetti da migliorare.

6. **Supporto Multilingua**: Per gli autori che lavorano in più lingue, ChatGPT può tradurre, creare o modificare contenuti in diverse lingue, ampliando le potenzialità di pubblicazione globale.

7. **Efficienza e Produttività**: Riducendo il carico di lavoro associato a compiti ripetitivi o meno creativi, gli autori possono dedicare più tempo agli aspetti critici e creativi della scrittura.

In conclusione, ChatGPT si rivela uno strumento versatile e potente per gli autori, capace di facilitare quasi ogni fase del processo di scrittura. Che si tratti di esplorare nuove idee, accelerare la ricerca, o rifinire la prosa, ChatGPT offre aiuto concreto e ispirazione, rendendo il percorso creativo meno solitario e decisamente più efficiente.

Il ruolo di ChatGPT nel mondo della scrittura di saggistica non si limita semplicemente a fungere da assistente virtuale per la generazione di contenuti o la revisione grammaticale. La sua applicazione si estende ben oltre, toccando ogni fase del processo creativo e produttivo che circonda la realizzazione di un libro. Per comprendere appieno la portata e la profondità dell'impiego di ChatGPT da parte degli autori, è essenziale esplorare vari aspetti e modalità d'uso che rendono questo strumento un vero alleato nella scrittura di saggistica.

Espansione della Creatività

ChatGPT può agire come un catalizzatore per la creatività, spingendo gli autori oltre i limiti delle loro abitudini di pensiero convenzionali. Attraverso la generazione di scenari ipotetici, dialoghi immaginari, o approfondimenti su tematiche di nicchia, gli autori possono scoprire nuove prospettive e angolazioni da cui approcciare il loro argomento. Questo processo non solo arricchisce il contenuto del libro con dettagli unici e originali ma stimola anche una maggiore creatività nell'autore, che può sperimentare con idee altrimenti non considerate.

Affinamento della Narrazione

La capacità di generare testi coesi e contestualmente rilevanti permette a ChatGPT di offrire supporto nell'affinamento della narrazione. Attraverso la creazione di bozze che seguono la struttura e il tono desiderati dall'autore, ChatGPT può aiutare a colmare eventuali lacune narrative, suggerendo transizioni fluide tra i capitoli o paragrafi e migliorando l'armonia complessiva del testo. Questo tipo di assistenza è particolarmente prezioso nella fase di editing, dove la coerenza narrativa e la fluidità del discorso sono fondamentali per mantenere l'attenzione del lettore.

Ottimizzazione della Ricerca

La funzione di ricerca di ChatGPT rappresenta un vantaggio significativo per gli autori che si impegnano nella stesura di saggi o libri che richiedono una solida base di conoscenze. Grazie alla sua capacità di accedere a un'ampia varietà di fonti e di sintetizzare le informazioni, ChatGPT può fornire rapidamente dati, citazioni, e contesti storici o scientifici pertinenti al tema trattato. Questo strumento può quindi significativamente ridurre il tempo dedicato alla ricerca, permettendo all'autore di concentrarsi maggiormente sull'analisi e l'interpretazione delle informazioni raccolte.

Dialogo e Interazione

Un altro aspetto fondamentale dell'uso di ChatGPT nella scrittura di saggistica è la sua capacità di simulare dialoghi e interazioni. Questo può essere particolarmente utile per gli autori che desiderano incorporare elementi dialogici nei loro libri, sia per rendere il testo più vivace e coinvolgente, sia per esplorare diverse prospettive su un argomento attraverso un formato di conversazione. ChatGPT può generare scambi dialogici realistici e informativi, arricchendo il testo con dinamiche conversazionali che riflettono verosimili scambi umani.

Personalizzazione e Adattabilità

La personalizzazione dell'output generato da ChatGPT è un altro elemento chiave che lo rende estremamente prezioso per gli autori. Attraverso specifici prompt e la capacità di affinare le richieste in base alle esigenze del progetto, gli autori possono guidare ChatGPT nella produzione di contenuti che si allineano strettamente con lo stile, il tono, e la direzione desiderata del loro libro. Questa adattabilità rende ChatGPT uno strumento flessibile, capace di assistere nella scrittura di una vasta gamma di generi e formati di saggistica, da studi accademici dettagliati a guide pratiche, da racconti di viaggio personali a analisi tecniche approfondite.

In sintesi, ChatGPT offre agli autori di saggistica una risorsa incomparabile che va ben oltre il semplice assistente alla scrittura. Con la sua vasta gamma di applicazioni, dalla generazione di idee all'affinamento della narrazione, dall'ottimizzazione della ricerca al supporto nella personalizzazione del contenuto, ChatGPT si pone come un collaboratore virtuale capace di influenzare positivamente ogni fase della creazione di un libro.

Esplorando ulteriormente le capacità e il potenziale di ChatGPT come strumento per autori di saggistica, è fondamentale riconoscere il suo ruolo nel miglioramento della qualità complessiva dei testi e nella facilitazione di un processo di scrittura più interconnesso e innovativo.

Personalizzazione Profonda del Testo

La capacità di ChatGPT di adattarsi a stili di scrittura specifici rappresenta un vantaggio cruciale per gli autori. Questo aspetto va oltre la semplice riproduzione di un tono o stile generico; permette agli autori di infondere nel testo le loro peculiarità espressive, creando un'opera che riflette fedelmente la loro voce unica. Questo processo di personalizzazione profonda non solo garantisce coerenza stilistica ma facilita anche un maggiore coinvolgimento dei lettori, che possono percepire l'autenticità e la passione dell'autore attraverso le pagine del libro.

Ampliamento della Portata Tematica

ChatGPT può servire come una fonte di ampliamento tematico, offrendo agli autori la possibilità di esplorare argomenti ai quali potrebbero non essere esperti. Attraverso l'accesso a informazioni e dati trattati durante il suo addestramento, ChatGPT può fornire insight e approfondimenti che arricchiscono il testo con nuove dimensioni di conoscenza. Questo permette agli autori di trattare temi complessi con maggiore autorità e di presentare ai lettori analisi più ricche e sfaccettate.

Collaborazione Creativa

Considerare ChatGPT come un collaboratore creativo apre nuove frontiere nella scrittura di saggistica. Questo approccio collaborativo può stimolare la generazione di idee innovative, offrendo agli autori spunti originali e soluzioni creative ai problemi di narrazione. La collaborazione con ChatGPT può assumere forme diverse, dalla co-creazione di contenuti all'esplorazione di nuove strutture narrative, rendendo il processo di scrittura più dinamico e flessibile.

Supporto Multiformato

La versatilità di ChatGPT si estende anche al supporto di vari formati di pubblicazione, includendo e-book, post per blog, articoli, e persino script per podcast o video. Questa capacità di adattamento permette agli autori di pensare al di fuori dei confini tradizionali del libro stampato, esplorando modi innovativi per condividere le loro conoscenze e raggiungere il pubblico attraverso diversi canali. Inoltre, ChatGPT può assistere nella creazione di contenuti aggiuntivi che arricchiscono l'offerta editoriale, come appendici online, sessioni Q&A, o contenuti esclusivi per lettori.

Integrazione con Altre Tecnologie

L'integrazione di ChatGPT con altre tecnologie di intelligenza artificiale e strumenti digitali apre ulteriori possibilità per gli autori. Ad esempio, l'uso congiunto di ChatGPT con software di analisi testuale può offrire preziosi insight sulla leggibilità, la densità delle parole chiave per il SEO, e altri aspetti tecnici che influenzano la visibilità e l'accessibilità del libro. Inoltre, l'integrazione con piattaforme di pubblicazione digitale può semplificare il processo di distribuzione e promozione del libro, rendendo più efficace il raggiungimento del pubblico target.

Sfide e Opportunità

L'adozione di ChatGPT nel processo di scrittura presenta sia sfide che opportunità. Gli autori devono navigare questioni etiche legate all'uso dell'intelligenza artificiale, come la proprietà intellettuale e l'autenticità del contenuto, garantendo al contempo che l'uso di queste tecnologie arricchisca il valore del loro lavoro senza comprometterne l'integrità. Questo equilibrio richiede una riflessione consapevole sul ruolo dell'IA nella creazione di contenuti e sull'impatto che queste tecnologie possono avere sulla professione di autore nel lungo termine.

L'impiego di ChatGPT nella scrittura di saggistica, quindi, non si limita a una semplice facilitazione meccanica del processo creativo; rappresenta un'evoluzione nella maniera in cui gli autori interagiscono con le loro idee, il loro pubblico, e il mondo della pubblicazione. Man mano che questa tecnologia continua a svilupparsi, le sue applicazioni nel campo editoriale si espanderanno, offrendo nuove opportunità per esplorare il potenziale illimitato della scrittura assistita dall'intelligenza artificiale.

Rafforzamento della Relazione Autore-Lettore

L'impiego di ChatGPT nella scrittura di saggistica non solo facilita il processo creativo e produttivo per l'autore ma ha anche il potenziale di trasformare la relazione tra autore e lettore. ChatGPT può essere utilizzato per creare contenuti interattivi o personalizzati che rispondono direttamente alle domande o agli interessi dei lettori, offrendo un'esperienza di lettura più coinvolgente e dinamica. Questo tipo di interazione, mediata dall'intelligenza artificiale, apre nuove strade per la costruzione di una comunità di lettori fedeli e per l'approfondimento dei temi trattati nel libro, incentivando un dialogo continuo tra l'autore e il suo pubblico.

Espansione delle Capacità Narrative

L'utilizzo di ChatGPT offre agli autori la possibilità di esplorare e ampliare le proprie capacità narrative, sperimentando con tecniche di scrittura e formati narrativi che potrebbero essere al di fuori della loro zona di comfort. Per esempio, ChatGPT può assistere nella creazione di narrazioni non lineari, storie intrecciate o persino formati sperimentali che rompono i confini del genere saggistico tradizionale. Questa esplorazione guidata può portare alla scoperta di nuove voci narrative e all'innovazione nel modo di raccontare storie vere, arricchendo significativamente il panorama letterario.

Integrazione di Elementi Multimediali

In un'epoca dominata dalla tecnologia digitale, ChatGPT può servire da ponte per l'integrazione di elementi multimediali nei libri di saggistica. Attraverso la generazione di testi che si prestano alla trasposizione in formati visivi o audio, gli autori possono arricchire i propri lavori con diagrammi, infografiche, podcast, o video, rendendo il contenuto più accessibile e coinvolgente per un'ampia varietà di lettori. Questa multidisciplinarità, facilitata dall'IA, permette di superare le limitazioni del testo stampato, offrendo un'esperienza di lettura o di apprendimento più ricca e immersiva.

Automazione del Processo Editoriale

Oltre al supporto nella scrittura e nella ricerca, ChatGPT può automatizzare diversi aspetti del processo editoriale, dalla generazione automatica di indici e sommari alla formattazione secondo le specifiche di vari editori o piattaforme di autopubblicazione. Questa automazione non solo risparmia tempo prezioso ma garantisce anche che il manoscritto finale rispetti gli standard professionali richiesti per la pubblicazione, riducendo la probabilità di errori o omissioni che potrebbero ritardare o compromettere il successo del libro.

Sviluppo Sostenibile della Carriera Letteraria

L'utilizzo strategico di ChatGPT può contribuire allo sviluppo sostenibile della carriera di un autore di saggistica. Fornendo supporto costante in ogni fase del processo di scrittura e pubblicazione, ChatGPT permette agli autori di mantenere un ritmo produttivo elevato senza sacrificare la qualità. Inoltre, l'abilità di generare contenuti aggiuntivi, come articoli di blog, post sui social media, o newsletter, può aiutare gli autori a costruire e mantenere una presenza online attiva, essenziale per attrarre e fidelizzare i lettori nell'attuale panorama editoriale digitale.

Personalizzazione dell'Esperienza Educativa

Per i libri di saggistica con un focus educativo, ChatGPT può rivoluzionare l'approccio all'apprendimento, offrendo una personalizzazione senza precedenti dell'esperienza educativa. Generando quiz, esercizi, o progetti basati sui contenuti del libro, ChatGPT può facilitare l'assimilazione attiva delle conoscenze da parte dei lettori, adattando il materiale didattico ai loro specifici bisogni e livelli di competenza. Questo approccio personalizzato non solo migliora l'efficacia educativa dei materiali di lettura ma apre anche la strada a nuovi modelli di pubblicazione interattiva, dove il libro diventa una piattaforma di apprendimento dinamica e adattiva.

L'impiego di ChatGPT nel campo della scrittura di saggistica è, quindi, un esempio illuminante di come l'intelligenza artificiale possa arricchire e trasformare profondamente la pratica letteraria, aprendo nuove possibilità creative e produttive per gli autori e migliorando in modo significativo l'interazione tra autore e lettore. Con l'avanzare della tecnologia e la sua crescente integrazione nel processo creativo, è probabile che assisteremo a ulteriori innovazioni che continueranno a ridefinire il paesaggio della letteratura saggistica.

Valorizzazione del Background Culturale e Storico

La capacità di ChatGPT di accedere a un vasto database di informazioni culturali e storiche offre agli autori di saggistica un'opportunità unica per arricchire i loro lavori con contesti profondi e dettagliati. Gli autori possono sfruttare questa risorsa per tessere nei loro testi ricchi sfondi storici e culturali, offrendo ai lettori una comprensione più profonda dei temi trattati. Questo approccio non solo valorizza il contenuto del libro ma incoraggia anche una maggiore empatia e comprensione tra i lettori di diverse origini, promuovendo un dialogo interculturale attraverso la narrazione saggistica.

Ottimizzazione per Piattaforme Multiple

Nell'era digitale, la capacità di ottimizzare i contenuti per diverse piattaforme è cruciale. ChatGPT può assistere gli autori nell'adattare i loro lavori per un'ampia gamma di formati, inclusi e-book, audiobook, e contenuti online, garantendo che il messaggio raggiunga efficacemente il pubblico indipendentemente dal mezzo preferito. Questa flessibilità amplia notevolmente la portata dei libri di saggistica, permettendo agli autori di incontrare i lettori là dove si trovano, aumentando l'accessibilità e la fruibilità dei contenuti.

Creazione di Comunità di Apprendimento

ChatGPT può svolgere un ruolo centrale nel creare e sostenere comunità di apprendimento intorno ai libri di saggistica. Fornendo agli autori gli strumenti per generare discussioni, domande, e attività basate sui loro lavori, ChatGPT facilita l'interazione tra lettori con interessi simili, promuovendo l'apprendimento collaborativo e il supporto reciproco. Queste comunità possono trasformarsi in spazi vitali per lo scambio di idee, l'approfondimento dei contenuti dei libri e la creazione di legami tra individui di tutto il mondo.

Facilitazione dell'Accessibilità

L'accessibilità dei contenuti è un aspetto fondamentale nell'editoria moderna, e ChatGPT può aiutare gli autori a rendere i loro lavori accessibili a un pubblico più ampio, inclusi lettori con disabilità. Ad esempio, la generazione di testi alternativi per immagini, la trasformazione di contenuti in formati leggibili da screen reader, o l'adattamento del linguaggio per essere più inclusivo e comprensibile sono tutti modi in cui ChatGPT può contribuire a eliminare le barriere all'accesso, garantendo che il sapere e le storie contenute nei libri di saggistica siano disponibili a tutti.

Supporto alla Riflessione Critica

ChatGPT può stimolare la riflessione critica tra i lettori, generando domande, scenari ipotetici, e analisi che invitano ad approfondire la comprensione dei temi trattati nel libro. Questo stimolo alla critica e alla riflessione non solo arricchisce l'esperienza di lettura ma promuove anche lo sviluppo di pensiero critico e analitico, competenze essenziali in un mondo sempre più complesso e interconnesso.

Innovazione nel Storytelling

L'intelligenza artificiale apre nuove frontiere nel campo del storytelling, e ChatGPT è in prima linea in questo processo di innovazione. Gli autori di saggistica possono sperimentare con nuove strutture narrative, come storie interattive in cui i lettori prendono decisioni che influenzano il corso della narrazione, o formati ibridi che mescolano saggistica, fiction, e elementi multimediali. Questi esperimenti narrativi non solo attraggono l'interesse dei lettori ma spingono i confini di ciò che è possibile all'interno del genere saggistico, creando opere che sono allo stesso tempo informative, coinvolgenti e innovative.

Espansione della Voce Autore

L'utilizzo di ChatGPT permette agli autori di saggistica di espandere la propria voce oltre i confini del libro, generando contenuti correlati che possono vivere su diverse piattaforme e formati. Dalle serie di podcast che approfondiscono i temi trattati nel libro, a webinar interattivi, a post di blog che esplorano nuove ricerche o sviluppi, ChatGPT può aiutare gli autori a costruire un ecosistema di contenuti che arricchisce la narrazione principale e coinvolge il pubblico in modi sempre nuovi ed emozionanti.

L'impiego di ChatGPT nella scrittura di saggistica rappresenta, quindi, un'avventura esplorativa nelle possibilità infinite offerte dall'intelligenza artificiale nel campo dell'editoria. Mentre gli autori e i lettori navigano insieme in questo paesaggio in evoluzione, si scoprono nuovi modi di creare, condividere e sperimentare la conoscenza, spingendo sempre più in là i confini dell'immaginazione e dell'innovazione letteraria.

Potenziamento dell'Analisi Comparativa

ChatGPT può facilitare analisi comparative approfondite su vasta scala, permettendo agli autori di saggistica di confrontare eventi storici, opere letterarie, teorie scientifiche o qualsiasi altro argomento con una precisione e una profondità senza precedenti. Attraverso l'elaborazione di grandi volumi di dati e testi, ChatGPT può aiutare a identificare pattern, differenze e somiglianze che potrebbero non essere immediatamente evidenti, offrendo agli autori spunti unici per arricchire la loro narrazione e fornire al lettore analisi comparative di grande valore.

Sostegno alla Sperimentazione di Generi

La versatilità di ChatGPT permette agli autori di sperimentare con generi e sottogeneri diversi, estendendo il campo di applicazione della saggistica a territori inesplorati. Questo può includere la fusione di saggistica e narrativa, l'incorporazione di elementi poetici o drammatici in testi informativi, o l'esplorazione di nuovi formati come il saggio visivo o multimediale. ChatGPT può offrire supporto in queste sperimentazioni, generando contenuti che si adattano a questi nuovi generi e fornendo agli autori gli strumenti per navigare con sicurezza in acque sconosciute.

Rivitalizzazione dei Classici

ChatGPT offre agli autori la possibilità di rivitalizzare opere classiche e testi storici, rendendoli più accessibili e pertinenti per il pubblico contemporaneo. Gli autori possono utilizzare ChatGPT per reinterpretare queste opere attraverso una lente moderna, generando nuove versioni, commenti critici o guide di studio che aiutino i lettori a connettersi con il materiale in modi che risuonino con le loro esperienze e comprensioni attuali. Questo non solo aumenta l'apprezzamento per i classici ma apre anche dialoghi tra il passato e il presente, arricchendo il discorso culturale.

Miglioramento della Precisione Linguistica

Per gli autori di saggistica che scrivono in una lingua non madre o per quelli che desiderano raggiungere un pubblico internazionale, ChatGPT può migliorare significativamente la precisione linguistica dei loro lavori. Offrendo traduzioni di alta qualità, suggerimenti per l'uso corretto di terminologia tecnica o specialistica e correzioni grammaticali, ChatGPT aiuta a superare le barriere linguistiche, assicurando che il messaggio dell'autore sia chiaro e efficace in qualsiasi lingua.

Facilitazione dell'Auto-pubblicazione

ChatGPT sta trasformando il panorama dell'auto-pubblicazione, fornendo agli autori indipendenti gli strumenti necessari per competere a livelli precedentemente accessibili solo attraverso le case editrici tradizionali. Dalla creazione di copertine accattivanti alla formattazione professionale dei manoscritti, dalla generazione di descrizioni di marketing al supporto nella distribuzione e promozione online, ChatGPT può guidare gli autori attraverso ogni fase del processo di auto-pubblicazione, democratizzando l'accesso al mercato editoriale.

Ampliamento delle Prospettive Etiche

L'uso di ChatGPT solleva importanti questioni etiche che possono stimolare un dibattito costruttivo all'interno della comunità letteraria e oltre. Gli autori di saggistica possono esplorare queste questioni nei loro lavori, analizzando l'impatto dell'intelligenza artificiale sulla creatività, sulla proprietà intellettuale, sulla veridicità dei contenuti e sulle dinamiche di potere nel mondo editoriale. Questa riflessione critica non solo arricchisce il dibattito pubblico ma contribuisce anche a delineare le pratiche migliori per l'utilizzo etico dell'IA nella scrittura e nella pubblicazione.

Creazione di Esperienze di Apprendimento Personalizzate

ChatGPT può trasformare i libri di saggistica in esperienze di apprendimento personalizzate, adattando il contenuto alle esigenze e agli interessi specifici dei lettori. Gli autori possono utilizzare ChatGPT per generare percorsi di lettura personalizzati, supplementi interattivi e materiali didattici che si adattano ai diversi stili di apprendimento, rendendo la conoscenza più accessibile e coinvolgente per una vasta gamma di pubblici.

Esplorazione di Nuove Frontiere della Conoscenza

Infine, ChatGPT permette agli autori di esplorare le frontiere emergenti della conoscenza, accedendo a informazioni aggiornate e approfondimenti su campi in rapida evoluzione come la tecnologia, la scienza e la medicina. Questo accesso a una vasta gamma di dati e ricerche consente agli autori di saggistica di rimanere all'avanguardia nelle loro aree di interesse, offrendo ai lettori contenuti che non sono solo informativi ma anche estremamente attuali.

L'utilizzo di ChatGPT nella creazione di opere di saggistica rappresenta un'avanzata significativa nel modo in cui gli autori si approcciano alla scrittura, alla ricerca e alla pubblicazione, aprendo possibilità prima inimmaginabili e ridefinendo i confini di ciò che è possibile realizzare nel vasto e variegato panorama della letteratura non fiction.

La profonda immersione nelle potenzialità di ChatGPT per gli autori di saggistica rivela un panorama di possibilità che va ben oltre la semplice assistenza alla scrittura. Questa tecnologia di intelligenza artificiale si configura come un vero e proprio ecosistema di supporto, capace di rivoluzionare il processo creativo, la ricerca, la pubblicazione e l'interazione con il lettore in modi precedentemente inimmaginabili.

ChatGPT agisce come un catalizzatore per l'innovazione narrativa, permettendo agli autori di esplorare nuovi generi, mescolare formati e sperimentare con strutture narrative avanguardistiche. La capacità di generare contenuti ricchi e contestualizzati apre le porte a esplorazioni tematiche più profonde, arricchendo il tessuto dei saggi con dettagli storici, culturali e scientifici che elevano il discorso e coinvolgono il lettore su più livelli. Questa ricchezza di dettagli non solo arricchisce la narrazione ma crea anche ponti tra discipline diverse, invitando i lettori a una comprensione più olistica dei temi trattati.

L'uso di ChatGPT nella fase di ricerca e preparazione del libro si traduce in una significativa ottimizzazione del tempo e delle risorse. Gli autori possono accedere rapidamente a un vasto serbatoio di informazioni, analizzarle e integrarle nei loro lavori con un livello di precisione e dettaglio che prima richiedeva mesi, se non anni, di ricerca intensiva. Questo non solo accelera il processo di scrittura ma garantisce anche una maggiore accuratezza e autenticità dei contenuti, elevando la qualità complessiva dell'opera.

Dal punto di vista dell'editing e della revisione, ChatGPT offre un supporto inestimabile, fungendo da primo lettore critico capace di suggerire miglioramenti, identificare incongruenze o errori, e proporre alternative creative. Questo processo di feedback iterativo arricchisce notevolmente il manoscritto finale, affinandolo in modo che possa risuonare più profondamente con il pubblico target.

La pubblicazione e la promozione del libro sono anch'esse trasformate dall'intervento di ChatGPT. Gli autori hanno a disposizione uno strumento versatile per generare descrizioni accattivanti, materiali di marketing efficaci e strategie di comunicazione che possono aumentare la visibilità del loro lavoro e attrarre un pubblico più ampio. Inoltre, la capacità di ChatGPT di facilitare l'auto-pubblicazione apre nuove vie per gli autori indipendenti, democratizzando l'accesso al mondo editoriale e fornendo più opportunità per condividere le proprie voci e storie.

Infine, ma non per importanza, ChatGPT ridefinisce il rapporto tra autore e lettore. Attraverso la creazione di contenuti interattivi, esperienze di apprendimento personalizzate e comunità di discussione attorno ai libri, gli autori possono coinvolgere il loro pubblico in modi significativi e sostenere un dialogo continuo che trascende le pagine del libro. Questo non solo arricchisce l'esperienza di lettura ma costruisce anche una relazione più profonda e duratura tra autore e lettore, basata sullo scambio di idee, sulla crescita condivisa e sulla scoperta reciproca.

In conclusione, l'integrazione di ChatGPT nel processo di scrittura di saggistica segna l'inizio di una nuova era nella letteratura non fiction, dove le barriere tra autore, testo e lettore si dissolvono, dando vita a un ecosistema letterario più interconnesso, dinamico e accessibile. Questa trasformazione non solo espande le possibilità creative per gli autori ma arricchisce anche profondamente il paesaggio culturale, invitando a una comprensione più ampia e partecipativa della conoscenza e dell'esplorazione umana.

2. Preparazione Iniziale: Come impostare obiettivi chiari per il tuo libro e utilizzare ChatGPT per brainstorming e ricerca iniziale.

Preparazione Iniziale: Impostazione degli Obiettivi e Utilizzo di ChatGPT per Brainstorming e Ricerca Iniziale

La fase di preparazione iniziale è cruciale nello sviluppo di un libro di saggistica. Stabilire obiettivi chiari e condurre una ricerca iniziale approfondita sono passaggi fondamentali che definiscono la direzione e il potenziale successo del tuo progetto. Utilizzare ChatGPT in questa fase può notevolmente amplificare la tua capacità di esplorazione e definizione del tuo lavoro. Ecco come procedere.

Impostazione degli Obiettivi del Libro

1. **Definizione del Tema**: Identifica l'argomento centrale del tuo libro. Chiedi a ChatGPT di generare idee attorno a questo tema, esplorando sotto-argomenti, domande irrisolte nel campo, e possibili nuove prospettive.

2. **Pubblico Target**: Definisci chi è il pubblico del tuo libro. Utilizza ChatGPT per analizzare le esigenze, gli interessi e il livello di conoscenza del tuo pubblico target, garantendo che il contenuto sia rilevante e accessibile.

3. **Obiettivi Specifici**: Stabilisci cosa vuoi che i tuoi lettori imparino, sentano o facciano dopo aver letto il tuo libro. ChatGPT può aiutarti a formulare questi obiettivi in

modo chiaro, offrendo esempi di obiettivi raggiungibili che si allineano con il tuo tema e pubblico.

4. **Differenziazione**: Considera cosa rende il tuo libro unico. Chiedi a ChatGPT di aiutarti a identificare i punti di forza e le lacune esistenti nel mercato editoriale attuale, permettendoti di posizionarti in modo distintivo.

Utilizzo di ChatGPT per Brainstorming e Ricerca Iniziale

1. **Generazione di Idee**: Invita ChatGPT a produrre una lista di domande, temi e argomenti potenziali che potrebbero essere inclusi nel tuo libro. Questo brainstorming iniziale può rivelare direzioni sorprendenti e innovazioni tematiche.

2. **Ricerca di Contenuto**: Dopo aver delineato aree tematiche di interesse, usa ChatGPT per condurre ricerche preliminari. Mentre ChatGPT non ha accesso in tempo reale a internet al di là della sua formazione, può fornire una vasta conoscenza generale che può servire come punto di partenza per la tua ricerca più dettagliata.

3. **Strutturazione del Libro**: Chiedi a ChatGPT di aiutarti a sviluppare una struttura o un indice dei contenuti basato sugli obiettivi e sul tema del tuo libro. Questo può includere capitoli, sottosezioni e una proposta di flusso logico per la presentazione delle informazioni.

4. **Identificazione di Fonti e Risorse**: Utilizza ChatGPT per elencare le fonti di informazione, i database, i libri e gli articoli accademici che potrebbero essere utili. Anche se ChatGPT non può sostituire una ricerca accademica approfondita, può suggerire dove iniziare e quali termini di ricerca utilizzare.

5. **Sviluppo di Domande di Ricerca**: Formula con l'aiuto di ChatGPT domande di ricerca specifiche che guideranno la tua esplorazione del tema. Queste domande possono aiutare a mantenere la tua ricerca focalizzata e produttiva.

Collaborazione Continua con ChatGPT

Mentre procedi nella fase di preparazione, continua a dialogare con ChatGPT, raffinando le tue idee e approfondendo la tua comprensione del soggetto. Questo processo iterativo non solo affina la tua visione iniziale ma ti prepara anche per le fasi successive di scrittura e revisione.

La preparazione iniziale del tuo libro di saggistica, assistita da ChatGPT, ti posiziona su una base solida di chiarezza concettuale e direzione strategica. Con obiettivi ben definiti e una comprensione approfondita del tuo campo di indagine, sei ora pronto a navigare nel processo di scrittura con fiducia e proposito, sfruttando al massimo le capacità di questo strumento AI per realizzare il tuo progetto editoriale.

Nella fase di preparazione iniziale di un libro di saggistica, impostare obiettivi chiari e condurre una ricerca iniziale efficace sono passaggi fondamentali che determinano la direzione e il successo del tuo progetto. L'uso di ChatGPT può notevolmente arricchire questo processo iniziale, fornendoti uno strumento versatile per brainstorming, generazione di idee e raccolta di informazioni preliminari. Ecco come puoi sfruttarlo al meglio.

Impostazione degli Obiettivi

1. **Definizione del Tema Principale**: Prima di tutto, è cruciale avere una chiara comprensione del tema principale del tuo libro. Con ChatGPT, puoi esplorare vari aspetti di un argomento, porre domande per approfondire i sotto-temi rilevanti e valutare l'originalità e l'interesse intorno a questi temi.

2. **Identificazione del Pubblico Target**: Definire chi leggerà il tuo libro ti aiuterà a modellarne il contenuto e lo stile. ChatGPT può assisterti nell'analizzare i bisogni e gli interessi di diversi gruppi di lettori, aiutandoti a creare un profilo del tuo pubblico ideale.

3. **Stabilire Obiettivi Specifici**: Qual è lo scopo del tuo libro? Vuoi informare, educare, intrattenere, ispirare o persuadere? Discuti con ChatGPT per chiarire i tuoi obiettivi e considera come ogni sezione del tuo libro contribuirà a raggiungerli.

4. **Pianificazione del Flusso e della Struttura**: Utilizza ChatGPT per aiutarti a concepire una struttura logica per il tuo libro. Genera un indice dei contenuti preliminare e discuti l'ordine ottimale dei capitoli per garantire una progressione logica e coinvolgente.

Brainstorming e Ricerca Iniziale

1. **Brainstorming su Contenuti e Idee**: ChatGPT può essere un eccellente partner di brainstorming. Chiedigli di generare idee su argomenti, casi di studio, esempi, e qualsiasi altro elemento che possa arricchire il tuo libro.

2. **Ricerca Preliminare**: Anche se ChatGPT non può sostituirsi a una ricerca dettagliata e aggiornata, può fornire una solida base di conoscenze generali e suggerire direzioni di ricerca. Utilizzalo per ottenere un quadro generale sugli argomenti di interesse, comprese teorie di base, dibattiti in corso nel campo e riferimenti a studi chiave.

3. **Sviluppo di Domande di Ricerca**: Formulare domande specifiche può guidare la tua ricerca iniziale. Chiedi a ChatGPT di aiutarti a elaborare domande pertinenti che focalizzino la tua esplorazione sugli aspetti più significativi e curiosi del tuo tema.

4. **Identificazione di Risorse e Fonti**: Mentre ChatGPT può fornire informazioni generali, avrai bisogno di fonti primarie e secondarie affidabili per la tua ricerca. Usa ChatGPT per suggerire tipi di fonti, possibili autori di riferimento, e database o archivi che potrebbero contenere le informazioni di cui hai bisogno.

Utilizzo Strategico di ChatGPT

- **Iterazione e Affinamento**: Il processo di preparazione iniziale non è lineare. Continua a interagire con ChatGPT per rifinire i tuoi obiettivi, affinare la tua struttura e approfondire la tua comprensione degli argomenti trattati.

- **Documentazione**: Mentre utilizzi ChatGPT per esplorare e definire il tuo progetto, assicurati di documentare le idee, le fonti suggerite e le strutture proposte. Questa documentazione sarà fondamentale per passare alla fase di scrittura.

- **Feedback Continuo**: Considera di utilizzare ChatGPT come uno strumento per il feedback preliminare, testando le idee del tuo libro e valutando la loro coerenza e impatto.

Incorporando ChatGPT nella fase di preparazione iniziale, potrai sfruttare la sua vasta capacità di generazione di testo e di elaborazione di idee per stabilire una base solida per il tuo libro. Questo processo non solo ti aiuterà a chiarire la visione del tuo progetto ma anche ad arricchire il contenuto, rendendo il tuo libro più informativo, coinvolgente e, in definitiva, di successo.

Nel contesto della preparazione iniziale per la scrittura di un libro di saggistica, l'utilizzo di ChatGPT come strumento di brainstorming e ricerca iniziale si espande oltre le funzionalità basilari, entrando in una fase di collaborazione profonda e iterativa tra l'autore e l'intelligenza artificiale. Questa fase di preparazione è cruciale non solo per definire il perimetro del progetto ma anche per esplorare le potenzialità creative e informative che possono essere integrate nel lavoro. Ecco come approfondire ulteriormente questo processo.

Approfondimento Tematico e Interdisciplinare

Utilizzando ChatGPT, puoi spingerti oltre l'esplorazione superficiale degli argomenti, impegnandoti in un dialogo che esamina le intersezioni tra diverse discipline. Questo approccio interdisciplinare può arricchire significativamente il tuo libro, offrendo ai lettori una comprensione più olistica dell'argomento. Chiedi a ChatGPT di fornire esempi di come il tuo tema si intreccia con altre aree del sapere, quali implicazioni sociali, storiche, psicologiche, o tecnologiche possono essere esplorate e come queste connessioni possano arricchire la narrazione del tuo libro.

Sviluppo di Personaggi e Aneddoti

Per i libri di saggistica che beneficiano dell'inclusione di narrazioni personali o studi di caso — come biografie, studi storici o analisi di eventi attuali — ChatGPT può assisterti nello sviluppo di personaggi complessi o nella costruzione di aneddoti che illustrano i tuoi punti chiave. Puoi utilizzare ChatGPT per generare profili dettagliati di figure storiche o immaginarie, o per creare scenari ipotetici che rendano i concetti astratti più tangibili e memorabili per i lettori.

Analisi Comparativa e Contrapposizioni

Un'altra strategia efficace consiste nell'utilizzare ChatGPT per generare analisi comparative o esplorare contrapposizioni di idee, teorie o eventi. Questo non solo stimola un pensiero critico profondo ma aiuta anche a posizionare il tuo lavoro all'interno del discorso esistente, offrendo ai lettori nuove prospettive. Incoraggia ChatGPT a produrre tali comparazioni, chiedendo di delineare i pro e i contro di determinati approcci o di discutere le differenze e le somiglianze tra eventi storici simili o teorie concorrenti.

Ricerca di Citazioni e Materiale di Supporto

ChatGPT può essere particolarmente utile nella generazione di citazioni pertinenti o nel suggerire materiali di supporto che potrebbero arricchire il tuo libro. Anche se ChatGPT non può accedere direttamente a fonti esterne aggiornate, può comunque indicare tipi di citazioni, autori chiave e opere principali che potrebbero essere rilevanti per il tuo argomento. Questo può servire come trampolino di lancio per ricerche più dettagliate nelle biblioteche digitali o nei database accademici.

Esplorazione di Formati e Strutture Alternative

L'elasticità di ChatGPT nel generare testi di vari stili e formati ti permette di esplorare strutture alternative per il tuo libro. Puoi sperimentare con formati non lineari, capitoli tematici interconnessi piuttosto che sequenziali, o inserire elementi interattivi che invitino il lettore a un'esperienza più partecipativa. Chiedi a ChatGPT di proporre diversi modi per organizzare il tuo materiale, valutando come ciascuna struttura possa influenzare l'impatto e la ricezione del tuo lavoro.

Iterazione e Rifinimento

La fase di preparazione iniziale con ChatGPT dovrebbe essere vista come un processo iterativo, dove idee, strutture e contenuti sono continuamente rifiniti e sviluppati. Utilizza le risposte di ChatGPT come un feedback per affinare ulteriormente i tuoi obiettivi, chiarire il tuo pubblico target e perfezionare la tua voce narrativa. Questo ciclo di iterazione ti permette di approfondire la tua comprensione dell'argomento e di sviluppare un testo che sia sia informativo che coinvolgente.

L'approccio descritto trasforma la preparazione iniziale in un'esplorazione complessa e ricca di sfumature, sfruttando al massimo le capacità di ChatGPT per espandere il potenziale del tuo libro di saggistica. Questo processo non solo stabilisce una solida fondazione per il tuo progetto ma apre anche la porta a nuove possibilità creative e informative, garantendo che il tuo lavoro si distingua per originalità e profondità di insight.

Approfondendo ulteriormente il processo di preparazione iniziale per la scrittura di un libro di saggistica con l'ausilio di ChatGPT, ci immergiamo in strategie ancora più dettagliate e innovative per sfruttare al meglio questa tecnologia. L'obiettivo è di trasformare l'idea iniziale in un progetto ben definito, arricchito da ricerche preliminari, idee creative e una struttura solida che guiderà la stesura del manoscritto.

Valorizzazione del Contesto Storico e Culturale

ChatGPT può essere impiegato per impreziosire il tuo libro con un contesto storico e culturale profondo. Attraverso la generazione di narrazioni che intrecciano la tua tematica con eventi storici, movimenti culturali o tendenze sociali, puoi offrire ai lettori una comprensione più ricca e matizzata. Questo approccio non solo arricchisce il contenuto ma stimola anche una riflessione più ampia sui temi trattati, legando il presente al passato e anticipando possibili sviluppi futuri.

Esplorazione di Nuove Prospettive e Voci

L'interazione con ChatGPT offre l'opportunità di esplorare prospettive e voci diverse dal canonico. Chiedi a ChatGPT di fornire insight o argomentazioni da punti di vista alternativi, minoritari o trascurati. Questa esplorazione può aprire il tuo libro a una gamma più ampia di lettori e arricchire il dibattito sui temi trattati, promuovendo una comprensione più inclusiva e multiforme.

Incorporazione di Elementi Narrativi

Anche in un lavoro di saggistica, l'incorporazione di elementi narrativi può rendere il testo più coinvolgente. Usa ChatGPT per sviluppare brevi storie, aneddoti o scenari che illustrino concetti chiave o dati. Questi elementi narrativi servono non solo a vivacizzare il testo ma anche a facilitare la comprensione e la memorizzazione delle informazioni da parte del lettore.

Analisi di Tendenze e Previsioni

In un mondo in rapida evoluzione, la capacità di analizzare tendenze attuali e fare previsioni informate può aggiungere un valore significativo al tuo libro. Interagisci con ChatGPT per discutere le potenziali direzioni future dei temi trattati, considerando l'impatto di tecnologie emergenti, cambiamenti sociali e sfide ambientali. Questa analisi prospettica non solo arricchisce il testo con un livello di profondità analitica ma invita anche i lettori a riflettere attivamente sul futuro.

Sintesi di Teorie Complesse

La saggistica spesso richiede di distillare teorie complesse in una forma accessibile ai lettori non specialisti. ChatGPT può aiutarti a semplificare queste teorie senza perdere la loro essenza, fornendo spiegazioni chiare e esempi illustrativi. Questo approccio rende il tuo libro uno strumento prezioso per l'educazione e la divulgazione, ampliando la sua rilevanza e appello.

Creazione di Contenuti Interattivi

Considera l'idea di rendere il tuo libro più interattivo, soprattutto se prevedi una versione digitale o multimediale. ChatGPT può assisterti nella progettazione di quiz, esercizi o attività che coinvolgano il lettore in un apprendimento attivo. Questi contenuti interattivi non solo arricchiscono l'esperienza di lettura ma facilitano anche una comprensione più profonda e personale dei temi trattati.

Rafforzamento del Collegamento tra Capitoli

La coesione e la coerenza tra i capitoli sono essenziali per la fluidità di lettura e la struttura complessiva del tuo libro.

Utilizza ChatGPT per generare sintesi o collegamenti che tessono insieme i vari capitoli, assicurando che ogni sezione contribuisca alla narrazione generale e al progresso logico dell'argomento.

Promozione del Coinvolgimento del Lettore

Infine, ChatGPT può essere un alleato prezioso nella promozione del coinvolgimento attivo del lettore. Sviluppa con il suo aiuto domande di riflessione, inviti alla discussione o suggerimenti per ulteriori ricerche che i lettori possono intraprendere. Questa strategia non solo estende l'impatto del tuo libro oltre la sua lettura ma incoraggia anche un'applicazione pratica e personale delle conoscenze acquisite.

Attraverso l'adozione di queste strategie avanzate, il processo di preparazione iniziale diventa un viaggio esplorativo ricco e multidimensionale, che sfrutta le capacità di ChatGPT per massimizzare il potenziale informativo, narrativo e innovativo del tuo libro di saggistica.

Nell'approfondire ulteriormente il processo di preparazione iniziale per la scrittura di un libro di saggistica con l'aiuto di ChatGPT, si scoprono strati sempre più complessi di potenziale collaborativo. Questa fase preparatoria, cruciale per la definizione della visione e dei contorni del progetto editoriale, si arricchisce attraverso un'esplorazione ancora più dettagliata e creativa.

Ampliamento del Contesto Filosofico e Etico

Un libro di saggistica guadagna profondità quando tocca questioni filosofiche o etiche relative al suo argomento. ChatGPT può essere sollecitato a fornire insight su dilemmi etici, teorie filosofiche e principi morali che si intrecciano con il tema principale del libro. Questo tipo di indagine non solo arricchisce il contenuto con una dimensione riflessiva ma invita anche i lettori a esplorare il proprio posizionamento etico e filosofico rispetto agli argomenti trattati.

Esplorazione di Format Narrativi Innovativi

L'innovazione nel formato narrativo può distinguere notevolmente un libro di saggistica. Considera l'uso di ChatGPT per esperimenti con formati narrativi non convenzionali, come il saggio epistolare, il diario, o la narrazione frammentata. Questi formati possono offrire modi unici e coinvolgenti di presentare informazioni e storie, creando un'esperienza di lettura distintiva e memorabile.

Integrazione di Elementi Visivi e Multimediali

Nell'era digitale, l'integrazione di elementi visivi e multimediali nel testo arricchisce notevolmente l'esperienza di lettura. Usa ChatGPT per generare idee su come integrare infografiche, fotografie, video o elementi interattivi nel tuo libro. Questa strategia non solo rende il contenuto più accessibile ma stimola anche diverse modalità di apprendimento e coinvolgimento del lettore.

Creazione di Un Ecosistema di Contenuti

Il libro può essere il nucleo di un più ampio ecosistema di contenuti. Attraverso ChatGPT, esplora la possibilità di creare articoli di blog, serie di podcast, workshop online o corsi che estendano i temi trattati nel libro. Questo approccio non solo amplia la portata del tuo lavoro ma crea anche una comunità di lettori e apprendenti impegnati.

Valorizzazione delle Testimonianze e delle Esperienze Reali

Incorporare testimonianze e storie di vita reale può conferire al tuo libro un'autenticità e una risonanza emotiva uniche. ChatGPT può assisterti nel delineare interviste, questionari o altre modalità per raccogliere queste storie, oltre a suggerire modi per integrarle efficacemente nel testo, mantenendo rispetto e sensibilità verso le esperienze condivise.

Facilitazione del Dialogo Multidisciplinare

Un libro di saggistica può diventare un luogo di dialogo tra diverse discipline. Utilizza ChatGPT per identificare e esplorare i punti di contatto tra il tuo argomento e campi apparentemente distanti o non correlati. Questo approccio non solo apre nuove prospettive ma arricchisce anche il discorso intorno al tema centrale, mostrando la sua rilevanza in vari contesti.

Strategie di Coinvolgimento e Call to Action

Oltre a informare e intrattenere, un libro di saggistica può ispirare azione. Chiedi a ChatGPT di aiutarti a formulare call to action efficaci che incoraggino i lettori a riflettere ulteriormente, a impegnarsi in attività correlate al tema o a contribuire al cambiamento sociale. Queste strategie di coinvolgimento trasformano la lettura in un'esperienza attiva e partecipativa.

Attraverso questi approfondimenti, diventa evidente che la fase di preparazione iniziale, assistita da ChatGPT, è un processo ricco e multiforme che va ben oltre la semplice raccolta di informazioni o la definizione di una struttura. Si tratta di un'opportunità per tessere una tela complessa di idee, narrazioni, teorie e interazioni che non solo informano il contenuto del libro ma ne definiscono l'impatto e l'eco nel mondo dei lettori e oltre. Questa fase iniziale pone le fondamenta per un'opera che aspira non solo a essere letta ma a vivere, respirare e stimolare il dialogo e l'azione nel suo pubblico.

Concludendo la discussione sulla preparazione iniziale per la scrittura di un libro di saggistica con l'ausilio di ChatGPT, possiamo affermare che questa fase rappresenta ben più di una semplice impostazione preliminare del progetto. Essa costituisce un'opportunità di esplorazione profonda, di creatività e di innovazione che può trasformare radicalmente sia il processo di scrittura che il prodotto finale. Attraverso un utilizzo strategico e mirato di ChatGPT, gli autori possono ampliare i confini del loro lavoro, arricchendolo con nuove prospettive, approfondimenti multidisciplinari e una comunicazione efficace con il loro pubblico target.

Sintesi del Processo

1. **Definizione degli Obiettivi e del Pubblico**: La fase iniziale richiede una chiara comprensione degli obiettivi del libro e della demografia del pubblico target. ChatGPT può servire come uno strumento per affinare questi obiettivi e per identificare le aspettative e le preferenze dei potenziali lettori, garantendo che il progetto sia posizionato per il massimo impatto.

2. **Brainstorming e Sviluppo del Contenuto**: Utilizzando ChatGPT per il brainstorming, gli autori possono generare un'ampia varietà di idee, temi e argomenti potenziali. Questo processo iterativo permette di esplorare nuove direzioni creative, di incorporare elementi narrativi avvincenti e di sviluppare un contenuto che sia informativo, coinvolgente e profondamente riflessivo.

3. **Ricerca e Ampliamento delle Fonti**: ChatGPT facilita una ricerca preliminare efficace, suggerendo direzioni di indagine, fonti primarie e secondarie, e aiutando a costruire una solida base di conoscenza sul tema. Questa fase di ricerca iniziale pone le fondamenta per approfondimenti più dettagliati e per l'integrazione di

teorie, dati e analisi che sostengono e arricchiscono la
narrazione.

4. **Strutturazione e Organizzazione del Materiale**:
   Con l'assistenza di ChatGPT, gli autori possono
   sperimentare con diverse strutture narrative e
   organizzative, valutando come ogni scelta influenzi la
   presentazione del contenuto e l'esperienza di lettura.
   Questo processo di organizzazione preliminare assicura
   che il libro sia coeso, logico e facilmente navigabile.

5. **Valorizzazione dell'Interdisciplinarità e
   dell'Innovazione Formativa**: Attraverso l'uso di
   ChatGPT, è possibile esplorare connessioni
   interdisciplinari e sperimentare con formati narrativi
   innovativi. Questo non solo amplia la portata e l'appello
   del libro ma invita anche a un'esplorazione più ricca e
   variegata del tema, stimolando il pensiero critico e la
   curiosità dei lettori.

6. **Promozione del Coinvolgimento Attivo**: Infine,
   ChatGPT può aiutare a progettare elementi che
   promuovono un coinvolgimento attivo del lettore, da
   esercizi interattivi a riflessioni guidate. Questa strategia
   trasforma il libro da un'esperienza di lettura passiva a un
   dialogo attivo, incentivando l'applicazione pratica delle
   idee discusse e promuovendo un cambiamento positivo.

In sintesi, la preparazione iniziale per la scrittura di un libro di
saggistica, supportata da ChatGPT, è un processo dinamico e
multilivello che va ben oltre la semplice raccolta di informazioni
o la stesura di un piano. È un'occasione per l'autore di
immergersi profondamente nel tessuto del suo argomento, di
tessere una narrazione ricca e multiforme, e di stabilire un
collegamento significativo con i suoi lettori. Questo approccio
non solo migliora la qualità del lavoro finale ma arricchisce
anche l'esperienza personale e professionale dell'autore,
aprendo nuove strade di esplorazione creativa e intellettuale.

3. Strutturazione del Libro: Utilizzare ChatGPT per sviluppare un indice dettagliato e la struttura del libro.

La strutturazione di un libro è un passaggio cruciale nel processo di scrittura, poiché fornisce una mappa chiara che guida sia l'autore durante la creazione del contenuto sia il lettore nel suo percorso attraverso il libro. Utilizzare ChatGPT in questa fase può semplificare e arricchire la creazione di una struttura coesa e coinvolgente. Ecco come procedere:

Definizione dell'Obiettivo e del Flusso Generale

1. **Obiettivo del Libro**: Inizia con la definizione dell'obiettivo principale del tuo libro. Spiega a ChatGPT cosa intendi trasmettere ai tuoi lettori o quale trasformazione spereresti che essi sperimentino.

2. **Temi Chiave**: Elenca i temi chiave o le domande principali che il tuo libro si propone di esplorare. Chiedi a ChatGPT di suggerire come questi temi potrebbero essere organizzati logicamente per massimizzare la chiarezza e l'impatto.

Creazione dell'Indice

1. **Bozza dell'Indice**: Basandoti sugli obiettivi e i temi chiave, chiedi a ChatGPT di generare una bozza di indice. Questo dovrebbe includere titoli di capitoli che riflettono il flusso del libro, da un'introduzione generale a sezioni più dettagliate, fino a una conclusione che lega insieme tutti i concetti.

2. **Sottosezioni**: Per ogni capitolo, esplora con ChatGPT potenziali sottosezioni che dettaglino ulteriormente l'argomento, facilitando una trattazione approfondita e organizzata delle varie tematiche.

Strutturazione Dettagliata

1. **Introduzioni di Capitolo**: Ogni capitolo dovrebbe iniziare con un'introduzione che ne presenta gli obiettivi e i punti chiave. Chiedi a ChatGPT di aiutarti a formulare queste introduzioni, garantendo che ciascuna prepari efficacemente il lettore a ciò che seguirà.

2. **Sviluppo dei Contenuti**: Per ogni sezione o sottosezione, discuti con ChatGPT il tipo di contenuto necessario, che sia ricerca, analisi, narrazione o case study. Questo aiuterà a determinare la struttura interna di ogni parte del libro.

3. **Transizioni**: Le transizioni tra capitoli e sezioni sono vitali per mantenere il lettore impegnato e garantire una progressione logica. Utilizza ChatGPT per ideare transizioni fluide che collegano i diversi argomenti in modo significativo.

4. **Conclusione e Riflessioni Finali**: La conclusione del libro dovrebbe riepilogare i punti salienti, riflettere sugli obiettivi iniziali e magari indicare direzioni future. Chiedi a ChatGPT di proporre idee per una conclusione forte che lasci il lettore informato, ispirato o pronto all'azione.

Revisione e Affinamento

1. **Feedback su Coerenza e Flusso**: Una volta delineata la struttura del libro, utilizza ChatGPT per valutare la coerenza e il flusso dell'indice proposto. Chiedi suggerimenti per miglioramenti o per colmare eventuali lacune nella logica o nel contenuto.

2. **Flessibilità e Apertura a Modifiche**: Mentre procedi nella scrittura del libro, rimani aperto a modifiche della struttura. ChatGPT può aiutarti a rivedere e adattare l'indice in base ai nuovi sviluppi o intuizioni che emergono durante il processo creativo.

Utilizzare ChatGPT per sviluppare un indice dettagliato e la struttura del libro non solo semplifica la pianificazione del progetto ma arricchisce anche il contenuto, garantendo che il libro sia organizzato, accessibile e coinvolgente. Questo approccio strategico e flessibile alla strutturazione consente di affrontare il complesso compito di scrittura con maggiore chiarezza, confidenza e direzione.

Approfondendo ulteriormente la fase di strutturazione di un libro con l'assistenza di ChatGPT, esploriamo strategie avanzate per ottimizzare la coerenza, l'engagement del lettore e l'innovazione nel layout e nel flusso dei contenuti. Questo processo non solo contribuisce a delineare una struttura solida ma apre anche la porta a metodi creativi per presentare il materiale, arricchendo l'esperienza complessiva del lettore.

Integrazione di Elementi Visivi nella Struttura

1. **Mappatura Visuale dei Contenuti**: Utilizza ChatGPT per esplorare opportunità di integrare elementi visivi che complementano e arricchiscono il testo. Questo può includere diagrammi, mappe concettuali, fotografie o illustrazioni. Chiedi suggerimenti su come e dove questi elementi visivi potrebbero essere più efficaci nel comunicare concetti chiave o nel rompere blocchi di testo densi, migliorando così la leggibilità e l'engagement.

2. **Timeline e Infografiche**: Per argomenti che si prestano a una trattazione cronologica o che beneficiano di rappresentazioni dati, discuti con ChatGPT l'idea di includere timeline o infografiche. Questi strumenti possono aiutare i lettori a visualizzare meglio le informazioni, facilitando la comprensione di sequenze complesse o di dati.

Sfruttare la Narrativa Transmediale

1. **Collegamenti Multimediali**: In considerazione delle versioni digitali del tuo libro, valuta l'aggiunta di collegamenti a contenuti multimediali esterni. ChatGPT può suggerire modi per integrare podcast, video o siti web rilevanti che approfondiscono gli argomenti trattati, offrendo ai lettori un'esperienza più ricca e multidimensionale.

2. **Esperienze Interattive**: Rifletti sulla possibilità di includere elementi interattivi, come quiz autovalutativi, esercizi pratici o percorsi di apprendimento personalizzati, soprattutto in formati elettronici. ChatGPT può aiutarti a concepire queste componenti interattive, rendendo il libro uno strumento più dinamico e coinvolgente.

Ampliamento del Contesto e della Profondità

1. **Box Informativi e Sidebar**: Per arricchire il contesto senza interrompere il flusso principale del testo, considera l'uso di box informativi o sidebar. ChatGPT può generare contenuti per questi inserti, che possono fornire approfondimenti, biografie brevi, aneddoti o definizioni di termini chiave.

2. **Q&A e FAQ**: Includi sezioni di domande e risposte o FAQ per affrontare curiosità comuni o malintesi relativi ai tuoi temi. Questo formato dialogico, suggerito da ChatGPT, può rendere il testo più accessibile e interattivo, facilitando la comprensione del lettore.

Valorizzazione della Struttura con Tecniche Narrative

1. **Apertura e Chiusura di Capitoli**: Per ogni capitolo, elabora un'introduzione accattivante e una conclusione riflessiva. ChatGPT può assisterti nel creare questi elementi, che servono a catturare l'interesse del lettore

all'inizio e a offrire una sintesi ponderata o un ponte verso il capitolo successivo alla fine.

2. **Storie di Caso e Testimonianze**: Integra storie di caso concrete o testimonianze personali per esemplificare i concetti trattati. ChatGPT può aiutarti a strutturare queste narrazioni in modo che si integrino armoniosamente nel tessuto del libro, fornendo evidenza reale e toccante dei punti discussi.

3. **Riflessioni e Inviti all'Azione**: Chiudi i capitoli o le sezioni con riflessioni che stimolino il pensiero critico o inviti all'azione che incoraggino il lettore a applicare le conoscenze acquisite. Questo approccio, facilitato da ChatGPT, rafforza il legame tra l'autore e il lettore, rendendo la lettura un'esperienza più personale e trasformativa.

Attraverso queste strategie dettagliate e creative, la strutturazione del tuo libro diventa un esercizio di innovazione e di profonda connessione con il tuo pubblico. L'utilizzo di ChatGPT in questa fase non solo ti permette di organizzare i tuoi contenuti in modo logico e accattivante ma ti spinge anche a pensare oltre i confini tradizionali del formato libro, esplorando nuove modalità per arricchire e vivacizzare la tua opera.

Proseguendo nell'esplorazione delle possibilità offerte da ChatGPT per la strutturazione di un libro, ci avventuriamo in ulteriori dimensioni di creatività e precisione strategica. Ogni fase del processo non solo contribuisce alla costruzione di un'opera coerente e ricca di contenuti ma apre anche spazi per sperimentazioni che possono definire nuovi standard nel campo della saggistica.

Integrazione di Elementi di Storytelling

Approfondendo l'utilizzo di tecniche narrative, considera come la struttura del tuo libro possa beneficiare di una narrazione più elaborata. ChatGPT può assisterti nell'intrecciare fili narrativi che percorrono l'intero libro, creando arc narrativi che si sviluppano capitolo dopo capitolo. Questo approccio non solo mantiene alto l'interesse dei lettori ma aggiunge anche uno strato di complessità e profondità alla trattazione dei temi.

Personalizzazione per Diverse Esperienze di Lettura

Rifletti sulla possibilità di strutturare il libro in modo tale da supportare diverse modalità di lettura. Alcuni lettori potrebbero preferire un approccio lineare, mentre altri potrebbero essere interessati a esplorare temi specifici in ordine non sequenziale. ChatGPT può aiutarti a ideare un sistema di riferimenti incrociati, sommari tematici o percorsi di lettura alternativi che rendano il libro più accessibile e personalizzabile.

Valorizzazione attraverso la Multimedialità

Nell'era digitale, la saggistica non deve limitarsi al testo stampato. Esplora con ChatGPT modalità per arricchire la versione digitale del tuo libro con contenuti multimediali. Questo può includere l'aggiunta di codici QR che portano a materiali video o audio, l'integrazione di realtà aumentata per esplorazioni interattive, o l'uso di eBook interattivi con elementi cliccabili che approfondiscono gli argomenti trattati.

Utilizzo di Metadati e SEO

Quando strutturi il tuo libro, specialmente se prevedi una pubblicazione digitale, considera l'importanza dei metadati e della SEO (Search Engine Optimization). ChatGPT può fornire consigli su come ottimizzare titoli di capitoli, sottotitoli e descrittivi per garantire che il tuo libro sia facilmente rintracciabile online. Questo aspetto è cruciale per raggiungere un pubblico più ampio in un mercato editoriale sempre più saturato.

Sperimentazione con Formati Non Tradizionali

Non limitarti ai confini dei formati tradizionali. ChatGPT può ispirare la sperimentazione con strutture librarie innovative, come il formato modulare, in cui ogni capitolo o sezione può stare in piedi autonomamente ma insieme formano un'opera coesa, o libri che incorporano elementi di gioco, con enigmi o sfide che i lettori devono superare per procedere nella lettura.

Coinvolgimento della Comunità

La strutturazione del tuo libro può anche prevedere modalità di coinvolgimento della comunità. Considera di utilizzare ChatGPT per generare idee su come incoraggiare i lettori a partecipare a discussioni online, workshop o eventi live. Questo non solo arricchisce l'esperienza del lettore ma crea anche una comunità di individui con interessi simili che possono condividere idee e ispirazioni.

Feedback Iterativo e Adattamenti

Infine, l'uso di ChatGPT nella strutturazione del libro dovrebbe essere concepito come un processo iterativo. Mentre procedi nella stesura e ricevi feedback da lettori beta o da editori, ChatGPT può assisterti nell'adattare e raffinare la struttura del tuo libro. Questo approccio garantisce che il prodotto finale sia il più coerente, coinvolgente e innovativo possibile, rispondendo alle esigenze e alle aspettative del tuo pubblico.

Attraverso queste metodologie avanzate e dettagliate, l'impiego di ChatGPT nella fase di strutturazione diventa un'esplorazione senza confini delle potenzialità narrative, informative e interattive del tuo libro. Questo processo non solo eleva il livello del contenuto ma invita anche a una riflessione sul futuro della saggistica e sulle infinite possibilità offerte dalle tecnologie emergenti e dalle strategie editoriali innovative.

Dando seguito all'approfondimento sulle metodologie avanzate per la strutturazione di un libro con l'assistenza di ChatGPT, esploriamo ulteriori tecniche e idee che possono trasformare la preparazione del tuo manoscritto in un processo dinamico, interattivo e incredibilmente ricco.

Incoraggiamento alla Scoperta Personale

La strutturazione del tuo libro può essere progettata per incoraggiare una scoperta personale da parte dei lettori. Utilizzando ChatGPT, potresti creare esercizi di auto-riflessione o diari di bordo che i lettori possono compilare mentre procedono nella lettura. Questi strumenti possono guidare i lettori attraverso un viaggio personale di crescita e scoperta, rendendo il tuo libro non solo una fonte di informazione ma anche un catalizzatore per il cambiamento personale.

Dialogo Costante con il Lettore

Considera la possibilità di strutturare il tuo libro come un dialogo costante con il lettore. ChatGPT può aiutarti a formulare domande dirette, pause riflessive o inviti a interagire con il testo in momenti specifici. Questo approccio trasforma la lettura in un'esperienza più vivace e partecipativa, in cui i lettori si sentono direttamente coinvolti nel discorso.

Struttura Modulare e Flessibile

Esplora con ChatGPT la possibilità di adottare una struttura modulare per il tuo libro, dove ogni sezione o capitolo può funzionare indipendentemente dagli altri ma insieme formano un quadro complessivo coeso. Questo formato offre ai lettori la flessibilità di approcciare il libro in base ai loro interessi specifici, potendo saltare tra argomenti senza perdere il filo della narrazione generale.

Incorporazione di Esperienze Multisensoriali

La saggistica moderna può andare oltre il semplice testo scritto, incorporando esperienze che coinvolgono più sensi. Discuti con ChatGPT modi in cui il tuo libro potrebbe includere suggerimenti per esperienze multisensoriali, come ascoltare specifici brani musicali, esplorare texture o odori, o attività fisiche che completano e arricchiscono la comprensione dei temi trattati.

Creazione di Percorsi di Apprendimento Personalizzati

Con l'aiuto di ChatGPT, valuta l'implementazione di percorsi di apprendimento personalizzati all'interno del tuo libro. Questo potrebbe significare offrire ai lettori diverse "tracce" da seguire basate sul loro livello di conoscenza pregressa, interessi specifici o obiettivi di apprendimento. Questi percorsi potrebbero essere delineati all'inizio del libro e guidare i lettori attraverso combinazioni di capitoli e sezioni che meglio si adattano al loro percorso personale.

Utilizzo di Metafore e Analogie Coerenti

Un altro aspetto importante della strutturazione può essere l'uso coerente di metafore o analogie per legare insieme i vari temi del libro. ChatGPT può generare idee creative per metafore ricorrenti o storie che servono come filo conduttore attraverso il testo, rendendo i concetti complessi più accessibili e memorabili.

Integrazione di Feedback del Lettore in Tempo Reale

Nell'era digitale, considera la possibilità di integrare meccanismi per il feedback dei lettori direttamente nel libro, specialmente nelle sue versioni elettroniche. Questo potrebbe includere forum di discussione, sondaggi o spazi dedicati a recensioni e commenti, dove i lettori possono condividere le loro esperienze e apprendimenti. ChatGPT può suggerire modi per strutturare queste interazioni in modo che arricchiscano il contenuto e la struttura del libro in edizioni future.

Riflessione Continua e Iterazione

Infine, l'utilizzo di ChatGPT per la strutturazione del libro dovrebbe essere considerato un processo dinamico e in continua evoluzione. Mentre procedi nella scrittura e ricevi feedback, ChatGPT può offrire supporto costante per rifinire la struttura, aggiustare il focus dei capitoli o integrare nuovi contenuti emergenti. Questa iterazione continua assicura che il libro rimanga rilevante, aggiornato e profondamente risuonante con i tuoi lettori.

Attraverso queste strategie avanzate e approfondite, la fase di strutturazione del tuo libro diventa un terreno fertile per l'innovazione, la creatività e l'engagement profondo. Con ChatGPT come strumento collaborativo, puoi sperimentare con formati e contenuti che spingono i confini della saggistica tradizionale, invitando i lettori in un viaggio di esplorazione, apprendimento e trasformazione che va ben oltre la pagina scritta.

Continuando a esplorare le profondità della strutturazione di un libro con l'ausilio di ChatGPT, ci immergiamo in ulteriori strati di complessità e dettaglio, scoprendo metodi sempre più sofisticati e innovativi per arricchire e dinamizzare il manoscritto. Questo viaggio nell'articolazione del libro si estende ora verso nuove dimensioni di interazione, presentazione e immersione nel contenuto.

Realizzazione di Profondità Tematica

Oltre a delineare una struttura lineare o modulare, ChatGPT può assisterti nell'intrecciare temi secondari che si sviluppano parallelamente al narrativo principale. Questa stratificazione tematica arricchisce il tessuto del tuo libro, offrendo ai lettori vie multiple di esplorazione e connessione con il materiale. Questo approccio polifonico non solo aumenta la densità informativa del libro ma stimola anche un'esperienza di lettura più ricca e variegata.

Sviluppo di Complementi Digitali

Nell'attuale era digitale, la struttura del libro può estendersi oltre i suoi confini fisici o digitali per includere risorse complementari ospitate online. ChatGPT può suggerire la creazione di un sito web o di un'app mobile dedicati che fungano da estensione del libro, offrendo materiali aggiuntivi, forum di discussione, o esperienze interattive che approfondiscono gli argomenti trattati. Questi strumenti digitali non solo ampliano la portata del libro ma offrono anche modalità innovative per l'engagement e l'apprendimento del lettore.

Costruzione di Percorsi Narrativi Flessibili

L'adozione di percorsi narrativi flessibili consente ai lettori di personalizzare la loro esperienza di lettura, scegliendo gli argomenti che più li interessano o seguendo itinerari tematici suggeriti. Con l'aiuto di ChatGPT, potresti strutturare il libro in modo che i lettori possano navigare facilmente tra capitoli correlati o seguire tracce tematiche attraverso riferimenti incrociati, QR code o collegamenti digitali, trasformando la lettura in un'esperienza più dinamica e personalizzata.

Incorporazione di Elementi Ludici

Considera l'incorporazione di elementi ludici nella struttura del tuo libro, trasformandolo in un'esperienza più interattiva e coinvolgente. ChatGPT può aiutarti a ideare enigmi, giochi di parole, o sfide logiche legate ai temi del libro, stimolando l'ingaggio del lettore non solo intellettualmente ma anche attraverso il gioco. Questa strategia può particolarmente risuonare con pubblici giovani o con lettori alla ricerca di un approccio più attivo all'apprendimento.

Esplorazione di Formati Ibridi

L'ibridazione dei formati offre un'opportunità unica di innovare nella presentazione dei contenuti. Utilizzando ChatGPT, puoi esplorare la fusione di generi e formati, combinando saggistica con elementi di narrativa, poesia, o reportage giornalistico.

Questo approccio non solo sfida le convenzioni del genere ma arricchisce il testo con diverse texture stilistiche e modalità espressive, offrendo ai lettori un'esperienza complessa e sfaccettata.

Integrazione di Feedback e Collaborazione Aperta

L'apertura alla collaborazione e all'integrazione del feedback dei lettori può significativamente influenzare la strutturazione del tuo libro. ChatGPT può essere utilizzato per elaborare meccanismi di feedback, come sondaggi online o sessioni di lettura beta, che informano successive iterazioni della struttura del libro. Questo processo collaborativo non solo arricchisce il contenuto ma costruisce anche una comunità attorno al libro, incrementando l'interesse e il coinvolgimento del pubblico.

Riflessione Metanarrativa

Infine, la struttura del libro può incorporare una dimensione metanarrativa, riflettendo su se stessa e sul processo di creazione del libro. ChatGPT può aiutarti a sviluppare capitoli o sezioni che esplorino il dietro le quinte della ricerca, della scrittura e della strutturazione del libro, offrendo ai lettori una prospettiva unica sul lavoro e sulle sfide incontrate. Questo livello di trasparenza e riflessione arricchisce la narrazione, invitando i lettori in un dialogo aperto sull'arte e la scienza di scrivere.

Attraverso queste ulteriori esplorazioni e sperimentazioni nella strutturazione di un libro con ChatGPT, emergono opportunità senza precedenti per trasformare l'atto della scrittura in un processo di innovazione continua, dialogo con il lettore e espressione creativa multidimensionale. La strutturazione del libro diventa così non solo un esercizio di organizzazione del contenuto ma un campo fertile per reinventare cosa significhi creare un'opera di saggistica nel ventunesimo secolo.

Proseguendo nell'esplorazione delle strategie avanzate per la strutturazione di un libro di saggistica con l'ausilio di ChatGPT, ci addentriamo in tecniche ancora più raffinate e innovative che possono elevare ulteriormente il livello del tuo manoscritto, rendendolo una pietra miliare nel suo campo.

Implementazione di Strutture Circolari o Ricorsive

Una struttura circolare o ricorsiva può offrire un modo unico di presentare il contenuto, in cui il finale riporta in qualche modo all'inizio, creando un senso di completezza e unità nel lettore. Con l'aiuto di ChatGPT, esplora modi in cui il tuo libro potrebbe beneficiare di tale approccio, forse tramite temi che si ripetono, storie che si specchiano o concetti che vengono rivisitati da prospettive diverse, arricchendoli di nuove sfumature.

Utilizzo di Paratesti per Arricchire il Contesto

I paratesti, come prefazioni, postfazioni, note a margine, e appendici, possono aggiungere strati significativi di contesto e comprensione al tuo libro. ChatGPT può guidarti nella concezione di questi elementi aggiuntivi in modo che complementino il corpo principale del testo, offrendo approfondimenti, riflessioni personali, o analisi aggiuntive che arricchiscano l'esperienza di lettura complessiva.

Creazione di Esperienze Immersive attraverso il Design del Libro

Al di là del testo, il design fisico o digitale del libro stesso può contribuire alla struttura e all'impatto dell'opera. Discussione con ChatGPT su come utilizzare elementi di design, come la tipografia, l'uso del colore, e la disposizione della pagina, per enfatizzare temi specifici, guidare l'attenzione del lettore, o influenzare il ritmo della lettura. Questi dettagli possono trasformare il libro in un'opera d'arte a tutto tondo, dove forma e contenuto si fondono in un'esperienza immersiva.

Integrazione di Elementi di Gamification

La gamification, o l'uso di elementi tipici dei giochi in contesti non ludici, può essere applicata anche nella struttura di un libro di saggistica per aumentarne l'engagement. Considera, con l'aiuto di ChatGPT, modi in cui il tuo libro potrebbe includere obiettivi, livelli, punteggi, o sfide che incentivino i lettori a esplorare il testo più a fondo, applicare concetti nella vita reale o partecipare a discussioni comunitarie.

Sviluppo di Strutture Adattive

In un'epoca caratterizzata dall'accesso digitale e dalla personalizzazione, la struttura del tuo libro potrebbe adattarsi alle preferenze individuali dei lettori. Con ChatGPT, esamina le possibilità di creare versioni del tuo libro che si adattino dinamicamente, magari modificando il livello di dettaglio, la lingua, o persino l'ordine dei capitoli in base alle scelte del lettore o ai feedback raccolti durante la lettura.

Focalizzazione sull'Impatto Ambientale e Sociale

La considerazione dell'impatto ambientale e sociale del tuo libro può influenzarne anche la struttura. ChatGPT può aiutarti a riflettere su come rendere il tuo libro più sostenibile, forse attraverso la scelta di materiali ecologici per la stampa o l'ottimizzazione dei contenuti per formati digitali energeticamente efficienti. Inoltre, la struttura del libro può includere sezioni dedicate all'explorazione di questi temi, evidenziando il tuo impegno verso questioni di rilevanza globale.

Costruzione di Ponti tra Diverse Culture e Discipline

Infine, la tua opera può beneficiare enormemente dall'essere un crocevia di culture e discipline. Utilizzando ChatGPT, esplora modi per incorporare prospettive diverse, dialoghi interculturali, e sinergie disciplinari nel cuore della struttura del tuo libro. Questo approccio non solo amplia l'appello e la rilevanza del tuo lavoro ma promuove anche la comprensione e l'apprezzamento della diversità e dell'interdisciplinarità tra i tuoi lettori.

Attraverso queste metodologie di strutturazione avanzate ed esplorative, il processo di creazione del tuo libro si trasforma in un laboratorio di innovazione narrativa e di sperimentazione formativa. Ogni scelta strutturale diventa un'opportunità per arricchire il dialogo con il lettore, per esplorare nuove frontiere del sapere e della presentazione, e per incidere profondamente sul tessuto culturale e intellettuale dei tuoi lettori. Con ChatGPT come compagno di viaggio in questo percorso, le possibilità sono tanto vaste quanto la tua immaginazione.

Avanzando ulteriormente nell'esplorazione della strutturazione di un libro con il supporto di ChatGPT, ci immergiamo in concetti ancora più sofisticati e tecniche innovative che possono servire non solo a elevare la qualità del manoscritto ma anche a rafforzare la connessione con il lettore e a esplorare nuovi orizzonti nella presentazione dei contenuti.

Incorporazione di Elementi Interdisciplinari

Approfittando dell'ampia base di conoscenze di ChatGPT, puoi esplorare l'incorporazione di elementi interdisciplinari nella struttura del tuo libro, collegando il tuo argomento principale a campi apparentemente distanti. Questo approccio non solo arricchisce il contesto del tuo lavoro ma invita anche i lettori a considerare le connessioni tra diverse aree del sapere, stimolando una comprensione più profonda e olistica dei temi trattati.

Sviluppo di Una Narrazione Multilivello

ChatGPT può assisterti nel concepire una narrazione multilivello, in cui diverse storie o filoni tematici si intrecciano e si sviluppano in parallelo. Questa struttura complessa può essere utilizzata per esaminare il tuo argomento da molteplici prospettive, offrendo ai lettori una ricca tessitura di voci, analisi e storie che si fondono in un'opera coerente e multidimensionale.

Personalizzazione Basata sui Feedback dei Lettori

Nell'era digitale, la personalizzazione basata sui feedback dei lettori può trasformare la strutturazione del tuo libro in un processo dinamico e adattivo. Considera di utilizzare ChatGPT per analizzare i feedback dei lettori su versioni preliminari del tuo lavoro, consentendoti di apportare modifiche strutturali che rispondano direttamente alle esigenze e alle preferenze del tuo pubblico. Questo ciclo di feedback e adattamento non solo migliora l'accessibilità e l'apprezzamento del libro ma crea anche un senso di partecipazione e co-creazione tra te e i tuoi lettori.

Esplorazione di Nuove Forme di Visualizzazione dei Dati

Per i libri che trattano argomenti ricchi di dati e analisi, ChatGPT può suggerire innovative forme di visualizzazione dei dati che vanno oltre i grafici e le tabelle tradizionali. Esplora l'uso di visualizzazioni interattive, mappe concettuali dinamiche o infografiche immersive che possono essere integrate nella versione digitale del tuo libro, rendendo i dati non solo più accessibili ma anche più coinvolgenti per i lettori.

Utilizzo di Strutture Narrative Esperimentali

Non esitare a sperimentare con strutture narrative non convenzionali che sfidano le aspettative dei lettori e aprono nuove vie di espressione. ChatGPT può ispirarti a esplorare formati come il romanzo epistolare, la narrazione non lineare, o il racconto frammentario, ciascuno dei quali offre modi unici di coinvolgere il lettore e di presentare il tuo argomento in una luce nuova e stimolante.

Integrazione di Esperienze Sensoriali

Considera la possibilità di arricchire il tuo libro con esperienze sensoriali che invitano i lettori a coinvolgere più sensi nella loro esperienza di lettura. ChatGPT può aiutarti a ideare suggerimenti per esperienze olfattive, tattili o sonore che completeranno la comprensione dei temi del tuo libro, trasformando la lettura in un'esperienza più immersiva e memorabile.

Creazione di Comunità Intorno al Libro

Infine, la struttura del tuo libro può fungere da catalizzatore per la creazione di una comunità di lettori interessati. Utilizzando ChatGPT, esplora modi per incoraggiare la discussione e l'interazione intorno al tuo libro, forse attraverso piattaforme online, eventi dal vivo o gruppi di lettura. Questa strategia non solo estende l'impatto del tuo lavoro ma crea anche spazi per il dialogo, l'apprendimento condiviso e la crescita collettiva.

Attraverso l'approfondimento continuo delle strategie di strutturazione con il supporto di ChatGPT, emerge una visione del libro di saggistica non solo come veicolo di informazioni ma come un'opera vivente, capace di adattarsi, coinvolgere e ispirare. Questo viaggio nell'articolazione del contenuto si rivela essere un'esplorazione senza fine delle possibilità offerte dalla scrittura, dall'innovazione tecnologica e dall'interazione umana, promettendo di trasformare profondamente sia il creatore che il consumatore di conoscenza.

Concludendo l'approfondimento sulle strategie avanzate per la strutturazione di un libro con l'ausilio di ChatGPT, ci troviamo di fronte a un panorama di possibilità che trascendono i tradizionali approcci alla scrittura di saggistica. Questo processo esplorativo ha rivelato che la strutturazione di un libro non è solamente una questione di organizzazione logica del contenuto, ma piuttosto un'arte complessa che intreccia insieme narrativa, interattività, personalizzazione e innovazione per creare un'opera che risuona profondamente con i suoi lettori.

Creazione di un'Opera Multidimensionale

Attraverso l'utilizzo di ChatGPT, abbiamo esplorato come un libro possa diventare un'entità multidimensionale che va oltre il semplice testo scritto. La struttura di un libro può incorporare elementi visivi, percorsi narrativi flessibili, esperienze sensoriali e ponti verso contenuti multimediali, trasformandolo in un'esperienza olistica che coinvolge il lettore su più livelli.

Integrazione di Feedback e Co-creazione

Abbiamo inoltre scoperto l'importanza di integrare feedback e favorire un senso di co-creazione tra l'autore e i lettori. Questo approccio dinamico alla strutturazione del libro non solo migliora l'accessibilità e l'apprezzamento dell'opera ma crea anche una comunità attorno al libro, aumentando l'impatto e l'engagement.

Esplorazione di Nuove Forme Narrative

L'esplorazione di strutture narrative esperimentali e l'adozione di formati ibridi offrono nuove vie per coinvolgere il lettore e presentare argomenti complessi in modi innovativi. La saggistica si arricchisce così di una varietà di texture stilistiche e modalità espressive, sfidando le aspettative e invitando a una lettura più attiva e partecipativa.

Valorizzazione dell'Esperienza di Lettura

Attraverso l'impiego strategico di tecnologie emergenti e la progettazione di esperienze di lettura personalizzate e immersive, la struttura del libro diventa un mezzo per valorizzare profondamente l'esperienza del lettore. Questo implica non solo trasmettere informazioni ma anche stimolare la riflessione, il dialogo e l'azione.

Conclusioni

In definitiva, la strutturazione di un libro nel contesto moderno, assistita dalle capacità di ChatGPT, si rivela essere un processo estremamente creativo e innovativo che richiede una riflessione profonda su come i contenuti vengono presentati, percepiti e sperimentati. La sfida per l'autore moderno è quindi quella di sfruttare al massimo le opportunità offerte dalla tecnologia e dalle nuove forme narrative per creare opere che non solo informano ma anche ispirano, coinvolgono e trasformano.

Questa esplorazione dettagliata delle strategie di strutturazione con ChatGPT ci ha permesso di intravedere il futuro della scrittura di saggistica, un futuro in cui i libri sono concepiti non solo come veicoli di sapere ma come esperienze viventi che arricchiscono il tessuto culturale e intellettuale della società. Nell'abbracciare queste innovazioni, gli autori hanno l'opportunità di riscrivere le regole della narrazione non-fiction, creando opere che riflettono la complessità, la diversità e la dinamicità del mondo in cui viviamo.

4. Ricerca di Contenuto: Tecniche per utilizzare ChatGPT nella ricerca approfondita sui temi del libro.

Utilizzare ChatGPT per la ricerca di contenuto durante la scrittura di un libro di saggistica può trasformare significativamente il processo di raccolta e analisi delle informazioni. Anche se ChatGPT non può sostituire la ricerca tradizionale, soprattutto per i dati più recenti o per le fonti primarie, può fornire un valido supporto per esplorare idee, comprendere contesti complessi e stimolare la creatività. Ecco come sfruttare al meglio le sue capacità in questa fase:

Brainstorming Iniziale e Generazione di Idee

- **Espansione del Tema**: Chiedi a ChatGPT di elencare possibili sotto-temi, questioni correlate, o nuove prospettive legate al tema principale del tuo libro. Questo può aiutare a scoprire aree che potresti non avere considerato.

- **Domande Guida**: Formula domande specifiche sul tuo argomento e utilizza ChatGPT per generare risposte che possono fungere da spunti per ulteriori ricerche. Questo processo può aiutarti a identificare lacune nelle tue conoscenze e a definire meglio l'ambito della tua ricerca.

Sintesi e Contestualizzazione

- **Riepilogo di Teorie e Concetti**: Per i temi complessi, chiedi a ChatGPT di fornire riepiloghi o spiegazioni semplificate. Anche se questi riepiloghi possono richiedere verifica, possono offrire una base solida per approfondire lo studio.

- **Contesto Storico e Culturale**: Utilizza ChatGPT per ottenere informazioni sul contesto storico, culturale o sociale dei tuoi argomenti. Comprendere il contesto può arricchire notevolmente il tuo lavoro, offrendo ai lettori una prospettiva più ampia.

Identificazione di Fonti e Risorse

- **Suggerimenti di Ricerca**: Chiedi a ChatGPT suggerimenti su dove cercare fonti affidabili, come database accademici, archivi, o collezioni specializzate. Anche se non può accedere direttamente a queste risorse, può indicarti nella direzione giusta.

- **Analisi Bibliografica**: Fornisci a ChatGPT un elenco di opere o autori rilevanti per il tuo tema, e chiedigli di generare un'analisi bibliografica preliminare o di suggerire come queste fonti si colleghino tra loro o al tuo lavoro.

Elaborazione e Critica delle Informazioni

- **Contrasto di Opinioni**: Presenta a ChatGPT diverse teorie o opinioni sul tuo argomento e chiedigli di esporre i pro e i contro di ciascuna. Questo può stimolare una riflessione critica e aiutarti a formare una visione equilibrata.

- **Esempi e Case Study**: Per rendere il tuo lavoro più concreto, chiedi a ChatGPT di fornire o suggerire esempi pratici, case study o aneddoti che illustrino i concetti chiave.

Verifica e Validazione

- **Cross-Check di Informazioni**: Anche se ChatGPT può fornire informazioni basate su una vasta gamma di fonti, è sempre fondamentale verificare l'accuratezza attraverso ricerche supplementari. Utilizzalo come punto di partenza per poi approfondire con fonti primarie e revisioni paritarie.

- **Perspective Multiple**: Incoraggia ChatGPT a esplorare e presentare diverse prospettive su un argomento. Questo approccio multiplo può aiutare a evitare bias e a garantire una trattazione completa del tema.

Creatività e Innovazione

- **Generazione di Idee Innovative**: Chiedi a ChatGPT di aiutarti a pensare "fuori dagli schemi", generando idee innovative o soluzioni creative a questioni esistenti legate al tuo tema. Questo può arricchire il tuo libro con approcci originali e stimolanti.

Utilizzare ChatGPT nella fase di ricerca di contenuto per il tuo libro offre un modo dinamico e interattivo di esplorare il tuo argomento, stimolare la creatività e approfondire la tua comprensione. Ricorda, tuttavia, l'importanza di una verifica accurata e di un approccio critico alla selezione e all'uso delle informazioni generate, integrando queste risorse con ricerche approfondite per garantire la qualità e l'affidabilità del tuo lavoro.

Approfondendo ancora più a fondo l'uso di ChatGPT nella fase di ricerca di contenuto per un libro di saggistica, emergono ulteriori strati di strategie e tecniche che possono trasformare e arricchire il processo di preparazione del tuo lavoro.

Costruzione di Narrativa Basata sui Dati

- **Analisi Dati Generativa**: Chiedi a ChatGPT di aiutarti a generare narrazioni basate sui dati o a interpretare set di dati in modi che potrebbero non essere immediatamente evidenti. Questo può portare a scoperte sorprendenti o a nuovi modi di presentare informazioni complesse in una forma narrativa accessibile.

- **Visualizzazione Creativa dei Dati**: Utilizza ChatGPT per esplorare idee innovative su come visualizzare dati e statistiche all'interno del tuo libro. Anche se ChatGPT non può creare grafici, può suggerire formati di visualizzazione unici o modi per raccontare storie attraverso i dati, che poi possono essere realizzati con l'aiuto di designer o utilizzando software di visualizzazione dei dati.

Esplorazione di Filoni Tematici Secondari

- **Temi Interconnessi**: Spesso, i temi principali del tuo libro saranno naturalmente legati ad altri argomenti o domande secondarie. Chiedi a ChatGPT di identificare e sviluppare questi filoni tematici secondari. L'explorazione di questi percorsi può arricchire il tessuto del tuo libro, offrendo ai lettori una comprensione più completa e mattoni aggiuntivi per la costruzione del loro sapere.

- **Integrazione Tematica**: Incoraggia ChatGPT a proporre modi in cui questi temi secondari possono essere intrecciati con la narrativa principale o utilizzati per arricchire specifici capitoli o sezioni, creando una struttura più ricca e una narrazione più avvincente.

Approfondimento di Contesti e Background

- **Contesti Ampliati**: Per ogni argomento trattato, esplora con ChatGPT non solo il contesto immediato ma anche le implicazioni più ampie, le radici storiche e le connessioni culturali. Questo tipo di approfondimento arricchisce il tuo libro di una dimensione temporale e spaziale più ampia, offrendo ai lettori un panorama più vasto e dettagliato.

- **Background dei Personaggi**: Nel caso di libri che includono biografie o profili di persone, usa ChatGPT per esplorare e sviluppare il background e le storie personali dei personaggi in modo più approfondito. Questo può aiutare a presentare figure più tridimensionali e a creare una connessione emotiva con il lettore.

Uso di Metafore e Simboli

- **Ricerca di Simbolismi**: Le metafore e i simboli possono arricchire notevolmente il testo, offrendo strati di significato e migliorando l'engagement del lettore. Chiedi a ChatGPT di suggerire metafore o simboli pertinenti che potrebbero essere tessuti attraverso il tuo libro per rinforzare i temi chiave o per aiutare a illustrare concetti complessi.

Collaborazione e Feedback

- **Processo Iterativo di Feedback**: Considera l'uso di ChatGPT come parte di un processo iterativo in cui idee e bozze vengono continuamente riviste e affinate. Questo può includere la generazione di domande che potresti porre a esperti nel tuo campo o la preparazione di sondaggi per raccogliere le reazioni dei lettori beta alle tue idee.

- **Collaborazioni Creative**: Utilizza ChatGPT per brainstorming su potenziali collaborazioni creative che potrebbero arricchire il tuo libro. Questo potrebbe includere interviste con esperti, contributi da altri autori o persino partnership con artisti visivi per integrare elementi illustrativi o fotografici che complementano e amplificano i temi del tuo lavoro.

Attraverso l'esplorazione di queste strategie avanzate, diventa evidente che l'uso di ChatGPT nella fase di ricerca di contenuto non è semplicemente un mezzo per l'acquisizione di informazioni, ma un catalizzatore per l'innovazione narrativa, la profondità analitica e la creatività espressiva. Questo approccio trasforma la preparazione del tuo libro in un viaggio esplorativo che non solo arricchisce il manoscritto finale ma stimola anche la tua crescita come autore, invitando a una continua esplorazione e rinnovamento dei confini della conoscenza e della narrazione.

Nel continuare a esplorare come ChatGPT possa essere utilizzato nella fase di ricerca di contenuto per un libro di saggistica, ci addentriamo in nuove dimensioni che abbracciano la creatività, l'analisi critica e l'approfondimento tematico, aprendo vie inesplorate che possono arricchire il tessuto del tuo lavoro.

Integrazione di Perspettive Multidisciplinari

- **Sintesi Multidisciplinare**: Chiedi a ChatGPT di aiutarti a integrare conoscenze e teorie da diverse discipline che si intersecano con il tuo argomento principale. Questo approccio non solo fornisce una comprensione più completa e sfumata ma stimola anche il lettore a vedere il tema sotto una luce nuova, attraverso l'obiettivo di campi vari come la psicologia, la sociologia, l'ecologia, o la tecnologia.

Analisi di Tendenze e Previsioni

- **Esplorazione di Tendenze**: Utilizza ChatGPT per identificare e analizzare le tendenze correnti legate al tuo argomento. Questo può includere l'evoluzione delle teorie, le variazioni nella percezione pubblica, o i recenti sviluppi tecnologici. Chiedi analisi e previsioni su come queste tendenze potrebbero influenzare il futuro del campo in questione.

Approfondimenti Culturali e Contestuali

- **Contesti Culturali**: In un mondo globalizzato, la comprensione dei contesti culturali è cruciale. ChatGPT può essere sollecitato a fornire approfondimenti su come il tuo argomento si manifesta o viene percepito in diverse culture, offrendo ai lettori una prospettiva più ampia e promuovendo una comprensione interculturale.

Valorizzazione della Narrazione con Dati Aneddotici

- **Raccolta di Aneddoti**: Gli aneddoti personali o storici possono vivacizzare il testo e rendere i concetti più tangibili. Chiedi a ChatGPT di generare o suggerire aneddoti pertinenti che possono essere intrecciati nella narrativa, fornendo esempi concreti che illustrano i temi in modo vivido e memorabile.

Creazione di un Dialogo con il Lettore

- **Interazione Diretta**: Considera la possibilità di strutturare parti del tuo libro come un dialogo con il lettore, utilizzando ChatGPT per sviluppare domande provocatorie, esercizi di riflessione, o inviti all'azione che coinvolgono direttamente il lettore nel discorso. Questo rende la lettura un'esperienza più interattiva e personale.

Sviluppo di Contenuti Complementari

- **Materiale Supplementare**: Oltre al testo principale, ChatGPT può aiutarti a ideare contenuti supplementari che arricchiscano l'esperienza di lettura. Questo può includere guide di studio, glossari di termini chiave, liste di risorse per ulteriori approfondimenti o persino scenari di discussione per gruppi di lettura o contesti educativi.

Utilizzo di Citazioni e Referenze Strategiche

- **Selezione di Citazioni**: Le citazioni possono fornire autorità e profondità al tuo lavoro. Chiedi a ChatGPT di aiutarti a selezionare citazioni pertinenti dai principali pensatori nel tuo campo o di generare proposte di citazioni che possano essere utilizzate per enfatizzare punti chiave o stimolare la riflessione.

Rafforzamento della Credibilità e dell'Autenticità

- **Verifica dei Fatti**: Mentre ChatGPT può offrire un punto di partenza per la raccolta di informazioni, è cruciale impegnarsi in una verifica dei fatti approfondita. Utilizza ChatGPT per identificare aree che richiedono ulteriori ricerche o per generare una lista di domande che possono aiutare a interrogare e valutare criticamente le tue fonti.

Innovazione nel Rappresentare le Informazioni

- **Formati Creativi di Presentazione**: Esplora con ChatGPT modi creativi per presentare le informazioni nel tuo libro. Questo può includere la narrazione in prima persona, l'uso di metafore estese, la presentazione di capitoli sotto forma di lettere o diari, o la creazione di sezioni interattive che sfidano il lettore a impegnarsi attivamente con il materiale.

Attraverso questa continua esplorazione delle possibilità offerte da ChatGPT nella fase di ricerca per un libro di saggistica, diventa chiaro che le potenzialità di arricchimento e innovazione sono praticamente illimitate. Questo processo non solo facilita la raccolta e l'analisi di contenuti ma apre anche nuove prospettive per coinvolgere i lettori, sfidare le convenzioni narrative e presentare argomenti in modi unicamente stimolanti e profondi. Utilizzando ChatGPT come strumento complementare alla ricerca tradizionale, puoi trasformare il processo di scrittura in un viaggio esplorativo che non solo arricchisce il tuo lavoro ma amplia anche i tuoi orizzonti come autore.

Mentre procediamo ancora più in profondità nella fase di ricerca di contenuto assistita da ChatGPT per un libro di saggistica, emergono strategie ancora più raffinate e dettagliate per arricchire e approfondire la preparazione del tuo lavoro. Esploriamo ulteriori dimensioni e tecniche che possono offrire un valore aggiunto significativo al processo di ricerca e alla qualità complessiva del manoscritto.

Costruzione di Reti di Conoscenza

- **Mappature Concettuali**: Sfrutta ChatGPT per creare mappe concettuali o reti di conoscenza intorno al tuo argomento. Questo metodo non solo aiuta a visualizzare le connessioni tra varie idee e sotto-temi ma può anche rivelare aree meno esplorate o connessioni inaspettate che meritano un ulteriore approfondimento.

Dialoghi Immaginari

- **Conversazioni con Esperti**: Immagina e costruisci con ChatGPT dialoghi immaginari tra te e figure chiave o esperti nel campo di cui tratti. Questi scambi fittizi possono stimolare nuove domande, offrire spunti per l'approfondimento e aiutarti a esplorare argomenti complessi in una forma dialogica e accessibile.

Analisi di Scenario

- **Esplorazione di "Cosa Succederebbe Se"**: Usa ChatGPT per generare scenari ipotetici basati su vari "cosa succederebbe se" legati al tuo argomento. Questo esercizio può aiutare a esplorare le implicazioni future dei temi trattati, stimolare la riflessione critica e presentare proiezioni informate e creative.

Incorporazione di Letteratura e Arte

- **Intersezioni Letterarie e Artistiche**: Chiedi a ChatGPT di identificare opere letterarie, artistiche, o cinematografiche che risuonano con i temi del tuo libro. L'analisi di come il tuo argomento è stato trattato in diverse forme d'arte può arricchire il contenuto con prospettive uniche e stimolare considerazioni interdisciplinari.

Riflessioni Filosofiche

- **Approfondimenti Filosofici**: Invita ChatGPT a fornire riflessioni filosofiche o teoriche legate ai tuoi temi. Questo può aggiungere un livello di profondità al tuo lavoro, invitando i lettori a considerare non solo il "cosa" e il "come", ma anche il "perché" degli argomenti discussi.

Sviluppo di Linee Guida Etiche

- **Considerazioni Etiche**: Considera l'importanza delle implicazioni etiche dei tuoi argomenti e utilizza ChatGPT per esplorare e sviluppare linee guida o questioni etiche che possono emergere. Questo aspetto è particolarmente rilevante in campi come la tecnologia, la scienza, e la medicina, dove le scoperte e le innovazioni sollevano costantemente nuove questioni morali.

Creazione di Contenuti Interattivi e Didattici

- **Materiali Educativi Supplementari**: Pensa a come il tuo libro possa servire non solo come fonte di informazione ma anche come strumento educativo. ChatGPT può aiutarti a ideare quiz, esercizi, e attività interattive che i lettori possono utilizzare per testare la loro comprensione dei temi trattati o per applicare le conoscenze in scenari pratici.

Incorporazione di Testimonianze e Storie di Vita

- **Raccolta di Storie Personali**: Usa ChatGPT per formulare interviste immaginarie o per generare storie di vita che illustrano i tuoi argomenti da prospettive personali. Queste storie possono fornire potenti testimonianze che rendono il tuo libro più risonante ed emotivamente coinvolgente.

Ampliamento del Contesto Sociale e Globale

- **Analisi Globale**: Esamina con ChatGPT come il tuo argomento si inserisce in un contesto globale, considerando le variazioni regionali, le tendenze internazionali, e le sfide transnazionali. Questo approccio aiuta a presentare una visione olistica e assicura che il tuo lavoro parli a un pubblico globale.

Rafforzamento della Struttura Narrativa

- **Narrazione Avanzata**: Infine, considera come le tecniche narrative avanzate, suggerite da ChatGPT, possano essere intrecciate nella struttura del tuo libro per rafforzare la narrazione. Questo può includere l'uso di flashback, foreshadowing, o la creazione di archi narrativi che si sviluppano e si risolvono in modo soddisfacente.

Attraverso l'esplorazione di queste strategie dettagliate per l'uso di ChatGPT nella fase di ricerca di contenuto, diventa evidente che questo strumento offre molto più di un semplice supporto informativo. Esso apre la porta a una vasta gamma di approcci creativi, analitici e interdisciplinari che possono significativamente arricchire il tuo libro, rendendolo non solo una fonte di sapere ma anche un'opera che stimola la riflessione, il dibattito e l'ispirazione tra i tuoi lettori.

Proseguendo nella nostra esplorazione di come ChatGPT possa essere sfruttato in modo ancora più approfondito per la fase di ricerca di contenuto di un libro di saggistica, ci avventuriamo in ulteriori territori che combinano l'analisi critica, la sintesi creativa e l'approfondimento contestuale per infondere al manoscritto una ricchezza e una profondità senza pari.

Ampliamento delle Perspettive attraverso la Comparazione Culturale

- **Comparazioni Culturali**: Sfrutta ChatGPT per generare analisi comparative che esaminano come il tuo tema viene percepito o influenzato da diverse culture. Questo approccio non solo aggiunge una dimensione globale al tuo lavoro ma invita anche a riflessioni su come contesti culturali diversi possano arricchire o complicare la comprensione del tema.

Esplorazione delle Dinamiche Temporali

- **Evoluzione nel Tempo**: Incarica ChatGPT di aiutarti a esplorare come il tuo argomento principale si è evoluto nel tempo. Analizzare le dinamiche storiche e le tendenze di lungo termine può offrire ai lettori una visione dinamica del tema, evidenziando cambiamenti, progressi e forse ciclicità.

Valorizzazione tramite l'Inclusione di Diverse Forme di Narrazione

- **Narrative Non Lineari e Frattali**: Considera l'uso di ChatGPT per esplorare strutture narrative non lineari o frattali, dove il tema principale viene esplorato attraverso storie annidate o ricorsive. Queste tecniche possono sfidare e coinvolgere il lettore in modi unici, offrendo più livelli di significato e interpretazione.

Sfruttamento della Potenzialità dei Dati Aperti

- **Uso Creativo dei Dati Aperti**: Chiedi a ChatGPT di suggerire modi in cui i dati aperti disponibili pubblicamente possono essere utilizzati per supportare o ampliare il tuo argomento. Questo potrebbe includere l'analisi di set di dati esistenti per estrarre nuove intuizioni o l'integrazione di queste informazioni per supportare argomentazioni o ipotesi.

Integrazione di Tecniche di Storytelling Interattivo

- **Narrativa Interattiva**: Usa ChatGPT per ideare elementi di storytelling interattivo che possano essere incorporati nel libro, specialmente in formati digitali. Questi possono includere percorsi di lettura che si biforcano in base alle scelte dei lettori, offrendo esperienze personalizzate che rispecchiano i loro interessi o curiosità.

Approfondimento tramite la Dissezione di Caso Studio

- **Caso Studio Dettagliati**: Invita ChatGPT a generare o suggerire dettagliati studi di caso che illustrino i concetti centrali del tuo libro. Questi esempi pratici possono servire come potenti strumenti didattici, rendendo astrazioni e teorie più concrete e relatabili.

Implementazione di Elementi di Self-Discovery

- **Guide di Auto-scoperta**: Esplora con ChatGPT la creazione di guide o esercizi di auto-scoperta che incoraggino i lettori a esplorare come i temi trattati nel libro si applicano alle loro vite personali. Questo approccio può rendere il libro uno strumento di crescita personale oltre che una fonte di informazione.

Esame Critico delle Fonti

- **Analisi delle Fonti**: Utilizza ChatGPT per aiutarti a esaminare e valutare criticamente le fonti utilizzate nella tua ricerca. Questo processo di verifica e critica delle fonti rafforza la credibilità del tuo lavoro e assicura che le informazioni presentate siano affidabili e ben sostenute.

Creazione di Sinergie tra Argomenti

- **Connessioni Tematiche**: Lavora con ChatGPT per identificare e sviluppare connessioni tematiche inaspettate all'interno del tuo libro. Trovare sinergie tra argomenti apparentemente scollegati può rivelare nuove intuizioni e arricchire la narrazione complessiva.

Inclusione di Elementi di Riflessione Critica

- **Spunti per la Riflessione**: Chiedi a ChatGPT di fornire domande o temi di riflessione critica che possano essere posizionati alla fine dei capitoli o sezioni. Questi inviti alla riflessione possono stimolare il pensiero critico e il dialogo interiore, rendendo la lettura un'esperienza più coinvolgente e trasformativa.

Attraverso questa ulteriore esplorazione, diventa chiaro che ChatGPT può servire non solo come una fonte di ispirazione creativa e supporto informativo ma anche come un catalizzatore per approcci innovativi alla narrazione, alla ricerca e all'interazione con il lettore. L'impiego di queste strategie avanzate nella fase di ricerca di contenuto eleva il potenziale del tuo libro di saggistica a nuove altezze, promettendo non solo di informare ma anche di trasformare, coinvolgere e ispirare i tuoi lettori su vari livelli.

Proseguendo nell'approfondire come ChatGPT può essere utilizzato nella ricerca di contenuto per un libro di saggistica, esploriamo ulteriori strati di complessità e nuove dimensioni di creatività che possono trasformare il modo in cui gli autori raccolgono informazioni, analizzano temi e presentano le loro scoperte.

Sviluppo di Un Dialogo Tra Discipline

- **Dialoghi Interdisciplinari**: Incoraggia ChatGPT a facilitare immaginari dialoghi interdisciplinari sul tuo argomento. Ad esempio, come si intreccerebbe una discussione tra un filosofo, un fisico e un artista sul concetto di tempo? Questi esercizi stimolano una comprensione più ricca e variegata dei temi, mostrando come diversi campi di studio li approcciano e li interpretano.

Integrazione di Prospettive Futuristiche

- **Analisi Prospettiche**: Utilizza ChatGPT per esplorare potenziali futuri legati al tuo argomento. Che implicazioni potrebbero avere le attuali tendenze sul lungo termine? Come potrebbero evolversi determinate tecnologie o teorie, e quali scenari futuri potrebbero emergere? Queste riflessioni non solo arricchiscono il contenuto con una dimensione di previsione ma invitano anche i lettori a riflettere sulla direzione della società e dell'umanità.

Esame delle Contronarrazioni

- **Esplorazione delle Contronarrazioni**: Incita ChatGPT a generare e analizzare contronarrazioni rispetto al tuo tema principale. Questo processo aiuta a identificare e comprendere le critiche, le eccezioni o i dibattiti che circondano il tuo argomento, fornendo una visione bilanciata e stimolando una discussione più profonda e inclusiva.

Costruzione di Una Biblioteca Virtuale

- **Raccolta di Risorse Digitali**: Chiedi a ChatGPT di aiutarti a compilare una biblioteca virtuale di risorse: articoli, paper accademici, libri, podcast, e video che possono arricchire la tua comprensione del tema. Anche se ChatGPT non può navigare Internet in tempo reale, può indicarti tipologie di risorse e potenziali autori o opere da considerare, basandosi sulla sua vasta base di conoscenze fino al momento della sua ultima formazione.

Incorporazione di Elementi Multimediali

- **Proposte Multimediali**: Valuta con ChatGPT come elementi multimediali potrebbero essere incorporati nel tuo libro per arricchirlo ulteriormente. Anche se la realizzazione pratica di ciò dipende dalle capacità e dalle risorse disponibili, la discussione di idee può ispirare modi innovativi per integrare audio, video, o elementi interattivi che complementano e amplificano il testo scritto.

Approfondimento tramite Simulazioni e Modelli

- **Uso di Simulazioni**: Considera l'idea di utilizzare ChatGPT per ideare simulazioni o modelli concettuali legati al tuo argomento. Questo può essere particolarmente utile in campi come le scienze, l'economia o la sociologia, dove modelli teorici possono aiutare a visualizzare dinamiche complesse o a esplorare le implicazioni di determinate teorie o politiche.

Valorizzazione Attraverso la Narrazione Personale

- **Storie Personali e Testimonianze**: ChatGPT può assisterti nel delineare storie personali o testimonianze che diano vita al tuo argomento. La personalizzazione del discorso attraverso esperienze reali o immaginarie aggiunge uno strato emotivo e relazionale al lavoro, rendendolo più accessibile e coinvolgente per un'ampia gamma di lettori.

Implementazione di Approcci Olistici

- **Visioni Olistiche**: Sfrutta ChatGPT per sviluppare una visione olistica del tuo argomento, considerando non solo gli aspetti tecnici o specifici ma anche le connessioni più ampie con il benessere umano, l'ambiente, la società e i valori etici. Questo approccio riflette una comprensione profonda e rispettosa della complessità e dell'interdipendenza dei sistemi mondiali.

Rafforzamento dell'Impatto Sociale

- **Focalizzazione sull'Impatto**: Infine, chiedi a ChatGPT di aiutarti a identificare e articolare l'impatto sociale potenziale o desiderato del tuo lavoro. Riflettere su come il tuo libro potrebbe influenzare il pensiero, le politiche o le pratiche in un determinato campo contribuisce a definirne lo scopo e la missione, offrendo ai lettori non solo conoscenze ma anche vie per l'azione e il cambiamento.

Attraverso queste ulteriori esplorazioni delle capacità di ChatGPT nella fase di ricerca per la creazione di un libro di saggistica, si apre un vasto territorio di potenzialità per approfondire, innovare e arricchire il lavoro. Questo processo non solo eleva il contenuto del libro a nuovi livelli di comprensione e impegno ma stimola anche l'autore a esplorare modi sempre più creativi e significativi di condividere conoscenze e ispirare i lettori.

Mentre continuiamo ad approfondire l'utilizzo di ChatGPT per la ricerca di contenuto nel processo di scrittura di un libro di saggistica, esploriamo ulteriori strati di metodologie e idee creative per arricchire la narrazione e stimolare un'approfondita comprensione dei temi trattati.

Sviluppo di Approcci Empatici

- **Empatia e Prospettiva**: Stimola ChatGPT a generare contenuti che enfatizzano l'empatia e la considerazione delle diverse prospettive relative al tuo tema. Creare narrativa che esplori in modo autentico le esperienze e i punti di vista di individui provenienti da contesti diversi può promuovere una maggiore comprensione e compassione tra i tuoi lettori.

Implementazione di Tecniche di Immersione Narrativa

- **Immersione Totale**: Esplora con ChatGPT modi per immergere completamente i lettori nel contesto del tuo argomento. Questo può includere la descrizione dettagliata di scenari, l'uso di dialoghi vivaci, o la creazione di esperienze immersive che permettano ai lettori di "vivere" le storie e le analisi presentate nel tuo libro.

Utilizzo di Meta-Narrazione

- **Riflessioni sulla Processualità**: Invita ChatGPT a contribuire con idee su come potresti integrare elementi di meta-narrazione che riflettono sul processo di scrittura stessa o sulla ricerca dietro il libro. Questo tipo di contenuto può offrire ai lettori un interessante dietro le quinte del tuo lavoro, rafforzando il legame tra autore e pubblico.

Ampliamento del Dialogo Scientifico e Accademico

- **Dialoghi Interattivi**: Usa ChatGPT per ideare dialoghi interattivi o simulati tra te e figure chiave nel campo di studio del tuo libro, sia essi storici che contemporanei. Questi dialoghi possono servire a illuminare complessi dibattiti accademici o scientifici in una forma più accessibile e coinvolgente.

Valorizzazione attraverso la Poesia e l'Arte

- **Integrazione Artistica**: Valuta l'opportunità di arricchire il tuo libro con elementi poetici o artistici che resonino con i temi trattati. ChatGPT può aiutarti a sperimentare con la poesia, le descrizioni artistiche o le analogie per creare connessioni emotive profonde e offrire ai lettori nuove modalità di interazione con il contenuto.

Promozione di Un'Etica della Curiosità

- **Stimolazione della Curiosità**: Chiedi a ChatGPT di aiutarti a formulare domande, esercizi o attività che stimolino la curiosità dei lettori e li incoraggino ad approfondire personalmente i temi trattati. Promuovere un'etica della curiosità non solo arricchisce l'esperienza di lettura ma contribuisce anche allo sviluppo di lettori critici e informati.

Esplorazione di Formati Dinamici

- **Formati Evolutivi**: Esamina con ChatGPT la possibilità di creare formati di libro dinamici, specialmente in versioni digitali, che possano evolvere nel tempo con l'aggiunta di nuovi contenuti, aggiornamenti sui temi trattati o feedback dei lettori. Questo approccio può trasformare il libro in un'entità vivente che cresce e si adatta.

Integrazione di Elementi di Gioco

- **Elementi Ludici**: Sfrutta ChatGPT per integrare nel tuo libro elementi di gioco o di gamification che rendano l'apprendimento un'esperienza divertente e coinvolgente. Questi possono variare da enigmi tematici a percorsi di esplorazione guidati da scelte dei lettori, aggiungendo uno strato interattivo alla narrazione.

Attraverso questo continuo approfondimento delle strategie per l'uso di ChatGPT nella fase di ricerca e sviluppo del contenuto di un libro di saggistica, si rivela come la tecnologia AI possa non solo facilitare la raccolta e l'analisi di informazioni ma anche aprire nuove frontiere nell'arte della narrazione e nella costruzione di esperienze di lettura ricche e multiformi. Questo processo arricchito dall'intelligenza artificiale promette di portare la saggistica a nuovi livelli di creatività, coinvolgimento e profondità, spingendo gli autori a esplorare modalità innovative di condivisione della conoscenza e di dialogo con il pubblico.

Concludendo l'approfondita esplorazione su come utilizzare ChatGPT per la fase di ricerca di contenuto in un libro di saggistica, ci troviamo di fronte a un vasto panorama di possibilità che spaziano ben oltre la semplice acquisizione di informazioni. Abbiamo esaminato come ChatGPT possa servire non solo come un potente strumento di brainstorming e generazione di idee ma anche come un mezzo per stimolare l'approfondimento critico, la creatività narrativa e l'innovazione nel modo di presentare argomenti complessi e coinvolgere il lettore.

Approfondimento e Analisi Critica

La capacità di ChatGPT di facilitare l'esplorazione di temi multidisciplinari, fornire contesti culturali e storici, e generare discussioni su scenari futuri arricchisce significativamente la fase di ricerca, permettendo agli autori di costruire una narrazione che sia non solo informativa ma anche profondamente riflessiva e contestualmente ricca. Questo approccio multilivello alla raccolta e analisi dei contenuti promette di elevare il livello del discorso saggistico, invitando sia l'autore che il lettore in un viaggio esplorativo che trascende il tradizionale trasferimento di conoscenza.

Innovazione Narrativa e Interattività

Abbiamo anche visto come ChatGPT possa ispirare la sperimentazione con formati narrativi non convenzionali, dall'incorporazione di elementi multimediali e interattivi alla creazione di strutture narrative immersive che coinvolgono il lettore in modi nuovi e sorprendenti. Questi approcci innovativi non solo arricchiscono l'esperienza di lettura ma aprono anche nuove vie per l'engagement, la riflessione personale e l'apprendimento attivo.

Coinvolgimento del Lettore e Creazione di Comunità

L'utilizzo di ChatGPT per stimolare la curiosità, promuovere un dialogo aperto e costruire ponti tra l'autore e il lettore evidenzia il potenziale del libro di saggistica come spazio per la costruzione di comunità, la condivisione di esperienze e la promozione del cambiamento sociale. L'integrazione di feedback, la possibilità di aggiornamenti continui e l'invito alla partecipazione attiva riflettono un modello dinamico di interazione con il pubblico, dove il libro diventa un catalizzatore per il dibattito, l'ispirazione e l'azione collettiva.

Valorizzazione della Saggistica come Esperienza Viva

Infine, l'esplorazione dettagliata delle capacità di ChatGPT nel contesto della ricerca di contenuto per un libro di saggistica svela l'immensa potenzialità di valorizzare la saggistica non solo come veicolo di informazioni ma come esperienza viva e in continua evoluzione. La possibilità di esplorare, analizzare, e presentare temi con una profondità e creatività senza precedenti promette di trasformare il modo in cui concepiamo e interagiamo con la letteratura di non-fiction, spingendo i confini di ciò che è possibile comunicare e condividere attraverso il potere della parola scritta.

In conclusione, l'adozione di ChatGPT nella fase di ricerca di contenuto apre un universo di possibilità per gli autori di saggistica, offrendo strumenti per approfondire la comprensione, innovare nella narrazione e coinvolgere il lettore in un dialogo significativo. Questo processo non solo arricchisce il manoscritto finale ma anche arricchisce l'autore stesso, invitandolo a un'esplorazione senza fine delle potenzialità della conoscenza umana e della narrazione.

5. Sviluppo del Capitolo: Guida alla scrittura dei capitoli utilizzando ChatGPT per generare contenuti, idee e sottotitoli.

Utilizzare ChatGPT per lo sviluppo dei capitoli di un libro di saggistica offre un modo dinamico e flessibile di arricchire il testo con contenuti approfonditi, idee creative e strutturazione efficace. Ecco una guida dettagliata su come sfruttare al meglio questa risorsa per ogni fase della scrittura dei capitoli:

Definizione dell'Obiettivo di Ogni Capitolo

1. **Stabilire l'Obiettivo**: Inizia definendo chiaramente l'obiettivo di ogni capitolo. Chiedi a ChatGPT di aiutarti a

formulare un obiettivo che sia sia informativo che coinvolgente, assicurandoti che contribuisca al flusso generale e alla tesi principale del libro.

2. **Generazione di Domande Guida**: Utilizza ChatGPT per generare una serie di domande guida che il capitolo intende rispondere. Queste domande aiutano a mantenere la focalizzazione sul tema e forniscono una struttura logica per lo sviluppo del contenuto.

Sviluppo di Contenuti e Sottotitoli

1. **Elencazione di Punti Chiave**: Chiedi a ChatGPT di elencare i punti chiave che dovrebbero essere coperti nel capitolo, basandosi sull'obiettivo e sulle domande guida. Questo elenco agirà da scheletro per il capitolo, assicurando che tutti gli aspetti importanti siano trattati.

2. **Generazione di Sottotitoli**: Sulla base dei punti chiave, utilizza ChatGPT per generare proposte di sottotitoli. I sottotitoli aiutano a organizzare il capitolo in sezioni gestibili, rendendo il testo più accessibile e più facile da seguire per i lettori.

Arricchimento del Testo

1. **Dettagli, Esempi e Aneddoti**: Per ogni sezione del capitolo, chiedi a ChatGPT di fornire dettagli approfonditi, esempi illustrativi e aneddoti pertinenti. Questo arricchisce il testo, rendendolo più vivido e coinvolgente.

2. **Incorporazione di Citazioni e Riferimenti**: Utilizza ChatGPT per identificare potenziali citazioni o riferimenti che potrebbero supportare o arricchire la discussione. Anche se sarà necessario verificare e citare correttamente queste fonti, ChatGPT può suggerire idee che potresti non avere considerato.

Revisione e Rifinimento

1. **Ristrutturazione e Ottimizzazione**: Una volta generato il primo abbozzo del capitolo, usa ChatGPT per esplorare modi per ottimizzare la struttura e il flusso del testo. Chiedi suggerimenti su come rendere l'argomentazione più convincente o come migliorare la coerenza e la leggibilità.

2. **Integrazione di Elementi Narrativi**: Chiedi a ChatGPT di aiutarti a tessere elementi narrativi attraverso il capitolo, utilizzando tecniche di storytelling per connettere emotivamente con il lettore e rendere le informazioni più memorabili.

Aggiunta di Elementi Interattivi e Riflessivi

1. **Domande per il Lettore**: Considera di integrare nel capitolo domande che invitano alla riflessione personale o alla discussione. ChatGPT può aiutarti a formulare queste domande, stimolando l'engagement del lettore e promuovendo una comprensione più profonda dei temi trattati.

2. **Attività e Esercizi**: Per i libri che si prestano a un approccio pratico o didattico, chiedi a ChatGPT di suggerire attività, esercizi o esplorazioni che i lettori possono intraprendere per approfondire la loro comprensione dei concetti discussi.

Utilizzando ChatGPT in questo modo dettagliato e mirato per lo sviluppo dei capitoli, puoi trasformare il processo di scrittura in un'esperienza più ricca e interattiva, sia per te come autore che per i tuoi futuri lettori. Questo approccio non solo migliora la qualità e la profondità del contenuto ma incoraggia anche una partecipazione attiva e un coinvolgimento più profondo con il materiale, arricchendo l'esperienza complessiva di lettura.

Proseguendo nell'esplorazione di come ChatGPT possa essere utilizzato per lo sviluppo di capitoli in un libro di saggistica, ci avventuriamo in tecniche ancora più sofisticate e dettagliate per arricchire il contenuto, migliorare l'interazione con il lettore e approfondire l'analisi dei temi trattati.

Introduzione di Elementi di Contro-narrazione

- **Esplorazione di Contrasti e Conflitti**: Sviluppa parti del capitolo dove si esplorano idee contrastanti o si introducono elementi di conflitto intellettuale. Questo non solo mantiene il lettore coinvolto ma promuove anche una comprensione più sfumata del tema. Chiedi a ChatGPT di aiutarti a identificare potenziali aree di dibattito o contrapposizioni all'interno del tuo argomento che possono essere esplorate in modo costruttivo.

Ampliamento delle Prospettive

- **Inclusione di Prospettive Diverse**: Assicurati che ogni capitolo rifletta una gamma di prospettive. Usa ChatGPT per identificare e integrare diverse voci e punti di vista, specialmente quelle che potrebbero essere sottorappresentate. Questo approccio arricchisce la discussione e dimostra un impegno verso una narrazione equilibrata e inclusiva.

Incorporazione di Analisi Comparativa

- **Confronti Transculturali e Temporali**: Per temi che si prestano a tali esplorazioni, chiedi a ChatGPT di generare contenuti che offrano confronti tra differenti culture o periodi storici. Questi confronti possono rivelare insight unici e promuovere una comprensione più profonda delle dinamiche sociali, culturali e storiche.

Utilizzo di Strutture Narrative Innovative

- **Narrativa Circolare o Modulare**: Sperimenta con strutture narrative non lineari, come quelle circolari, che terminano dove hanno iniziato, o modulari, che permettono ai lettori di navigare il libro in ordini diversi. Chiedi a ChatGPT di suggerire modi in cui queste strutture possono essere applicate ai tuoi capitoli per offrire esperienze di lettura uniche e coinvolgenti.

Implementazione di Tecniche di Scrittura Creativa

- **Stile e Voce**: Lavora con ChatGPT per esplorare diversi stili di scrittura e toni di voce che potrebbero essere appropriati per i tuoi capitoli. Sperimentare con vari approcci stilistici può rivelarsi efficace nel rendere il contenuto più accessibile e coinvolgente per un ampio spettro di lettori.

Sviluppo di Framework Analitici

- **Strumenti di Analisi**: Per capitoli che trattano argomenti complessi, considera l'uso di ChatGPT per sviluppare o suggerire framework analitici che i lettori possono utilizzare per navigare le informazioni. Questi strumenti aiutano a scomporre concetti complessi in componenti gestibili, facilitando la comprensione.

Creazione di Connessioni Tematiche Profonde

- **Legami Tematici Intercapitolari**: Usa ChatGPT per identificare e rafforzare i legami tematici tra i capitoli. Creare una tessitura di riferimenti incrociati e temi ricorrenti non solo migliora la coesione del libro ma arricchisce anche l'esperienza di lettura complessiva, permettendo ai lettori di vedere il "quadro più grande".

Valorizzazione mediante il Feedback

- **Iterazione basata sul Feedback**: Impiega ChatGPT per generare domande di feedback o guidare sessioni di lettura critica dei capitoli. Questo processo di iterazione basato sul feedback può illuminare aree che necessitano di ulteriore sviluppo, chiarimento o rafforzamento, assicurando che il contenuto sia robusto, coinvolgente e ben ricevuto.

Attraverso queste ulteriori tecniche di sviluppo del capitolo, l'uso di ChatGPT si rivela come uno strumento estremamente versatile che non solo arricchisce il processo di scrittura ma stimola anche l'autore a pensare in modi nuovi e creativi. Questo approccio multilivello e interattivo non solo eleva la qualità del manoscritto finale ma apre anche nuove vie per l'innovazione narrativa e l'impegno del lettore, ponendo le basi per un'opera di saggistica che sia informativa, ispiratrice e trasformativa.

Nell'approfondire ulteriormente come ChatGPT possa essere sfruttato per lo sviluppo di capitoli in un libro di saggistica, ci immergiamo in strategie ancora più dettagliate che arricchiscono il contenuto e migliorano l'esperienza di lettura, spingendo i confini della scrittura saggistica tradizionale verso nuovi orizzonti di esplorazione e coinvolgimento.

Integrazione di Elementi di Realtà Aumentata

- **Esperienze di Realtà Aumentata**: Esplora l'idea di integrare nel tuo libro elementi di realtà aumentata (RA) che possano essere accessibili tramite app o dispositivi specifici. ChatGPT può aiutarti a concepire contenuti che sfruttano la RA per arricchire visualizzazioni di dati, simulazioni storiche o esplorazioni di concetti astratti, creando un ponte tra il testo scritto e un'esperienza immersiva che coinvolge visivamente e tattilmente il lettore.

Creazione di Percorsi di Lettura Personalizzati

- **Lettura Personalizzata**: Utilizza ChatGPT per progettare percorsi di lettura personalizzati all'interno del libro, consentendo ai lettori di scegliere itinerari tematici o di interesse che si adattino meglio alle loro preferenze o bisogni informativi. Questa personalizzazione arricchisce l'esperienza di lettura, rendendo il libro un'opera più dinamica e interattiva.

Uso di Tecniche di Data Storytelling

- **Narrativa Basata sui Dati**: Incoraggia ChatGPT a fornire idee per impiegare tecniche di data storytelling all'interno dei capitoli. Questo può includere l'uso di storie o scenari per interpretare insiemi di dati complessi, rendendo le informazioni quantitative accessibili e coinvolgenti attraverso la narrazione.

Sperimentazione con la Forma del Testo

- **Formati Testuali Innovativi**: Sperimenta con formati di testo non convenzionali che possano rompere la monotonia visiva della pagina e coinvolgere il lettore in modi nuovi. Chiedi a ChatGPT di suggerire modi creativi per presentare il testo, come poesie concrete, calligrammi o sezioni di testo che seguono schemi visivi, aggiungendo un livello di interpretazione estetica alla lettura.

Approfondimento tramite Simulazioni Mentali

- **Simulazioni Guidate**: Usa ChatGPT per sviluppare simulazioni mentali o esercizi di visualizzazione che guidino il lettore attraverso scenari ipotetici o esplorazioni concettuali legate al tema del capitolo. Questi esercizi possono aiutare i lettori a comprendere meglio concetti complessi o a esplorare le implicazioni di determinate teorie o dati.

Incoraggiamento dell'Auto-esplorazione

- **Guida all'Auto-esplorazione**: Invita ChatGPT a contribuire con idee per incoraggiare i lettori a intraprendere la propria esplorazione o ricerca sul tema trattato. Questo può includere l'aggiunta di domande aperte, risorse per ulteriori letture o suggerimenti di attività pratiche che stimolano l'approfondimento individuale e la curiosità.

Utilizzo di Elementi di Gioco per l'Apprendimento

- **Gamification dell'Apprendimento**: Considera l'integrazione di elementi ludici che promuovano l'apprendimento attraverso il gioco. ChatGPT può aiutarti a ideare quiz, indovinelli, giochi di parole o sfide legate al contenuto del capitolo, incentivando il lettore a interagire attivamente con il materiale e a consolidare la conoscenza in modo divertente.

Promozione dell'Interdisciplinarità

- **Connessioni Interdisciplinari**: Lavora con ChatGPT per identificare e sviluppare connessioni interdisciplinari nei tuoi capitoli. Mostrare come il tuo argomento si collega a diversi campi del sapere non solo arricchisce il contenuto ma promuove anche una visione olistica del sapere, stimolando i lettori a pensare oltre i confini tradizionali delle discipline.

Attraverso queste metodologie avanzate per lo sviluppo di capitoli con il supporto di ChatGPT, si apre una dimensione nuova di scrittura saggistica che privilegia l'innovazione, l'interazione e l'approfondimento. Questo approccio trasforma il libro in un'opera viva e dinamica, capace di stimolare, educare e coinvolgere i lettori in modi precedentemente inesplorati, rendendo l'esperienza di lettura un viaggio ricco di scoperte e ispirazione.

Approfondendo ancora di più l'uso di ChatGPT per lo sviluppo di capitoli in un libro di saggistica, esploriamo altre strade innovative e tecniche dettagliate che possono arricchire il contenuto, rendere la narrazione più coinvolgente e fornire al lettore strumenti per una comprensione più profonda.

Introduzione di Elementi di Design del Pensiero

- **Workshop di Design Thinking**: Sviluppa sezioni che guidano i lettori attraverso workshop di design thinking relativi al tema del capitolo. Utilizza ChatGPT per formulare esercizi che stimolino la creatività dei lettori, incoraggiandoli a identificare soluzioni innovative ai problemi o a esplorare nuove prospettive sul tema trattato.

Sfruttamento della Narrazione Transmediale

- **Esperienze Transmediali**: Esamina la possibilità di arricchire i capitoli con esperienze transmediali, suggerendo ai lettori di interagire con contenuti che si estendono oltre il libro. ChatGPT può aiutare a ideare collegamenti a podcast, serie web, esposizioni virtuali o piattaforme social dove il tema viene esplorato in modi complementari, stimolando l'immersione e l'apprendimento attraverso diversi media.

Creazione di Ambientazioni Immaginative

- **Immaginazione Spaziale**: Incoraggia i lettori a costruire mentalmente spazi o ambientazioni che riflettono i concetti o le storie trattate nei capitoli. Chiedi a ChatGPT di assisterti nella creazione di descrizioni dettagliate o esercizi di visualizzazione che facilitino questa costruzione immaginativa, potenziando la memorizzazione e la comprensione dei contenuti.

Approfondimento attraverso la Riflessione Filosofica

- **Dialoghi Filosofici**: Propone dialoghi o riflessioni filosofiche che invitano i lettori a ponderare sulle implicazioni etiche, morali o esistenziali dei temi trattati. ChatGPT può fornire spunti per questi dialoghi, che possono servire come pause riflessive all'interno della narrazione, arricchendola di dimensioni contemplative.

Integrazione di Esplorazioni Linguistiche

- **Analisi Linguistica**: Per capitoli che toccano argomenti legati al linguaggio, alla comunicazione o alla cultura, utilizza ChatGPT per esplorare giochi di parole, etimologie interessanti o la diversità linguistica. Questo non solo arricchisce il contenuto con curiosità linguistiche ma incoraggia anche i lettori a riflettere sulla potenza del linguaggio e sulla sua evoluzione.

Esperimento con la Struttura del Capitolo

- **Capitoli Non Tradizionali**: Sfida la struttura tradizionale dei capitoli esplorando formati alternativi, come capitoli scritti interamente in forma di domande e risposte, capitoli che alternano narrativa e analisi o capitoli che utilizzano la struttura di un racconto per esplorare concetti accademici. ChatGPT può offrire ispirazione e assistenza nella realizzazione di questi formati innovativi.

Promozione dell'Analisi Critica

- **Strumenti per la Critica**: Incorpora all'interno dei capitoli strumenti e linee guida che invitino i lettori a un'analisi critica del testo e delle fonti citate. Chiedi a ChatGPT di suggerire domande di riflessione critica o checklist per la valutazione delle informazioni, promuovendo così lettori più attivi e consapevoli.

Valorizzazione del Contesto Storico

- **Cronologie Dettagliate**: Per temi con una ricca storia o evoluzione, considera l'aggiunta di cronologie dettagliate o linee temporali che aiutino i lettori a navigare attraverso la complessità storica. ChatGPT può assisterti nel compilare questi strumenti visivi, che fungono da preziosi riferimenti per contestualizzare le informazioni.

Attraverso queste ulteriori strategie per sfruttare ChatGPT nello sviluppo di capitoli, il processo di scrittura diventa un terreno fertile per l'innovazione, l'esplorazione e la sperimentazione. Questo approccio non solo mira a produrre contenuti di alta qualità e profondamente coinvolgenti ma anche a trasformare il libro in uno spazio dinamico di apprendimento e scoperta, dove i lettori sono invitati a interagire con il testo in modi sempre nuovi e significativi.

Proseguendo nell'approfondimento delle strategie avanzate per utilizzare ChatGPT nella fase di sviluppo dei capitoli di un libro di saggistica, ci concentriamo su ulteriori metodi e idee per arricchire il contenuto, stimolare l'engagement del lettore e fornire approfondimenti significativi.

Inserimento di Profili Esplorativi

- **Esplorazione di Profili Personali**: Utilizza ChatGPT per creare profili dettagliati di figure storiche, leader di pensiero o personaggi chiave relativi al tema del tuo libro. Questi profili possono offrire ai lettori insight personali e storici, rendendo il contesto del tuo argomento più ricco e tridimensionale.

Integrazione di Framework Concettuali

- **Sviluppo di Framework e Modelli**: Chiedi a ChatGPT di assisterti nello sviluppo di framework concettuali o modelli che i lettori possono utilizzare per comprendere meglio il tema trattato. Questi strumenti aiutano a organizzare il pensiero e possono servire come

guide per l'analisi o la riflessione su casi specifici
presentati nel libro.

Utilizzo di Esercizi di Scrittura Creativa

- **Stimolazione Creativa del Lettore**: Integra esercizi
  di scrittura creativa che incoraggino i lettori a esplorare i
  temi del tuo libro attraverso la loro scrittura. Questo può
  includere la scrittura di riflessioni personali, la creazione
  di storie brevi o la composizione di poesie. ChatGPT può
  suggerire esercizi specifici che stimolano l'immaginazione
  e promuovono una connessione più profonda con il
  materiale.

Promozione dell'Interazione Sociale

- **Discussioni Guidate**: Offri ai lettori domande di
  discussione o temi per club del libro o forum online.
  Queste guide, generate con l'aiuto di ChatGPT, possono
  facilitare conversazioni significative tra i lettori,
  ampliando l'impatto del tuo libro e creando una comunità
  di persone interessate ai suoi temi.

Ampliamento con Contenuti Audio e Visivi

- **Link a Risorse Multimediali**: Nei formati digitali del
  tuo libro, considera l'inclusione di link a contenuti audio
  o visivi che approfondiscano ulteriormente gli argomenti
  trattati. ChatGPT può aiutarti a identificare tipi di
  contenuti multimediali che potrebbero arricchire il testo,
  da podcast educativi a documentari, fornendo ai lettori
  un'esperienza di apprendimento a 360 gradi.

Esplorazione di Tematiche Globali

- **Approccio Globale**: Incentiva ChatGPT a identificare e
  integrare prospettive globali sui temi del tuo libro. Questo
  approccio non solo assicura che il contenuto sia rilevante
  per un pubblico internazionale ma promuove anche la

comprensione e l'apprezzamento delle diverse realtà
culturali e sociali.

Implementazione di Elementi di Riflessione Meta-Cognitiva

- **Momenti di Riflessione Meta-Cognitiva**: Sviluppa
  sezioni che invitano i lettori a riflettere sul loro processo
  di apprendimento e sulle reazioni emotive ai temi trattati.
  Questi momenti di pausa, suggeriti da ChatGPT, possono
  aumentare la consapevolezza dei lettori sul proprio
  percorso di conoscenza e crescita personale.

Valorizzazione Attraverso la Storia Orale

- **Raccolta di Testimonianze Orali**: Per argomenti che
  si prestano bene alla narrazione personale, considera
  l'integrazione di testimonianze orali o storie raccolte
  direttamente dalle voci di chi ha vissuto esperienze
  pertinenti. ChatGPT può offrire suggerimenti su come
  strutturare e presentare queste storie per massimizzare il
  loro impatto emotivo e informativo.

Attraverso queste ulteriori tecniche e idee, l'impiego di ChatGPT
nello sviluppo di capitoli si rivela come un approccio
estremamente flessibile e innovativo alla scrittura saggistica.
Questa metodologia non solo migliora la qualità del contenuto
ma apre anche nuovi canali di dialogo, esplorazione e
interazione con i lettori, trasformando ogni capitolo in
un'esperienza unica e arricchente.

Concludendo questa esplorazione approfondita sull'uso di
ChatGPT per lo sviluppo di capitoli in un libro di saggistica,
emerge una visione complessiva che trasforma radicalmente il
tradizionale processo di scrittura. L'utilizzo di ChatGPT come
strumento per generare idee, contenuti, sottotitoli e per
arricchire la narrazione con approfondimenti critici e creativi

rivela un'ampia gamma di possibilità che possono elevare significativamente la qualità e l'impatto di un'opera saggistica.

Ampliamento dei Confini Narrativi

L'impiego di ChatGPT permette di spingersi oltre i confini della narrazione convenzionale, integrando elementi di realtà aumentata, percorsi di lettura personalizzati, tecniche di data storytelling, e formati testuali innovativi. Questi approcci non solo arricchiscono il testo ma creano anche ponti verso esperienze immersive che coinvolgono il lettore su più livelli sensoriali e cognitivi.

Promozione di Un Dialogo Multidimensionale

ChatGPT facilita la creazione di un dialogo multidimensionale tra l'autore e il lettore, incoraggiando l'esplorazione di prospettive diverse, l'analisi comparativa, e la discussione guidata. La capacità di incorporare profili esplorativi, esercizi di scrittura creativa, e discussioni filosofiche arricchisce la narrazione, promuovendo una comprensione più profonda e una riflessione personale sui temi trattati.

Arricchimento del Contenuto con Approcci Interdisciplinari

Attraverso l'utilizzo di ChatGPT, si possono integrare approcci interdisciplinari che aprono nuove vie di indagine e interpretazione. L'esplorazione di connessioni interdisciplinari, l'incorporazione di framework concettuali e l'approfondimento tramite simulazioni mentali consentono di trattare argomenti complessi in modi che sono allo stesso tempo accessibili e stimolanti, invitando i lettori a esplorare i confini del sapere.

Stimolazione dell'Impegno Attivo del Lettore

ChatGPT offre strumenti per stimolare un impegno attivo del lettore, attraverso esercizi di auto-esplorazione, elementi di gioco per l'apprendimento, e opportunità di interazione sociale.

Questi elementi ludici e riflessivi trasformano la lettura in un'esperienza attiva, in cui i lettori non sono solo destinatari passivi di informazioni ma partecipanti attivi nel processo di scoperta e apprendimento.

Valorizzazione dell'Esperienza di Lettura

In conclusione, l'adozione di ChatGPT nello sviluppo di capitoli per un libro di saggistica rappresenta un'avanzata metodologia di scrittura che non solo valorizza l'esperienza di lettura attraverso l'innovazione narrativa e l'approfondimento critico ma stimola anche un dialogo continuo tra autore e lettore. Questo approccio trasformativo non si limita a trasferire conoscenze ma invita a una partecipazione emotiva, intellettuale e sociale, ponendo le basi per opere che sono non solo informative ma veramente trasformative. L'utilizzo di ChatGPT, quindi, non è semplicemente una tecnica di assistenza alla scrittura ma un catalizzatore per la creazione di opere saggistiche che riflettono la complessità, la diversità e la dinamicità del mondo contemporaneo, impegnandosi a costruire ponti di comprensione e apprezzamento attraverso il potere dell'esplorazione narrativa.

6. Creazione di Personaggi e Case Studies: Per libri che includono storie o studi di caso, come creare personaggi realistici o racconti utili.

La creazione di personaggi realistici e lo sviluppo di studi di caso avvincenti sono componenti chiave per arricchire libri che si basano su storie o che includono esempi pratici per illustrare concetti complessi. Questi elementi narrativi non solo rendono il materiale più accessibile ma anche più memorabile. Ecco come ChatGPT può assisterti in questo processo:

Creazione di Personaggi Realistici

1. **Definizione del Background**: Inizia con una definizione dettagliata del background di ciascun personaggio. Chiedi a ChatGPT di generare una biografia completa, includendo dettagli sulla famiglia, l'educazione, le esperienze formative e le motivazioni personali. Questo aiuterà a creare personaggi tridimensionali con cui i lettori possono identificarsi o comprendere meglio.

2. **Assegnazione di Caratteristiche Distintive**: Ogni personaggio dovrebbe avere caratteristiche distintive che ne delineano la personalità. Utilizza ChatGPT per esplorare tratti unici, hobby, modi di parlare o abitudini che rendono ciascun personaggio memorabile e facilmente distinguibile dagli altri.

3. **Sviluppo della Dinamica Relazionale**: I personaggi non esistono in isolamento. Chiedi a ChatGPT di aiutarti a costruire relazioni complesse tra i personaggi, esplorando come queste dinamiche influenzano la trama e contribuiscono alla crescita o allo sviluppo del personaggio.

4. **Integrazione di Conflitti e Sfide**: Per rendere i personaggi realistici, è essenziale includere conflitti o sfide che devono affrontare. Utilizza ChatGPT per ideare situazioni difficili o decisioni morali che i personaggi devono navigare, aggiungendo profondità alla loro narrazione e stimolando l'empatia del lettore.

Sviluppo di Case Studies Avvincenti

1. **Selezione del Tema**: Identifica chiaramente il tema o la lezione che il caso di studio intende illustrare. Chiedi a ChatGPT di aiutarti a delineare i punti chiave e le domande guida che il caso di studio dovrebbe affrontare, assicurandoti che sia rilevante per il contesto più ampio del libro.

2. **Raccolta di Dettagli Autentici**: Per rendere i casi di studio credibili e informativi, è fondamentale includere dettagli autentici e specifici. Utilizza ChatGPT per generare informazioni tecniche, contestuali o aneddotiche che arricchiscano il racconto, rendendolo sia educativo che coinvolgente.

3. **Strutturazione Narrativa**: Anche se basati su fatti reali, i casi di studio traggono vantaggio da una struttura narrativa che include un'introduzione, uno sviluppo e una conclusione. Chiedi a ChatGPT di assisterti nella costruzione di una narrazione che guidi i lettori attraverso la comprensione del problema, l'esplorazione delle soluzioni e la riflessione sugli esiti.

4. **Inclusione di Riflessioni e Analisi**: Oltre alla narrazione dei fatti, i casi di studio dovrebbero stimolare la riflessione critica. Usa ChatGPT per integrare domande di riflessione o analisi che incoraggino i lettori a pensare in modo critico ai temi trattati, applicare le lezioni apprese a situazioni simili o considerare alternative.

Utilizzando ChatGPT per assistere nella creazione di personaggi realistici e nello sviluppo di studi di caso avvincenti, puoi migliorare significativamente la qualità narrativa e l'efficacia educativa del tuo libro. Questo approccio non solo facilita una connessione più profonda tra i lettori e il materiale presentato ma fornisce anche strumenti preziosi per l'applicazione pratica dei concetti esplorati.

Proseguendo nell'esplorazione di come ChatGPT può essere utilizzato per arricchire la creazione di personaggi realistici e lo sviluppo di studi di caso avvincenti per libri di saggistica, ci addentriamo in ulteriori strati di complessità e dettagli, esplorando nuove strategie per incrementare l'impatto e l'efficacia narrativa.

Intreccio di Diverse Prospettive

- **Prospettive Multiple**: Per rendere gli studi di caso o le storie più multidimensionali, considera l'uso di ChatGPT per intrecciare le prospettive di diversi personaggi o stakeholder all'interno di una singola narrazione. Questo approccio non solo arricchisce la narrazione ma fornisce anche una comprensione più olistica delle dinamiche in gioco, mostrando come lo stesso evento o problema possa essere interpretato in modi diversi a seconda delle esperienze e dei punti di vista individuali.

Creazione di Ambientazioni Vivide

- **Dettagli Ambientali**: Utilizza ChatGPT per generare descrizioni dettagliate delle ambientazioni in cui si svolgono i tuoi studi di caso o le storie dei personaggi. Dettagliare l'ambiente, dall'aspetto fisico ai suoni, odori e l'atmosfera generale, può immergere i lettori nel mondo che stai descrivendo, rendendo l'esperienza più immersiva e coinvolgente.

Esplorazione di Temi Universali

- **Temi Universali**: Chiedi a ChatGPT di aiutarti a identificare e incorporare temi universali nei tuoi personaggi e studi di caso. L'amore, la perdita, la lotta, il trionfo, l'etica e la moralità sono esempi di temi che risuonano a livello globale. Integrare questi temi può elevare la narrazione, collegando il particolare al universale e rendendo il tuo lavoro più rilevante e accessibile a un pubblico più ampio.

Approfondimento con Analisi Psicologica

- **Analisi dei Personaggi**: Per i personaggi dei tuoi studi di caso o racconti, sfrutta ChatGPT per esplorare e sviluppare analisi psicologiche dettagliate. Capire le motivazioni profonde, le paure, i desideri e le complessità interne dei personaggi non solo li rende più tridimensionali ma permette anche ai lettori di connettersi con loro a un livello più profondo, vedendo riflessi di se stessi o di persone che conoscono.

Introduzione di Elementi di Sorpresa

- **Colpi di Scena**: Per mantenere i lettori incollati alla pagina, utilizza ChatGPT per ideare colpi di scena o rivelazioni sorprendenti che possano essere integrati nei tuoi studi di caso o racconti. Questi elementi di sorpresa possono rompere la prevedibilità e rinvigorire l'interesse del lettore, oltre a fornire punti di svolta significativi per la narrazione o per lo sviluppo del personaggio.

Inclusione di Citazioni e Testimonianze Autentiche

- **Voce Autentica**: Quando possibile, incorpora citazioni dirette o testimonianze autentiche all'interno dei tuoi studi di caso. ChatGPT può essere utilizzato per strutturare e presentare queste citazioni in modo che rafforzino la narrazione, offrendo prospettive uniche e autentiche che arricchiscono il contesto e aggiungono profondità al racconto.

Riflessione e Applicazione Pratica

- **Lezioni Apprese**: Alla fine di ogni studio di caso o racconto, utilizza ChatGPT per formulare sezioni di riflessione che esaminino le lezioni apprese e le loro possibili applicazioni pratiche. Questo non solo fornisce un valore aggiunto al lettore ma lo incoraggia anche a riflettere su come i concetti presentati possano essere applicati nella propria vita o in contesti professionali.

Attraverso queste strategie avanzate, l'uso di ChatGPT nella creazione di personaggi e nello sviluppo di studi di caso si rivela una risorsa preziosa per arricchire la narrativa e aumentare l'impatto emotivo e educativo dei libri di saggistica. Questi metodi consentono agli autori di esplorare la complessità umana, stimolare l'immaginazione del lettore e promuovere una comprensione più profonda dei temi trattati, elevando significativamente l'esperienza di lettura complessiva.

Proseguendo nell'esplorazione di tecniche avanzate per l'uso di ChatGPT nella creazione di personaggi realistici e nello sviluppo di studi di caso avvincenti per libri di saggistica, ci addentriamo in ulteriori metodi che possono arricchire significativamente la narrazione e migliorare l'engagement del lettore.

Costruzione di Archi di Trasformazione

- **Archi di Trasformazione**: Impiega ChatGPT per delineare archi di trasformazione dettagliati per i personaggi nei tuoi studi di caso. Questi archi raccontano la storia del cambiamento interiore dei personaggi in risposta agli eventi della trama, fornendo un senso di sviluppo e crescita personale che risuona profondamente con i lettori. Considera come le loro esperienze, sia le sfide che le vittorie, li cambiano nel corso del racconto.

Utilizzo di Dettagli Sensoriali

- **Immaginazione Sensoriale**: Chiedi a ChatGPT di generare descrizioni ricche di dettagli sensoriali che immergano i lettori nell'ambiente dei tuoi studi di caso o storie. L'uso di dettagli visivi, sonori, tattili, olfattivi e gustativi può rendere le scene più vivide e memorabili, aumentando l'immersione e la connessione emotiva.

Incorporazione di Dialoghi Autentici

- **Dialoghi Realistici**: Utilizza ChatGPT per creare dialoghi che riflettano il modo in cui le persone parlano realmente, inclusi modi di dire locali, espressioni idiomatiche e ritmi unici di conversazione. I dialoghi autentici rendono i personaggi più credibili e la narrazione più coinvolgente.

Esplorazione di Sfide Etiche

- **Dilemmi Morali**: Coinvolgi ChatGPT nello sviluppo di dilemmi morali complessi all'interno dei tuoi studi di caso o racconti. Questi dilemmi non solo aggiungono tensione e profondità alla storia ma invitano anche i lettori a riflettere sulle proprie convinzioni e sui potenziali compromessi o decisioni che potrebbero affrontare in situazioni simili.

Simulazione di Esperienze Immaginarie

- **Scenario Building**: Chiedi a ChatGPT di aiutarti a costruire scenari immaginari dettagliati che mettano i personaggi in situazioni uniche o estreme. Questi esercizi di "cosa succederebbe se" possono aiutare a esplorare le reazioni dei personaggi a situazioni fuori dall'ordinario, illuminando aspetti del loro carattere o della loro psicologia.

Riflessioni Post-Narrazione

- **Analisi Post-Racconto**: Dopo la conclusione di un caso di studio o racconto, utilizza ChatGPT per proporre analisi o riflessioni che esaminino l'impatto degli eventi sui personaggi e sulle tematiche più ampie. Queste riflessioni possono offrire chiusure significative o punti di partenza per ulteriori discussioni e indagini.

Integrazione di Elementi Interattivi

- **Interattività nel Testo**: Esamina come ChatGPT può aiutarti a incorporare elementi interattivi legati ai tuoi personaggi o studi di caso. Ciò potrebbe includere quiz, mappe concettuali interattive o persino percorsi di narrazione a scelta del lettore che consentono di esplorare differenti esiti basati sulle decisioni prese durante la lettura.

Collegamenti a Risorse Complementari

- **Risorse Addizionali**: Infine, impiega ChatGPT per identificare o suggerire risorse complementari che possano arricchire la comprensione del lettore. Questo potrebbe includere articoli di giornale, documentari, interviste, o database online che offrono contesto aggiuntivo o prospettive alternative sui temi trattati.

Attraverso l'adozione di queste strategie avanzate per l'uso di ChatGPT nella creazione di personaggi e studi di caso, autori di saggistica possono notevolmente migliorare la profondità, il realismo e l'engagement delle loro opere. Questi metodi non solo arricchiscono la narrazione con dettagli vividi e situazioni complesse ma offrono anche ai lettori una piattaforma più ricca per l'apprendimento, la riflessione e l'esplorazione personale.

Avanzando ulteriormente nell'esplorazione di come ChatGPT può essere sfruttato per la creazione di personaggi realistici e lo sviluppo di studi di caso avvincenti nei libri di saggistica, ci immergiamo in nuove dimensioni che possono portare a una narrazione ancora più ricca e coinvolgente.

Valorizzazione attraverso la Storia Personale

- **Narrative Personali Profonde**: Approfondisci la storia personale di ogni personaggio o protagonista dei tuoi studi di caso, esplorando le loro esperienze passate, i momenti chiave della loro vita e come questi li hanno formati. Utilizza ChatGPT per generare eventi di vita plausibili che arricchiscano il background dei personaggi, rendendoli più complessi e tridimensionali.

Introduzione di Conflitti Interni

- **Esplorazione di Conflitti Interni**: Oltre ai dilemmi morali e alle sfide esterne, considera l'uso di ChatGPT per esplorare i conflitti interni dei personaggi o dei soggetti dei tuoi studi di caso. Questi conflitti interni possono riguardare lotte personali, insicurezze, desideri nascosti o paure, aggiungendo uno strato di complessità psicologica che stimola l'empatia e l'interesse del lettore.

Utilizzo di Dialoghi per Rivelare il Carattere

- **Dialoghi Rivelatori**: I dialoghi possono essere un potente strumento per rivelare il carattere dei personaggi. Chiedi a ChatGPT di aiutarti a scrivere scambi di dialoghi che non solo facciano avanzare la trama ma rivelino anche aspetti cruciali della personalità dei personaggi, le loro motivazioni e la loro evoluzione.

Creazione di Ambientazioni Ricche

- **Ambientazioni Immersive**: Sviluppa ambientazioni dettagliate e immersive per i tuoi studi di caso o racconti. ChatGPT può generare descrizioni vivide di luoghi, sia reali che immaginari, che non solo servono come sfondo per le azioni dei personaggi ma influenzano anche le loro decisioni, comportamenti e interazioni.

Integrazione di Tematiche Attuali

- **Rispecchiare Questioni Attuali**: Utilizza ChatGPT per tessere nel tessuto dei tuoi studi di caso o delle storie tematiche attuali che risuonano con i lettori di oggi. Questo può includere questioni sociali, sfide ambientali, avanzamenti tecnologici o cambiamenti culturali, collegando così la narrazione a problemi reali e urgenti.

Sviluppo di Archi Narrativi Secondari

- **Archi Secondari**: Arricchisci la trama principale con archi narrativi secondari che si intrecciano con la storia principale. ChatGPT può suggerire sottotrame che completano o contrastano con l'arco narrativo principale, offrendo ai lettori una maggiore profondità di narrazione e una varietà di prospettive.

Incorporazione di Elementi Visivi

- **Supporto Visivo**: Per i libri che possono beneficiare di elementi visivi, considera di utilizzare ChatGPT per delineare idee per fotografie, diagrammi, mappe o infografiche che possono accompagnare e arricchire i testi dei tuoi studi di caso o storie. Questi elementi visivi possono aiutare a concretizzare le informazioni o le narrazioni, rendendole più accessibili e coinvolgenti.

Promozione dell'Interazione Lettore

- **Guida alla Riflessione del Lettore**: Al termine di studi di caso o racconti, impiega ChatGPT per creare guide di riflessione o domande che invitino il lettore a ponderare sulle storie appena lette. Questo può includere riflessioni su come le lezioni apprese si applicano al mondo reale o come il lettore avrebbe agito in situazioni simili.

Attraverso l'impiego di queste strategie avanzate, il processo di creazione di personaggi e studi di caso nei libri di saggistica diventa non solo un esercizio di narrazione ma anche un'opportunità per approfondire la comprensione dei lettori, stimolare la loro immaginazione e invitarli a un'interazione più significativa con il materiale. Questo approccio, arricchito dalle capacità di ChatGPT, promette di trasformare i libri di saggistica in esperienze di lettura che sono tanto informative quanto ispiratrici, offrendo una finestra su realtà complesse attraverso la lente di personaggi e scenari vividi e tridimensionali.

Nel proseguire l'esplorazione di strategie avanzate per l'uso di ChatGPT nella creazione di personaggi realistici e sviluppo di studi di caso avvincenti nei libri di saggistica, ci avventuriamo in nuove tecniche che possono ulteriormente arricchire la narrazione e approfondire l'engagement del lettore.

Approfondimento Emotivo

- **Esplorazione delle Emozioni**: Invita ChatGPT a generare una gamma di emozioni e reazioni interne per i tuoi personaggi o soggetti di studio di caso, specifiche per le varie situazioni che affrontano. Questo approccio consente di catturare la complessità emotiva delle esperienze umane, offrendo ai lettori una finestra sulle lotte interne e sulle gioie dei personaggi.

Creazione di Scenario Futuristici

- **Sviluppo di Visioni Future**: Usa ChatGPT per sviluppare scenari futuristici o visioni speculative basate sui temi del tuo libro. Questi scenari possono essere utilizzati come studi di caso ipotetici per esplorare le potenziali implicazioni di tendenze attuali, tecnologie emergenti o decisioni etiche, stimolando la riflessione sui futuri possibili.

Integrazione di Elementi di Narrativa Interattiva

- **Percorsi Narrativi Interattivi**: Considera di impiegare ChatGPT per ideare elementi di narrativa interattiva all'interno dei tuoi studi di caso o storie.

Questo potrebbe includere decisioni a bivi che portano a esiti diversi o la possibilità per i lettori di "scegliere l'avventura" seguendo interessi specifici, rendendo la lettura un'esperienza più personalizzata e coinvolgente.

Sviluppo di Esercizi di Empatia

- **Simulazioni Empatiche**: Chiedi a ChatGPT di aiutarti a creare esercizi o simulazioni che incoraggino i lettori a mettersi nei panni dei personaggi o dei soggetti dei tuoi studi di caso. Questi esercizi possono aiutare a costruire comprensione ed empatia, offrendo prospettive diverse e sfidando i preconcetti.

Analisi di Impatto Sociale

- **Valutazione dell'Impatto**: Utilizza ChatGPT per esaminare e discutere l'impatto sociale, culturale o ambientale dei temi trattati attraverso i tuoi personaggi o studi di caso. Questo non solo aggiunge profondità alla narrazione ma incoraggia anche i lettori a riflettere sull'impatto delle proprie azioni e decisioni nel mondo reale.

Collegamento con Esperienze Universali

- **Universalità delle Esperienze**: Chiedi a ChatGPT di identificare e tessere esperienze universali all'interno dei racconti dei tuoi personaggi o dei tuoi studi di caso. Esplorare temi come la ricerca di significato, la connessione umana, la resilienza di fronte alle avversità e la celebrazione delle piccole vittorie può risuonare profondamente con un ampio spettro di lettori.

Integrazione di Tecniche di Storytelling Visivo

- **Narrativa Visiva**: Esamina la possibilità di utilizzare ChatGPT per integrare tecniche di storytelling visivo nei tuoi testi. Questo potrebbe includere la descrizione dettagliata di sequenze che potrebbero essere facilmente visualizzate o adattate in formati visivi, come graphic novel o cortometraggi, arricchendo la narrazione e offrendo ai lettori un'esperienza più dinamica.

Promozione del Dialogo Continuo

- **Inviti alla Discussione**: Infine, utilizza ChatGPT per formulare domande aperte e inviti alla discussione al termine di studi di caso o capitoli narrativi. Queste domande possono servire a incoraggiare il dialogo tra i lettori nei club del libro, nelle aule o nelle piattaforme online, estendendo la vita della narrazione oltre le pagine del libro.

Attraverso l'applicazione di queste strategie dettagliate, il processo di creazione di personaggi e studi di caso nei libri di saggistica diventa un esercizio ancora più ricco e multidimensionale. L'uso di ChatGPT in questo contesto non solo facilita una narrazione più coinvolgente e profonda ma apre anche le porte a nuove modalità di esplorazione tematica e interazione con i lettori, stabilendo una connessione più significativa tra il testo e il mondo che lo circonda.

Concludendo questa esplorazione approfondita sull'utilizzo di ChatGPT per la creazione di personaggi realistici e lo sviluppo di studi di caso avvincenti nei libri di saggistica, ci si trova di fronte a un panorama vasto e ricco di potenzialità. L'adozione di ChatGPT in questo contesto non solo apre la strada a una narrazione più coinvolgente e multiforme ma anche stimola una connessione più profonda e riflessiva tra il lettore e il materiale presentato.

Arricchimento della Narrazione attraverso la Complessità dei Personaggi

La capacità di ChatGPT di generare biografie dettagliate, conflitti interni, dialoghi autentici, e trasformazioni significative dei personaggi trasforma questi ultimi da semplici figure narrative a esseri viventi e respiranti all'interno delle pagine del libro. Creare personaggi con cui i lettori possono empatizzare o dai quali possono imparare fornisce una dimensione emotiva e psicologica che arricchisce notevolmente l'esperienza di lettura.

Approfondimento Tematico attraverso Studi di Caso Dinamici

L'uso di ChatGPT per delineare studi di caso dettagliati, arricchiti da scenari futuristici, dilemmi morali, e analisi di impatto, eleva questi esempi da semplici illustrazioni di concetti a potenti strumenti di esplorazione tematica. Gli studi di caso diventano finestre attraverso cui i lettori possono esplorare le complessità di problemi reali, stimolando la riflessione critica e l'applicazione pratica delle conoscenze.

Innovazione Narrativa e Interattività

La sperimentazione con percorsi narrativi interattivi, elementi di gamification, e tecniche di storytelling visivo introduce nuove modalità di coinvolgimento del lettore, trasformando il processo di lettura in un'esperienza interattiva e immersiva. Questi approcci non solo mantengono alta l'attenzione dei lettori ma li invitano anche a partecipare attivamente alla narrazione, offrendo loro la possibilità di esplorare diverse prospettive e risultati.

Promozione del Dialogo e della Riflessione

Infine, l'integrazione di domande di riflessione, esercizi di empatia, e inviti alla discussione promuove un dialogo continuo attorno ai temi trattati. Questo non solo estende la vita della narrazione oltre le pagine del libro ma incoraggia anche i lettori a esplorare ulteriormente le loro idee e sentimenti, arricchendo la loro comprensione del materiale e facilitando applicazioni nel mondo reale.

In sintesi, l'integrazione di ChatGPT nella creazione di personaggi e studi di caso per libri di saggistica rappresenta un'avanzata metodologia di scrittura che unisce profondità tematica, complessità narrativa, e coinvolgimento del lettore. Questo approccio trasformativo non solo arricchisce il contenuto dei libri di saggistica ma apre anche nuovi orizzonti per l'educazione, l'ispirazione, e il coinvolgimento dei lettori in un viaggio di scoperta continua, dove la narrazione serve come ponte tra la conoscenza e l'applicazione, tra l'autore e il mondo.

7. Revisione e Editing: Consigli su come utilizzare ChatGPT per revisionare e modificare il tuo libro, migliorando la coerenza e la chiarezza.

Utilizzare ChatGPT nel processo di revisione e editing di un libro può migliorare significativamente la coerenza, la chiarezza e l'efficacia della narrazione. Ecco alcuni consigli su come sfruttare al meglio questa tecnologia per affinare il tuo manoscritto:

Identificazione di Incongruenze

- **Controllo della Coerenza**: Chiedi a ChatGPT di aiutarti a identificare eventuali incongruenze nella trama, nel carattere dei personaggi o nella sequenza temporale. Puoi farlo fornendo riassunti dettagliati dei capitoli o delle sezioni e poi interrogando specificamente su possibili discrepanze o errori di continuità.

Miglioramento della Chiarezza e della Leggibilità

- **Semplificazione del Linguaggio**: Usa ChatGPT per semplificare frasi complesse o per riformulare passaggi che potrebbero non essere immediatamente chiari per i lettori. Fornisci esempi di testo e chiedi alternative più dirette o spiegazioni più semplici.

Ampliamento del Vocabolario

- **Arricchimento del Lessico**: Se trovi che il tuo testo tenda a ripetere le stesse parole o espressioni, chiedi a ChatGPT suggerimenti per sinonimi o frasi alternative che possano arricchire il vocabolario e variare il linguaggio, mantenendo però l'autenticità della tua voce narrativa.

Verifica dei Fatti e Accuratezza

- **Supporto nella Ricerca**: Anche se ChatGPT può non avere accesso a informazioni aggiornate dopo la sua ultima formazione, può comunque offrire un punto di partenza utile per la verifica dei fatti. Utilizzalo per ottenere una panoramica su concetti specifici, poi verifica autonomamente l'accuratezza delle informazioni attraverso fonti primarie affidabili.

Strutturazione e Organizzazione dei Contenuti

- **Ottimizzazione della Struttura**: Per migliorare la struttura del tuo libro, chiedi a ChatGPT di suggerire modi per organizzare meglio i capitoli, le sezioni o i paragrafi. Può fornire consigli su come migliorare il flusso della narrazione o su come i diversi segmenti possono essere più logicamente connessi.

Rifinimento dei Dialoghi

- **Perfezionamento dei Dialoghi**: Se il tuo libro contiene dialoghi, ChatGPT può aiutarti a renderli più naturali o vivaci. Fornisci esempi di dialoghi e chiedi suggerimenti per renderli più autentici o per aggiungere variazioni tonali che riflettano meglio le personalità dei personaggi.

Rafforzamento delle Descrizioni

- **Miglioramento delle Descrizioni**: Per descrizioni di ambientazioni, personaggi o azioni che potrebbero beneficiare di maggior dettaglio o vivacità, usa ChatGPT per esplorare nuove metafore, similitudini o dettagli sensoriali che possono arricchire il testo.

Rimozione di Ripetizioni e Ridondanze

- **Eliminazione di Ripetizioni**: Chiedi a ChatGPT di identificare eventuali ripetizioni o ridondanze nel tuo testo. Può aiutarti a trovare variazioni o a consolidare informazioni per mantenere il testo snello e coinvolgente.

Ottimizzazione per il Pubblico Target

- **Adattamento al Pubblico**: Infine, assicurati che il tuo libro parli efficacemente al tuo pubblico target. Utilizza ChatGPT per adattare il tono, lo stile e il livello di complessità del linguaggio in modo che risuoni al meglio con i tuoi lettori ideali.

L'impiego di ChatGPT come strumento di supporto nel processo di revisione e editing non solo può elevare la qualità del manoscritto ma può anche fornire una nuova prospettiva sul tuo lavoro, offrendo spunti preziosi per affinamenti che potrebbero non essere immediatamente evidenti. Ricorda, tuttavia, che la sensibilità umana, l'expertise editoriale e una comprensione profonda del pubblico target rimangono componenti insostituibili nel processo di perfezionamento di un'opera letteraria.

Proseguendo nell'approfondire come ChatGPT possa essere utilizzato nel processo di revisione e editing per migliorare ulteriormente la coerenza, la chiarezza e l'attrattiva generale di un libro, ci immergiamo in strategie più dettagliate che toccano aspetti nuovi e specifici della fase di rifinitura del manoscritto.

Integrazione di Feedback dei Lettori

- **Analisi del Feedback**: Dopo aver raccolto feedback da lettori beta o da recensioni iniziali, utilizza ChatGPT per analizzare i commenti e identificare temi comuni o aree di preoccupazione. Chiedi suggerimenti su come rispondere a queste osservazioni nel tuo manoscritto, che si tratti di chiarire punti confusi, approfondire argomenti o modificare parti del testo che non hanno risuonato come sperato.

Ottimizzazione dei Tempi Narrativi

- **Miglioramento del Ritmo Narrativo**: Per garantire che il ritmo del tuo libro sia adeguato, esamina la distribuzione di azione, dialogo, descrizione e riflessione. ChatGPT può aiutarti a bilanciare questi elementi, suggerendo dove accorciare o espandere sezioni per mantenere i lettori coinvolti e garantire che la narrazione fluisca senza intoppi.

Valorizzazione della Voce Narrativa

- **Unicità della Voce**: La voce narrativa dà carattere al tuo libro e lo distingue dagli altri. Se temi che il tuo testo possa mancare di una voce distintiva o coerente, chiedi a ChatGPT di generare esempi che riflettano toni o stili narrativi particolari. Questo può ispirarti a rafforzare la tua voce unica attraverso il manoscritto.

Rafforzamento del Tema Centrale

- **Chiarimento dei Temi**: Se il tuo libro tratta temi complessi o sottili, potrebbe essere utile rivedere come questi vengono esplorati e rafforzati nel corso del testo.

Utilizza ChatGPT per identificare modi in cui puoi chiarire o approfondire i temi centrali, assicurando che emergano chiaramente per i lettori.

Perfezionamento delle Scene Chiave

- **Rivisitazione delle Scene Fondamentali**: Ogni libro ha le sue scene chiave o momenti culminanti. Chiedi a ChatGPT di aiutarti a rivisitare queste parti cruciali, fornendo idee per aumentare l'impatto emotivo, il suspense o la rivelazione, a seconda delle necessità della narrazione.

Affinamento del Punto di Vista

- **Consistenza del Punto di Vista**: Inconsistenze nel punto di vista possono confondere i lettori. Se il tuo libro alterna tra diverse prospettive o usa un narratore onnisciente, usa ChatGPT per esaminare la coerenza e la chiarezza del punto di vista, suggerendo modifiche per migliorare la comprensione e l'immersione.

Approfondimento delle Ricerche

- **Espansione della Ricerca**: Per parti del libro che richiedono maggiore autenticità o dettaglio, considera di approfondire la tua ricerca. ChatGPT può offrire suggerimenti preliminari su aree da esplorare, ma ricorda che sarà fondamentale consultare fonti primarie o esperti nel campo per verifiche accurate.

Miglioramento della Fine

- **Potenziamento della Conclusione**: La conclusione di un libro lascia un'impressione duratura sui lettori. Se hai dubbi sulla forza o sulla soddisfazione della tua conclusione, chiedi a ChatGPT di generare idee per renderla più memorabile, assicurandoti che tutte le trame secondarie siano risolte e che i temi principali siano adeguatamente riflessi.

Attraverso l'utilizzo di ChatGPT in queste aree specifiche del processo di revisione e editing, puoi non solo affinare il tuo manoscritto in termini di coerenza, chiarezza e impatto ma anche scoprire nuove opportunità per migliorare la narrazione, arricchire la trama e profondizzare i personaggi. Questo approccio olistico alla rifinitura del tuo lavoro aumenterà significativamente le possibilità che il tuo libro risuoni positivamente con i lettori, offrendo loro un'esperienza coinvolgente e arricchente.

Nell'approfondire ulteriormente l'utilizzo di ChatGPT come strumento per la revisione e l'editing di un libro, ci concentriamo su tecniche e strategie ancora più dettagliate che possono contribuire a elevare il manoscritto, rendendolo non solo più coerente e chiaro ma anche più profondo e coinvolgente.

Esame Approfondito del Contesto e dell'Ambientazione

- **Verifica dell'Ambientazione**: Se il tuo libro è ambientato in una location specifica o in un periodo storico, utilizza ChatGPT per generare domande che possano aiutarti a verificare l'accuratezza e la vividezza dell'ambientazione. Questo include la considerazione di dettagli culturali, storici, geografici e socio-politici che contribuiscono all'autenticità della narrazione.

Ottimizzazione delle Sottotrame

- **Bilanciamento delle Sottotrame**: Le sottotrame aggiungono ricchezza e complessità alla storia principale ma possono anche distogliere l'attenzione o sovraccaricare i lettori se non ben integrate. Chiedi a ChatGPT di aiutarti a valutare l'equilibrio e l'interconnessione delle sottotrame con la trama principale, suggerendo modi per migliorarne la coesione o per ridurre elementi che non apportano valore significativo al racconto.

Perfezionamento della Struttura Capitoli

- **Analisi della Struttura dei Capitoli**: Esamina la lunghezza, il titolo e il contenuto di ogni capitolo con l'aiuto di ChatGPT, assicurandoti che ogni parte contribuisca efficacemente al progresso della storia e al coinvolgimento del lettore. Questo può includere la revisione dei cliffhanger, dei punti di svolta e delle conclusioni di capitolo per massimizzare l'impatto e mantenere alta l'attenzione del lettore.

Miglioramento della Descrizione dei Personaggi

- **Approfondimento dei Personaggi**: Approfitta di ChatGPT per sviluppare ulteriormente le descrizioni dei personaggi, assicurandoti che siano vividi e tridimensionali. Ciò include l'esame delle loro motivazioni, dei background, delle evoluzioni nel corso della narrazione e delle relazioni interpersonali, oltre alla fisicità e alle espressioni emotive.

Valorizzazione del Linguaggio e dello Stile

- **Elevazione dello Stile Narrativo**: Utilizza ChatGPT per esplorare variazioni stilistiche o miglioramenti linguistici che possono arricchire il tuo stile di scrittura. Questo può includere l'uso di tecniche letterarie come metafore, similitudini, personificazioni e altri dispositivi retorici che aggiungono profondità e bellezza al testo.

Consolidamento del Messaggio e del Significato

- **Chiarimento di Messaggi e Temi**: Interagisci con ChatGPT per assicurarti che i messaggi chiave, i temi e le lezioni del tuo libro siano chiaramente espressi e facilmente identificabili dai lettori. Questo include la riconsiderazione di come questi elementi sono tessuti attraverso la narrazione e se sono coerenti e risonanti attraverso vari capitoli.

Integrazione di Citazioni e Materiale di Riferimento

- **Gestione di Citazioni e Riferimenti**: Se il tuo libro include materiale di riferimento o citazioni, chiedi a ChatGPT di suggerire metodi per integrarli armoniosamente nel testo. Ciò comprende l'assicurarsi che ogni citazione aggiunga valore al contesto e sia opportunamente attribuita, oltre a considerare l'impatto sul flusso e sulla leggibilità complessiva.

Revisione Focale sui Lettori Target

- **Focus sul Pubblico Target**: Infine, usa ChatGPT per riflettere sulle esigenze, interessi e livelli di comprensione del tuo pubblico target. Questo può includere l'adattamento del linguaggio, l'approfondimento di specifici argomenti di interesse, o la modifica di scene per garantire che il libro sia pienamente accessibile e coinvolgente per chi legge.

Attraverso l'impiego di queste strategie avanzate, ChatGPT diventa un alleato prezioso nel processo di revisione e editing, fornendo non solo suggerimenti per miglioramenti specifici ma anche stimolando una riflessione più profonda sulle scelte narrative e stilistiche. Questo approccio consente agli autori di affinare il loro lavoro in modo che risuoni al meglio con i lettori, garantendo che il libro finito sia non solo coerente e chiaro ma anche ricco, coinvolgente e profondamente soddisfacente.

Nell'estendere ulteriormente le possibilità di come ChatGPT può essere impiegato nel processo di revisione e editing di un libro, esploriamo tecniche ancora più sofisticate e nuance specifiche che possono arricchire e affinare il manoscritto.

Analisi della Progressione Emotiva

- **Mappatura delle Emozioni**: Sfrutta ChatGPT per mappare la progressione emotiva all'interno del libro, identificando i picchi emotivi e i momenti di calma. Questa analisi può aiutare a garantire che ci sia un equilibrio emotivo coerente e che i momenti chiave siano supportati da un adeguato sviluppo emotivo, rendendo la narrazione più impattante.

Verifica della Precisione Tecnica

- **Esame di Dettagli Tecnici e Scientifici**: Per libri che trattano argomenti tecnici o scientifici, usa ChatGPT per generare domande di verifica o per suggerire aree che potrebbero beneficiare di ulteriori chiarimenti o di una maggiore precisione. Mentre ChatGPT può offrire spunti iniziali, assicurati di consultare esperti del settore per una revisione accurata.

Ottimizzazione dei Livelli di Tensione

- **Bilanciamento della Tensione Narrativa**: Interagisci con ChatGPT per valutare e regolare i livelli di tensione all'interno del libro. Analizza se la tensione cresce in modo adeguato verso i punti di svolta o i climax e se ci sono aree che potrebbero beneficiare di maggior suspense o conflitto per mantenere i lettori investiti nella storia.

Perfezionamento dell'Apertura e della Conclusione

- **Revisione delle Parti Cruciali**: Dedica un'attenzione particolare all'inizio e alla fine del libro. Chiedi a ChatGPT di suggerire modi per rendere l'apertura più accattivante e per assicurarti che la conclusione sia soddisfacente e lasci un'impressione duratura. Considera se il tuo inizio imposta efficacemente le aspettative e se la conclusione risolve tutti i fili narrativi principali.

Integrazione di Feedback Specifici

- **Risposta a Commenti Puntuali**: Se hai ricevuto feedback specifici su certi aspetti del libro, come personaggi, dialoghi o impostazioni, utilizza ChatGPT per esplorare modi per affrontare queste aree. Può aiutarti a generare idee su come modificare o migliorare parti specifiche del testo in risposta a questi commenti.

Miglioramento dell'Accessibilità

- **Rendere il Testo Più Accessibile**: Considera l'accessibilità del tuo testo per un'ampia gamma di lettori, inclusi quelli con esigenze specifiche. ChatGPT può offrire suggerimenti su come rendere la tua scrittura più inclusiva, come l'uso di un linguaggio chiaro, la definizione di termini complessi o l'adozione di formati che supportino lettori con disabilità visive.

Approfondimento di Contesti Culturali e Storici

- **Rafforzamento del Contesto**: Per libri ambientati in contesti culturali o storici specifici, chiedi a ChatGPT di aiutarti a identificare aree in cui il contesto potrebbe essere approfondito o reso più autentico. Questo potrebbe includere l'aggiunta di dettagli culturali, la correzione di anacronismi o l'arricchimento della narrazione con sfumature storiche.

Utilizzo di Metafore e Similitudini

- **Esplorazione di Elementi Letterari**: Infine, esplora con ChatGPT l'uso di metafore, similitudini e altri dispositivi letterari che possono aggiungere profondità e ricchezza al tuo testo. Questi elementi possono aiutare a comunicare concetti complessi in modo più intuitivo e a rendere la tua scrittura più evocativa e memorabile.

Attraverso l'impiego di queste strategie dettagliate, l'utilizzo di ChatGPT nel processo di revisione e editing si rivela un approccio olistico che non solo affina il testo per coerenza, chiarezza e precisione ma arricchisce anche profondamente la narrazione. Questo metodo consente agli autori di esaminare e migliorare ogni aspetto del loro manoscritto, garantendo che il prodotto finito non solo rispetti gli standard letterari ma risuoni anche profondamente con il proprio pubblico target, creando un'opera che è sia tecnicamente impeccabile che emotivamente coinvolgente.

Proseguendo nell'esplorazione di strategie avanzate per l'uso di ChatGPT nel processo di revisione e editing di un libro, ci immergiamo in ulteriori dettagli e tecniche che possono contribuire a perfezionare il manoscritto, assicurando che ogni elemento – dalla struttura narrativa al più piccolo dettaglio descrittivo – contribuisca a una lettura coinvolgente e significativa.

Analisi del Flusso Narrativo

- **Valutazione del Flusso**: Chiedi a ChatGPT di assisterti nell'analizzare il flusso narrativo del tuo libro, identificando eventuali punti in cui la storia rallenta o diventa troppo rapida. Questo può includere la ristrutturazione di sezioni per garantire una progressione equilibrata che mantenga i lettori impegnati dall'inizio alla fine.

Raffinamento delle Impostazioni

- **Approfondimento delle Ambientazioni**: Utilizza ChatGPT per esaminare le descrizioni delle ambientazioni nel tuo libro, suggerendo miglioramenti per renderle più vive e tridimensionali. Incorpora dettagli sensoriali che immergano i lettori nell'atmosfera del libro, arricchendo l'esperienza complessiva della storia.

Ottimizzazione del Ritmo dei Dialoghi

- **Ritmo dei Dialoghi**: Assicurati che i dialoghi fluissero naturalmente e riflettano le personalità dei personaggi. ChatGPT può aiutarti a rivedere i dialoghi per ottimizzarne il ritmo e l'autenticità, suggerendo modifiche che migliorino la verosimiglianza e il dinamismo delle interazioni verbali.

Rafforzamento del Conflitto Centrale

- **Esame del Conflitto**: Il conflitto è il cuore di qualsiasi narrazione avvincente. Chiedi a ChatGPT di aiutarti a valutare la forza e la presenza del conflitto principale nel tuo libro, suggerendo modi per approfondirlo o renderlo più centrale nella storia, assicurando che serva da motore principale per l'azione e lo sviluppo dei personaggi.

Miglioramento della Dimensione Emotiva

- **Espressioni Emotive**: Rivisita le espressioni emotive dei tuoi personaggi con l'aiuto di ChatGPT, cercando opportunità per approfondire la dimensione emotiva del tuo racconto. Ciò include l'esplorazione di reazioni interne più complesse, momenti di introspezione e la rappresentazione autentica di una gamma di emozioni.

Valorizzazione dei Punti di Vista

- **Punti di Vista Multipli**: Se il tuo libro presenta punti di vista multipli, utilizza ChatGPT per assicurare che ogni voce narrativa sia distintiva e pienamente sviluppata.

Questo approccio non solo arricchisce la narrazione ma garantisce anche che i lettori rimangano chiaramente orientati riguardo alla prospettiva da cui la storia viene raccontata in qualsiasi momento.

Affinamento delle Transizioni

- **Lisciare le Transizioni**: Le transizioni tra scene, capitoli o parti narrative giocano un ruolo cruciale nella costruzione di un'esperienza di lettura fluida. Chiedi a ChatGPT di esaminare le tue transizioni, suggerendo modifiche che possano rendere il passaggio da una sezione all'altra il più scorrevole e logico possibile.

Incorporazione di Temi Secondari

- **Temi e Motivi Aggiuntivi**: Approfitta della capacità di ChatGPT di generare idee per esplorare temi secondari o motivi ricorrenti che potrebbero arricchire ulteriormente il tuo libro. Questi elementi possono aggiungere strati di significato, collegando diversi aspetti della narrazione e rafforzando il messaggio complessivo del tuo lavoro.

Preparazione per la Pubblicazione

- **Pulizia Finale**: Prima della pubblicazione, usa ChatGPT per un'ultima revisione focalizzata sulla pulizia del testo da errori grammaticali, refusi, e incongruenze minori. Anche se ChatGPT non sostituisce un editor professionista o un correttore di bozze, può offrire un ulteriore strato di revisione per migliorare la qualità del testo.

Attraverso l'impiego di queste strategie dettagliate nel processo di revisione e editing con l'aiuto di ChatGPT, puoi non solo perfezionare il tuo manoscritto in termini di precisione tecnica e coerenza narrativa ma anche elevare la tua opera a nuovi livelli di profondità emotiva, complessità tematica e coinvolgimento del lettore. Questo approccio meticoloso assicura che il tuo libro

non solo raggiunga ma superi le aspettative dei tuoi lettori,
offrendo loro un'esperienza di lettura ricca, immersiva e
indimenticabile.

Approfondendo ulteriormente l'utilizzo di ChatGPT per la
revisione e l'editing di un libro, esploriamo tecniche ancora più
sofisticate e specifiche che possono affinare ulteriormente il
manoscritto, garantendo che ogni aspetto contribuisca a creare
un'opera coerente, coinvolgente e di impatto.

Approfondimento dei Contesti Culturali e Sociali

- **Ricchezza Culturale e Sociale**: Impiega ChatGPT per
  arricchire il tuo libro con dettagli culturali e sociali
  approfonditi che danno vita alle ambientazioni e ai
  contesti dei tuoi personaggi. Questo non solo aumenta
  l'autenticità del racconto ma consente anche ai lettori di
  immergersi completamente nelle esperienze narrate,
  attraverso un'accurata rappresentazione delle sfumature
  culturali e sociali.

Esame Critico della Struttura Narrativa

- **Analisi Strutturale**: Utilizza ChatGPT per effettuare
  un'analisi critica della struttura narrativa del tuo libro.
  Esamina se la sequenza degli eventi, i punti di svolta e i
  climax siano posizionati ottimamente per massimizzare
  l'interesse e l'investimento emotivo del lettore. Chiedi
  suggerimenti su come migliorare la struttura per rendere
  la narrazione più dinamica e avvincente.

Valutazione dell'Arcobaleno Emotivo

- **Variazione Emotiva**: Assicurati che il tuo libro
  presenti un'ampia gamma di emozioni, riflettendo l'intero
  spettro dell'esperienza umana. ChatGPT può aiutarti a
  identificare parti del libro che potrebbero beneficiare di
  maggiore varietà emotiva, suggerendo modifiche per
  includere momenti di gioia, tristezza, tensione, sollievo e

altro ancora, per un'esperienza di lettura completa ed emotivamente ricca.

Integrità dei Dati e Precisone

- **Convalida dei Dati**: Per i libri che includono dati, statistiche o riferimenti a studi, utilizza ChatGPT per suggerire una revisione critica di questi elementi. Mentre la verifica finale deve essere effettuata contro fonti affidabili, ChatGPT può indicare aree in cui i dati presentati necessitano di ulteriore convalida o chiarimento, assicurando l'integrità e la credibilità del libro.

Revisione della Sensorialità

- **Dettagli Sensoriali**: Per rendere il tuo libro immersivo, chiedi a ChatGPT di aiutarti a esaminare e arricchire le descrizioni con dettagli sensoriali. Ciò include l'integrazione di percezioni visive, uditive, tattili, olfattive e gustative che risveglino i sensi dei lettori e li trasportino direttamente all'interno della storia.

Dinamismo dei Personaggi

- **Evoluzione dei Personaggi**: Verifica che tutti i personaggi principali subiscano un'evoluzione significativa nel corso del libro. ChatGPT può essere usato per tracciare l'arco di crescita di ciascun personaggio, assicurando che le loro esperienze e le sfide affrontate conducano a un cambiamento o a una realizzazione che risuoni con i lettori.

Miglioramento dell'Accesso alle Informazioni

- **Accessibilità delle Informazioni**: Rivedi come le informazioni chiave sono presentate e accessibili ai lettori. ChatGPT può suggerire modi per organizzare il materiale in modo che i lettori possano facilmente seguire argomentazioni complesse, apprendere da studi di caso o comprendere concetti teorici, migliorando l'usabilità e l'apprendimento.

Rifinitura del Tonoe Stile

- **Consistenza di Tono e Stile**: Assicurati che il tono e lo stile del tuo libro siano consistenti in tutti i capitoli, mantenendo un'esperienza di lettura coesa. Utilizza ChatGPT per identificare eventuali discrepanze nello stile narrativo o nel tono e per suggerire modifiche che migliorino l'uniformità dell'opera.

Preparazione alla Pubblicazione

- **Prontezza per la Pubblicazione**: Prima di procedere alla pubblicazione, usa ChatGPT per una revisione finale focalizzata sulla pulizia e sul perfezionamento del testo. Questo può includere l'eliminazione di eventuali ambiguità, la rifinitura delle frasi per maggiore chiarezza e l'assicurazione che il libro sia privo di errori grammaticali o di battitura.

Attraverso queste metodologie avanzate, l'utilizzo di ChatGPT nel processo di revisione e editing diventa un esercizio complesso che non si limita al perfezionamento tecnico del testo ma si estende all'arricchimento della narrazione, alla profondizzazione dei personaggi e alla creazione di un'opera che sia emotivamente coinvolgente, intellettualmente stimolante e completamente immersiva per il lettore.

Nel proseguire con l'esplorazione di strategie dettagliate per utilizzare ChatGPT nel processo di revisione e editing, ci focalizziamo su ulteriori tecniche specifiche che possono contribuire a raffinare il manoscritto, migliorandone l'impatto, la precisione e la leggibilità.

Valutazione della Struttura dei Dialoghi

- **Ottimizzazione dei Dialoghi**: Analizza la naturalezza e la funzionalità dei dialoghi nel tuo libro. ChatGPT può essere utilizzato per identificare dialoghi che sembrano forzati o innaturali, suggerendo modifiche per renderli più realistici e pertinenti al contesto e al carattere dei personaggi coinvolti. Considera il ritmo, la credibilità e la contribuzione di ogni scambio di battute al progresso narrativo o allo sviluppo del personaggio.

Rafforzamento della Narrazione Visiva

- **Miglioramento delle Descrizioni Visive**: Utilizza ChatGPT per arricchire le descrizioni visive all'interno del tuo manoscritto. Chiedi suggerimenti su come poter visualizzare meglio scene, ambientazioni e personaggi, utilizzando descrizioni che dipingono immagini vivide nella mente dei lettori. L'obiettivo è di trasformare la lettura in un'esperienza quasi cinematografica, dove i lettori possono "vedere" la storia svolgersi davanti ai loro occhi.

Approfondimento dei Punti di Svolta

- **Esame dei Punti di Svolta**: Ogni narrazione ha i suoi momenti critici che cambiano il corso degli eventi o la direzione del racconto. Chiedi a ChatGPT di aiutarti a rivedere questi punti di svolta per assicurarti che siano ben sviluppati, adeguatamente anticipati e che trasmettano l'impatto emotivo o narrativo desiderato. Questo include la valutazione di come i punti di svolta si inseriscono nella struttura complessiva e influenzano il percorso dei personaggi.

Integrazione di Feedback Dinamico

- **Gestione di Feedback Multipli**: Nel caso in cui tu abbia ricevuto feedback contrastanti da diversi lettori beta o editor, ChatGPT può aiutarti a navigare tra queste opinioni divergenti. Utilizzalo per valutare i diversi punti di vista, identificando le critiche costruttive che allineano meglio con la tua visione del libro e determinando le modifiche più appropriate per affrontare le preoccupazioni senza compromettere la tua voce o intenti narrativi.

Sviluppo di Appendici e Materiale Supplementare

- **Creazione di Contenuti Aggiuntivi**: Per libri che trattano argomenti complessi o che si immergono in mondi ricchi e dettagliati, considera l'utilizzo di ChatGPT per sviluppare appendici, glossari, o materiale supplementare. Questi contenuti possono aiutare i lettori a navigare meglio nel tuo libro, fornendo chiarimenti, contesto aggiuntivo o approfondimenti sui termini, i concetti e l'universo narrativo.

Raffinamento del Tono Generale

- **Adeguamento del Tono**: Il tono del tuo libro dovrebbe rispecchiare il pubblico target e lo scopo della narrazione. ChatGPT può assisterti nell'esaminare il tono generale del manoscritto, suggerendo aggiustamenti per assicurare che sia appropriato e coerente attraverso tutti i capitoli. Ciò include l'adattamento del linguaggio per soddisfare le aspettative dei lettori e l'allineamento con il genere o il tema del libro.

Incremento dell'Interattività

- **Elementi Interattivi**: Per libri educativi, guide o opere di non-fiction che potrebbero beneficiare di un approccio più partecipativo, valuta l'aggiunta di elementi interattivi. Chiedi a ChatGPT di proporre esercizi, domande di riflessione o attività pratiche che possono essere inserite nel libro per incrementare l'engagement dei lettori e facilitare l'apprendimento o la comprensione dei temi trattati.

Valutazione dell'Impatto Emotivo

- **Misurazione dell'Impatto Emotivo**: Infine, assicurati che il tuo libro lasci un'impressione duratura sui lettori, creando un forte impatto emotivo. Utilizza ChatGPT per esplorare strategie che potenziano le risposte emotive, come il rafforzamento delle connessioni con i personaggi, l'intensificazione dei conflitti o la creazione di conclusioni significative e ricordabili.

Queste strategie avanzate per l'uso di ChatGPT nella revisione e nell'editing mirano a perfezionare ulteriormente il tuo libro, migliorando non solo la qualità tecnica del manoscritto ma anche arricchendo la narrazione e l'esperienza di lettura nel suo complesso. Questo processo dettagliato assicura che il libro finito sia non solo impeccabile dal punto di vista della scrittura ma anche profondamente coinvolgente e gratificante per il lettore.

Concludendo questa esplorazione approfondita sull'utilizzo di ChatGPT nel processo di revisione e editing di un libro, abbiamo esaminato una vasta gamma di strategie dettagliate e metodi specifici che possono essere impiegati per affinare, arricchire e perfezionare il manoscritto. L'obiettivo finale è di produrre un'opera che non solo soddisfi gli standard più elevati di coerenza, chiarezza e precisione ma che anche risuoni profondamente con i lettori, offrendo loro un'esperienza immersiva e coinvolgente.

Riepilogo delle Strategie di Revisione e Editing

1. **Coerenza Narrativa e Strutturale**: Utilizzando ChatGPT, abbiamo esplorato come assicurare coerenza narrativa e strutturale, verificando l'uniformità del tono,

la coesione dei punti di vista e la logica della sequenza degli eventi, garantendo una narrazione fluida e senza interruzioni.

2. **Rafforzamento dei Personaggi e del Conflitto**: Abbiamo discusso l'importanza di sviluppare personaggi tridimensionali e di approfondire i conflitti centrali, utilizzando ChatGPT per esaminare e arricchire gli archi narrativi dei personaggi e per intensificare i dilemmi e le tensioni che guidano la trama.

3. **Arricchimento delle Descrizioni e del Contesto**: L'approfondimento delle ambientazioni e l'integrazione di dettagli culturali, storici e sensoriali contribuiscono a creare un mondo narrativo vivido e immersivo, aumentando l'autenticità e l'engagement del lettore.

4. **Ottimizzazione di Dialoghi e Ritmo Narrativo**: La revisione dei dialoghi per naturalezza e funzionalità, insieme all'analisi del ritmo narrativo, assicura che la storia mantenga l'attenzione del lettore, bilanciando con maestria azione, descrizione e introspezione.

5. **Valutazione Critica e Risposta al Feedback**: La gestione di feedback multipli e la valutazione critica della struttura narrativa e del contenuto tematico permettono di affrontare efficacemente le aree di miglioramento, allineando il manoscritto con le aspettative dei lettori e gli obiettivi dell'autore.

6. **Miglioramento dell'Accessibilità e dell'Impatto Emotivo**: L'adattamento del linguaggio e la struttura per accrescere l'accessibilità, unitamente alla misurazione e all'intensificazione dell'impatto emotivo, assicurano che il libro sia accessibile a un ampio pubblico e che lasci un'impressione duratura.

Importanza dell'Approccio Olistico

Questo approccio olistico all'editing, che abbraccia tanto la precisione tecnica quanto l'arricchimento narrativo e tematico, sottolinea l'importanza di considerare il manoscritto in tutte le sue dimensioni. L'utilizzo di ChatGPT come strumento in questo processo offre l'opportunità di esplorare nuove prospettive, generare idee creative e identificare aree di miglioramento che potrebbero non essere immediatamente evidenti.

Conclusione

L'impiego di ChatGPT nel processo di revisione e editing si rivela, quindi, un'aggiunta preziosa al toolkit dell'autore, offrendo supporto nella rifinitura del manoscritto per raggiungere l'eccellenza letteraria. Tuttavia, è fondamentale ricordare che la sensibilità umana, l'intuito creativo e la comprensione profonda del pubblico rimangono al centro del processo di creazione letteraria. La tecnologia, in questo contesto, funge da complemento che arricchisce il processo creativo, permettendo agli autori di superare i propri limiti e di presentare opere che non solo raggiungono ma superano le aspettative del pubblico contemporaneo, stabilendo un legame profondo e duraturo con i lettori.

8. Feedback e Collaborazione: Integrare ChatGPT nel processo di raccolta feedback da lettori beta o collaboratori.

Integrare ChatGPT nel processo di raccolta e gestione del feedback da parte di lettori beta o collaboratori può ottimizzare e arricchire significativamente il tuo approccio alla revisione del manoscritto. Ecco come sfruttare al meglio questa tecnologia per facilitare una collaborazione produttiva e costruttiva.

Organizzazione e Sintesi del Feedback

- **Sintesi del Feedback Ricevuto**: Utilizza ChatGPT per organizzare e sintetizzare il feedback ricevuto dai lettori beta o collaboratori. Inserendo i commenti raccolti, puoi chiedere a ChatGPT di generare una sintesi tematica o di identificare le principali aree di consenso o disaccordo, facilitando l'identificazione delle priorità di revisione.

Generazione di Risposte e Spiegazioni

- **Formulazione di Risposte**: Per i feedback che richiedono chiarimenti o ulteriori spiegazioni, usa ChatGPT per aiutarti a formulare risposte dettagliate. Questo può essere particolarmente utile per discutere scelte narrative, motivazioni dei personaggi o aspetti tematici che potrebbero non essere stati immediatamente chiari ai lettori.

Sviluppo di Soluzioni Creative

- **Elaborazione di Soluzioni**: Di fronte a critiche costruttive o suggerimenti per modifiche, chiedi a ChatGPT di generare idee creative o soluzioni alternative. Questo approccio può aprire nuove possibilità di narrazione, risolvere problemi di coerenza o contribuire a rafforzare parti del testo che hanno ricevuto feedback negativi.

Creazione di Sondaggi e Questionari

- **Sondaggi per Lettori Beta**: Se hai bisogno di feedback più strutturati, ChatGPT può assisterti nella creazione di sondaggi o questionari dettagliati da inviare ai tuoi lettori beta. Questo strumento può aiutarti a raccogliere dati quantitativi e qualitativi su vari aspetti del libro, dalla comprensione del plot alla caratterizzazione dei personaggi fino alla soddisfazione generale della lettura.

Analisi delle Tendenze del Feedback

- **Identificazione delle Tendenze**: Una volta raccolti i dati dei sondaggi, ChatGPT può aiutare ad analizzare le risposte per identificare tendenze, punti di forza e aree di miglioramento. Questo ti permette di avere una visione chiara delle reazioni dei lettori e di orientare di conseguenza le tue decisioni editoriali.

Facilitazione della Comunicazione di Gruppo

- **Comunicazione con Gruppi di Lettori Beta**: Utilizza ChatGPT per facilitare la comunicazione con i tuoi lettori beta o collaboratori, generando messaggi di aggiornamento, ringraziamenti per il feedback ricevuto o richieste di ulteriori chiarimenti. Questo può aiutare a mantenere un dialogo aperto e costruttivo, valorizzando il contributo di ciascun partecipante al processo di revisione.

Miglioramento Continuo Basato sul Feedback

- **Implementazione del Feedback**: Infine, ChatGPT può essere impiegato per aiutarti a pianificare e tracciare l'implementazione delle modifiche basate sul feedback ricevuto. Genera una checklist delle azioni da intraprendere o dei punti da rivedere nel manoscritto, assicurandoti che ogni pezzo di feedback venga considerato e, se appropriato, incorporato nel tuo lavoro.

Integrare ChatGPT nel processo di feedback e collaborazione offre un'opportunità per approfondire e arricchire il tuo manoscritto in modo mirato e informato. Sfruttando la capacità di questa tecnologia di organizzare, analizzare e rispondere al feedback, puoi navigare efficacemente nel processo di revisione, assicurando che il prodotto finito rispecchi sia la tua visione creativa sia le aspettative e le esperienze dei tuoi lettori.

Nell'approfondire ulteriormente come ChatGPT può essere integrato nel processo di raccolta e gestione del feedback da lettori beta o collaboratori, esaminiamo metodi ancora più dettagliati che possono massimizzare l'efficacia di questo scambio collaborativo, contribuendo a perfezionare il libro in maniera strategica e mirata.

Creazione di Workshop Virtuali

- **Workshop di Revisione Collaborativa**: Organizza workshop virtuali con lettori beta o collaboratori utilizzando ChatGPT per generare materiale di discussione, esercizi di scrittura collaborativa o scenari ipotetici basati sul feedback ricevuto. Questi incontri possono essere utilizzati per esplorare collettivamente soluzioni creative ai problemi identificati, approfondire temi complessi o sperimentare con alternative narrative.

Simulazione di Reazioni dei Lettori

- **Previsione delle Reazioni dei Lettori**: Usa ChatGPT per simulare potenziali reazioni dei lettori a varie modifiche narrative proposte. Questo può aiutare a valutare preventivamente l'impatto di certe scelte narrative, dialoghi o sviluppi dei personaggi, guidando decisioni di revisione informate dalle possibili risposte del pubblico.

Analisi Comparativa del Feedback

- **Confronto di Feedback tra Diverse Versioni**: Se hai più versioni del tuo manoscritto o hai apportato modifiche significative in risposta al feedback iniziale, ChatGPT può aiutarti a organizzare e analizzare il feedback comparativo. Questo approccio consente di valutare quali modifiche hanno avuto l'effetto desiderato e quali aree potrebbero necessitare di ulteriori miglioramenti.

Gestione del Feedback Contraddittorio

- **Navigazione nel Feedback Contraddittorio**: In casi in cui il feedback dei lettori beta o dei collaboratori sia divergente o contraddittorio, ChatGPT può essere utilizzato per elaborare strategie di mediazione o compromesso. Genera opzioni che bilanciano le diverse prospettive, mantenendo al contempo l'integrità della visione originale e la coerenza del racconto.

Sviluppo di Guide di Lettura

- **Creazione di Guide di Lettura per Feedback Mirato**: Per focalizzare il feedback su aspetti specifici del libro, utilizza ChatGPT per sviluppare guide di lettura o questionari dettagliati. Questi strumenti possono indirizzare l'attenzione dei lettori beta su elementi chiave come la plausibilità della trama, la profondità dei personaggi, o la forza dei temi, facilitando la raccolta di feedback mirato e utilizzabile.

Analisi Tematica del Feedback

- **Estrazione di Temi dal Feedback**: Quando affronti un ampio volume di feedback, ChatGPT può assisterti nell'identificazione di temi ricorrenti o preoccupazioni comuni. Questa analisi tematica aiuta a priorizzare le aree di intervento, consentendo di concentrare gli sforzi di revisione sugli aspetti del libro che più richiedono attenzione.

Implementazione di Cicli di Feedback Iterativi

- **Cicli di Feedback Iterativi**: Considera l'utilizzo di ChatGPT per strutturare cicli di feedback iterativi, dove le modifiche apportate in base al feedback iniziale sono nuovamente sottoposte alla valutazione dei lettori beta. Questo processo ciclico assicura che ogni cambiamento contribuisca effettivamente al miglioramento del libro, affinando progressivamente il testo attraverso ripetute iterazioni.

Valutazione dell'Effetto delle Modifiche

- **Valutazione dell'Impatto delle Revisioni**: Dopo aver implementato modifiche basate sul feedback, ChatGPT può aiutare a valutare l'efficacia di queste revisioni, generando domande di follow-up o criteri di valutazione che misurino l'impatto delle modifiche sulla coerenza narrativa, sull'engagement del lettore e sulla chiarezza del messaggio.

Attraverso l'impiego di queste tecniche dettagliate, l'integrazione di ChatGPT nel processo di feedback e collaborazione diventa uno strumento ancora più potente, capace di guidare in modo efficace la raffinazione del manoscritto. Questo approccio permette non solo di affrontare le aree di miglioramento identificate ma anche di stimolare un dialogo costruttivo e aperto con lettori beta e collaboratori, assicurando che il prodotto finale sia il risultato di un processo di revisione attento, consapevole e partecipativo.

Proseguendo nell'approfondimento di come ChatGPT possa essere integrato nel processo di raccolta e gestione del feedback per la revisione di un libro, esploriamo ulteriori tecniche specifiche e approcci dettagliati che possono ulteriormente migliorare e facilitare questo processo collaborativo.

Elaborazione di Feedback Qualitativo

- **Analisi Qualitativa Approfondita**: Quando ricevi feedback qualitativo dai tuoi lettori beta o collaboratori, ChatGPT può aiutarti a codificare e analizzare questi dati.

Questo processo ti consente di estrarre insight significativi da commenti aperti, identificando non solo cosa i lettori hanno detto, ma anche perché certi aspetti del tuo libro hanno provocato specifiche reazioni. Puoi poi utilizzare queste informazioni per fare scelte editoriali informate che allineino il testo con le aspettative e le preferenze dei tuoi lettori.

Facilitazione di Gruppi di Discussione Online

- **Moderazione di Forum o Gruppi di Discussione**: Per una raccolta di feedback più dinamica e interattiva, considera l'utilizzo di ChatGPT per facilitare e moderare gruppi di discussione online o forum dedicati con lettori beta. ChatGPT può generare domande di discussione, stimolare il dialogo tra i partecipanti e persino fornire sintesi delle discussioni che possono poi essere utilizzate per informare le revisioni del libro.

Personalizzazione dei Questionari di Feedback

- **Questionari Personalizzati per Segmenti di Lettori**: Se il tuo libro si rivolge a un pubblico ampio o variegato, utilizza ChatGPT per creare questionari di feedback personalizzati per diversi segmenti di lettori. Questo approccio ti permette di comprendere come varie parti del tuo pubblico target percepiscono il libro, offrendoti la possibilità di affinare il testo in modo da risuonare più efficacemente con gruppi specifici di lettori.

Integrazione del Feedback in Tempo Reale

- **Utilizzo di Piattaforme di Feedback in Tempo Reale**: Esplora l'uso di piattaforme che consentono la raccolta di feedback in tempo reale mentre i lettori avanzano nella lettura del manoscritto. ChatGPT può essere utilizzato per analizzare questo feedback immediato, aiutandoti a identificare aree di confusione, disinteresse o particolare apprezzamento mentre si verificano, e non solo retrospettivamente.

Sviluppo di Prototipi Narrativi

- **Prototipazione di Scene o Capitoli**: Basandoti sul feedback ricevuto, impiega ChatGPT per aiutarti a sviluppare prototipi di nuove scene, capitoli o revisioni narrative. Questo può includere la riscrittura di sezioni critiche, l'esplorazione di percorsi narrativi alternativi o la sperimentazione con diversi punti di vista. Questi prototipi possono poi essere testati con lettori beta per valutare l'impatto delle modifiche prima di una revisione più ampia.

Analisi del Sentimento del Feedback

- **Valutazione del Sentimento**: Utilizza ChatGPT per eseguire un'analisi del sentimento sul feedback ricevuto, categorizzando i commenti in positivi, negativi o neutrali. Questo può aiutarti a ottenere una visione d'insieme del tono generale del feedback, permettendoti di identificare le aree che necessitano di attenzione immediata o quelle che sono state particolarmente ben ricevute.

Creazione di Dashboard di Feedback

- **Dashboard per il Monitoraggio del Feedback**: Per una gestione efficiente del feedback, considera l'uso di ChatGPT per aiutarti a creare un dashboard o un sistema di tracciamento. Questo strumento può centralizzare tutte le informazioni raccolte, facilitando la revisione, l'analisi e l'azione basata sui commenti dei lettori e dei collaboratori.

Attraverso l'adozione di questi metodi dettagliati e strategie specifiche, l'integrazione di ChatGPT nel processo di feedback e collaborazione diventa una risorsa inestimabile, che non solo semplifica la raccolta e l'analisi del feedback ma anche promuove un processo di revisione più dinamico, interattivo e basato sulla comunità. Questo approccio non solo garantisce che il libro finito rispecchi al meglio le esigenze e le aspettative del pubblico target ma incoraggia anche una cultura di collaborazione aperta e di miglioramento continuo, essenziale per la creazione di opere letterarie di successo e di impatto.

Proseguendo nell'esaminare come ChatGPT possa essere impiegato efficacemente nel processo di feedback e collaborazione per la revisione di un libro, approfondiamo ulteriormente tecniche innovative e strategie mirate che possono ottimizzare questo aspetto cruciale del processo di pubblicazione.

Implementazione di Cicli di Revisione Tematica

- **Cicli Tematici di Feedback**: Organizza cicli di feedback focalizzati su temi specifici del tuo libro, come sviluppo del personaggio, coerenza della trama, qualità del dialogo, o profondità della ricerca. ChatGPT può aiutarti a preparare materiali e guide di discussione specifiche per ogni ciclo, permettendo una revisione mirata che approfondisca aspetti distinti del manoscritto in fasi successive, facilitando una comprensione più dettagliata delle diverse componenti della narrazione.

Analisi di Coerenza Interna

- **Valutazione della Coerenza Interna**: Utilizza ChatGPT per generare check-list o linee guida per esaminare la coerenza interna del tuo libro, assicurandoti che ogni elemento narrativo — dalle descrizioni dei personaggi alla progressione temporale degli eventi — sia logicamente allineato e privo di contraddizioni. Questo tipo di analisi dettagliata può essere particolarmente utile

quando si lavora con narrazioni complesse o universi di
storie estesi.

Ottimizzazione della Reperibilità del Feedback

- **Semplificazione della Raccolta di Feedback**: Per
  rendere il processo di feedback il più accessibile e
  semplice possibile per i lettori beta e i collaboratori,
  considera l'uso di ChatGPT per sviluppare una
  piattaforma o un formato di feedback intuitivo. Ciò può
  includere la creazione di form online guidati,
  l'elaborazione di questionari specifici per capitolo, o la
  configurazione di sistemi di annotazione direttamente sul
  testo, rendendo il processo di condivisione delle
  impressioni e dei suggerimenti il più fruibile e meno
  oneroso possibile.

Valorizzazione dei Feedback Minori

- **Incorporazione di Feedback Minori**: Anche i
  commenti o le osservazioni che potrebbero sembrare
  minori o secondari meritano attenzione. ChatGPT può
  aiutarti a catalogare e valutare anche questi tipi di
  feedback, assicurando che nessun insight potenzialmente
  utile vada perso. Spesso, è proprio nell'accumulo di
  piccoli aggiustamenti che si realizza una significativa
  elevazione della qualità complessiva del manoscritto.

Creazione di Profili di Lettori Beta

- **Profilazione dei Lettori Beta**: Se lavori con un
  gruppo diversificato di lettori beta, utilizza ChatGPT per
  analizzare i feedback in relazione ai profili dei lettori,
  identificando come differenti background, interessi o
  esperienze di lettura possano influenzare le percezioni e
  le reazioni al tuo libro. Questo approccio ti consente di
  affinare la tua narrazione per soddisfare o sfidare

specifiche aspettative del pubblico, migliorando l'efficacia comunicativa del tuo lavoro.

Fornitura di Feedback Costruttivo ai Collaboratori

- **Comunicazione Effettiva con i Collaboratori**: Quando lavori con editor, revisori o altri collaboratori, ChatGPT può essere utilizzato per formulare feedback costruttivo che sia chiaro, rispettoso e diretto. Questo facilita una comunicazione efficace e un lavoro di squadra produttivo, contribuendo a un ambiente collaborativo positivo e al raggiungimento di obiettivi condivisi.

Monitoraggio e Valutazione dei Progressi

- **Tracciamento dei Cambiamenti Basati sul Feedback**: Infine, impiega ChatGPT per creare un sistema di tracciamento che registri le modifiche apportate al manoscritto in risposta al feedback ricevuto. Questo ti consente di monitorare l'evoluzione del tuo libro nel tempo, valutare l'efficacia delle revisioni e assicurarti che ogni decisione editoriale contribuisca al miglioramento della narrazione e all'arricchimento dell'esperienza del lettore.

Attraverso l'adozione di queste strategie avanzate e specifiche, l'integrazione di ChatGPT nel processo di feedback e collaborazione diventa una risorsa ancora più potente e versatile. Questo approccio consente non solo una gestione efficiente e dettagliata del feedback ma promuove anche una cultura di miglioramento continuo, collaborazione aperta e innovazione narrativa, elementi chiave per la creazione di opere letterarie di successo e di risonanza.

Continuando a esplorare come ChatGPT può essere ulteriormente integrato nel processo di feedback e collaborazione per la revisione di un libro, approfondiamo strategie e approcci che possono arricchire e ottimizzare la fase di perfezionamento del manoscritto, assicurando un coinvolgimento profondo e costruttivo da parte di lettori beta e collaboratori.

Sviluppo di Scenari di Lettura Alternativi

- **Esplorazione di Percorsi Narrativi Alternativi**: Utilizza ChatGPT per generare scenari di lettura alternativi o "se" narrativi basati sul feedback ricevuto. Questo può aiutarti a visualizzare come piccole modifiche alla trama, al carattere dei personaggi o alla sequenza degli eventi potrebbero influenzare la percezione complessiva del lettore. Presentare questi scenari ai lettori beta o ai collaboratori può stimolare ulteriori discussioni e offrire spunti preziosi per affinamenti mirati.

Creazione di Ambienti di Feedback Immersivi

- **Ambienti Immersivi per la Raccolta di Feedback**: Considera l'utilizzo di piattaforme immersive, come ambienti di realtà virtuale o simulazioni, dove i lettori beta possono sperimentare parti del tuo libro in modi nuovi e coinvolgenti. ChatGPT può assistere nella progettazione di queste esperienze, generando descrizioni dettagliate o script narrativi che possono essere adattati per tali ambienti, potenzialmente rivelando insight unici sulle reazioni e interazioni dei lettori con il tuo materiale.

Personalizzazione dell'Esperienza di Feedback

- **Feedback Personalizzato Basato sul Profilo del Lettore**: Utilizza ChatGPT per analizzare e categorizzare i profili dei lettori beta in base ai loro interessi, background e preferenze di lettura. Successivamente,

personalizza l'esperienza di feedback per ciascun lettore,
proponendo specifici aspetti del libro sui quali
concentrarsi o formulando domande che riflettano le loro
inclinazioni personali. Questo può migliorare la qualità e
la pertinenza del feedback raccolto.

Analisi Predittiva del Feedback

- **Utilizzo di Modelli Predittivi per il Feedback**:
  Sfrutta ChatGPT per sviluppare modelli predittivi che
  possano anticipare le aree del tuo libro più suscettibili di
  ricevere feedback critico, basandoti su analisi di tendenze
  precedenti o su dataset di feedback simili. Questa
  anticipazione può guidarti nell'effettuare revisioni
  proattive prima della raccolta del feedback, ottimizzando
  il processo di revisione.

Implementazione di Sistemi di Feedback Gamificati

- **Feedback tramite Gamification**: Integra elementi di
  gamification nel processo di feedback, incoraggiando la
  partecipazione attraverso sistemi di punteggi, badge o
  riconoscimenti per i contributi più utili o insight.
  ChatGPT può aiutare a progettare questi sistemi,
  rendendo l'esperienza di feedback più coinvolgente e
  gratificante per i lettori beta e i collaboratori.

Supporto alla Decisione Basato su Feedback

- **Strumenti di Supporto alla Decisione**: In base al
  feedback raccolto, usa ChatGPT per generare analisi di
  supporto alla decisione, aiutandoti a pesare i pro e i
  contro di diverse scelte editoriali. Questo può includere la
  valutazione dell'impatto di modifiche specifiche sulla
  narrazione, sulla coerenza tematica o sullo sviluppo dei
  personaggi, facilitando decisioni informate che allineino
  il libro con le aspettative dei lettori.

Follow-up e Iterazione Continua

- **Iterazione Basata sul Feedback**: Dopo aver implementato modifiche basate sul feedback iniziale, utilizza ChatGPT per strutturare round successivi di raccolta feedback, permettendo di valutare l'efficacia delle revisioni e di iterare ulteriormente se necessario. Questo ciclo di feedback iterativo garantisce che il libro sia costantemente migliorato in risposta a input esterni, rifinendo la narrazione fino al raggiungimento dell'ottimale qualità.

Attraverso l'adozione di questi approcci avanzati e strategie dettagliate, l'integrazione di ChatGPT nel processo di feedback e collaborazione diventa uno strumento ancora più sofisticato e efficace. Questo approccio multidimensionale non solo facilita una raccolta di feedback più ricca e mirata ma promuove anche un ambiente di collaborazione creativa, dove il processo di revisione si trasforma in un dialogo aperto e continuo tra autore, lettori beta e collaboratori. Questa metodologia incentiva la crescita e l'evoluzione del manoscritto, assicurando che il libro finito sia il più possibile allineato con le aspettative dei lettori e le intenzioni narrative dell'autore, creando così un'opera letteraria di profondo impatto e significato.

Proseguendo nell'esplorazione di come ChatGPT può arricchire e rafforzare ulteriormente il processo di feedback e collaborazione per la revisione di un libro, ci immergiamo in altre metodologie e approcci che possono apportare nuove prospettive e miglioramenti al manoscritto.

Creazione di Community di Lettori Beta

- **Formazione di Gruppi di Lettura Dedicati:** Organizza community online di lettori beta tramite piattaforme social o forum dedicati, e usa ChatGPT per stimolare discussioni mirate su specifici aspetti del libro. Questo ambiente favorisce uno scambio dinamico di impressioni e permette di osservare interazioni naturali tra lettori riguardo alla narrazione, offrendo spunti preziosi sull'impatto del testo e su come viene interpretato da diverse prospettive.

Utilizzo di Tecniche di Data Visualization

- **Visualizzazione del Feedback**: Impiega ChatGPT per aiutarti a sintetizzare e visualizzare il feedback raccolto sotto forma di grafici, mappe di calore o altre rappresentazioni visive. Questo approccio può rendere più immediata l'identificazione di pattern o aree di consenso e disaccordo tra i lettori, facilitando una comprensione visiva delle reazioni al tuo libro.

Revisioni Collaborative in Tempo Reale

- **Workshop di Scrittura Collaborativa**: Sfrutta le capacità di ChatGPT per condurre sessioni di scrittura o revisione collaborativa in tempo reale, dove lettori beta o collaboratori possono proporre modifiche, riformulazioni o ampliamenti direttamente sul testo. Questo processo incentiva la co-creazione e permette di testare immediatamente le modifiche proposte, valutandone l'impatto sulla lettura.

Integrazione di Feedback Non Verbale

- **Analisi di Reazioni Non Verbali**: Per feedback raccolti attraverso video o sessioni di lettura dal vivo, considera l'utilizzo di ChatGPT per generare script o linee guida per l'analisi delle reazioni non verbali dei lettori, come espressioni facciali o linguaggio del corpo. Queste informazioni possono offrire una dimensione aggiuntiva di comprensione sulle risposte emotive al tuo libro.

Adattamento Dinamico dei Questionari

- **Questionari Dinamici Basati sul Progresso di Lettura**: Crea questionari di feedback che si adattano dinamicamente in base al progresso di lettura del singolo partecipante, con l'aiuto di ChatGPT. Questo permette di porre domande specifiche per ogni sezione o capitolo letto, ottenendo feedback mirato che è direttamente correlato all'esperienza di lettura in quel momento specifico.

Sfruttamento di Tecniche di Machine Learning

- **Pre-elaborazione del Feedback con Machine Learning**: Oltre a ChatGPT, considera l'uso di strumenti di machine learning per pre-elaborare il feedback ricevuto, classificandolo per temi, urgenza o tipo (ad esempio, feedback sulla trama, sullo stile, sui personaggi). Questo può aiutare a organizzare e prioritizzare le aree di intervento prima di un'analisi più dettagliata con ChatGPT.

Simulazioni di Esperienza di Lettura

- **Creazione di Percorsi di Lettura Simulati**: Usa ChatGPT per generare percorsi di lettura simulati basati su diversi profili di lettori, esplorando come varie sequenze di capitoli, introduzioni di personaggi o rivelazioni di trama possano influenzare l'esperienza complessiva. Questo tipo di simulazione può offrire intuizioni su come strutturare il libro per massimizzare l'engagement e la soddisfazione del lettore.

Attraverso l'applicazione di queste metodologie avanzate e l'adozione di un approccio olistico al feedback e alla collaborazione, l'integrazione di ChatGPT diventa uno strumento ancora più potente nel toolkit dell'autore. Queste strategie non solo facilitano la raccolta di feedback ricco e multiforme ma promuovono anche un ambiente di co-creazione e di miglioramento continuo, dove il processo di revisione diventa un dialogo aperto e costruttivo tra autore, lettori beta e collaboratori. Questo approccio innovativo assicura che il libro finito sia il più allineato possibile con le aspettative dei lettori e le intenzioni narrative dell'autore, creando un'opera che è sia tecnicamente impeccabile che profondamente risonante.

Concludendo questa discussione approfondita sull'integrazione di ChatGPT nel processo di feedback e collaborazione per la revisione di un libro, abbiamo esplorato una vasta gamma di strategie, tecniche e approcci che possono trasformare radicalmente e migliorare il modo in cui autori, lettori beta e collaboratori interagiscono nel corso della fase di perfezionamento del manoscritto.

Sintesi delle Strategie Chiave

1. **Organizzazione e Sintesi del Feedback**: Utilizzando ChatGPT per organizzare e sintetizzare il feedback ricevuto, gli autori possono identificare rapidamente le aree di consenso, divergenza e priorità, rendendo il processo di revisione più mirato e gestibile.

2. **Elaborazione di Soluzioni Creative**: La capacità di ChatGPT di generare soluzioni creative e alternative narrative permette di esplorare nuove possibilità di risoluzione dei problemi e di arricchimento della trama, dei personaggi e dei temi.

3. **Creazione di Ambienti Collaborativi**: La formazione di community online di lettori beta e l'utilizzo di ChatGPT per stimolare e guidare le discussioni arricchisce il processo di feedback con una varietà di prospettive, promuovendo un ambiente collaborativo dinamico.

4. **Personalizzazione dell'Esperienza di Feedback**: Implementando questionari personalizzati e utilizzando ChatGPT per adattare l'esperienza di feedback in base ai profili individuali dei lettori, gli autori possono

raccogliere dati più pertinenti e utili per la revisione del manoscritto.

5. **Valutazione e Implementazione del Feedback**: ChatGPT facilita l'analisi del feedback e la valutazione delle proposte di modifica, supportando gli autori nel processo decisionale e nell'implementazione efficace delle revisioni al testo.

Impatto sulla Revisione del Manoscritto

L'adozione di queste metodologie non solo ottimizza il processo di raccolta e analisi del feedback ma crea anche un ponte tra l'autore e i suoi lettori, permettendo uno scambio più profondo e significativo. Questo approccio trasforma la revisione in un processo iterativo e collaborativo, dove il manoscritto viene raffinato attraverso cicli di feedback e miglioramento continuo.

Importanza dell'Approccio Olistico

L'integrazione di ChatGPT nel processo di feedback evidenzia l'importanza di un approccio olistico alla revisione, che considera non solo gli aspetti tecnici e narrativi del manoscritto ma anche l'esperienza emotiva e cognitiva del lettore. Attraverso un dialogo aperto e costruttivo, basato su strumenti avanzati e tecniche innovative, autori e collaboratori possono lavorare insieme per creare opere letterarie che siano non solo tecnicamente impeccabili ma anche profondamente risonanti e coinvolgenti.

Conclusione

In conclusione, l'utilizzo di ChatGPT come strumento di supporto nel processo di feedback e collaborazione apre nuove frontiere nella revisione dei manoscritti, offrendo agli autori la possibilità di affinare le loro opere in modi prima inimmaginabili. La capacità di analizzare, sintetizzare e rispondere al feedback in maniera efficace e creativa è fondamentale per la produzione di libri che non solo raggiungano ma superino le aspettative dei lettori contemporanei. Con l'impiego di ChatGPT e di strategie mirate, il processo di revisione diventa un'esperienza ricca di scoperte, aprendo la strada a libri che illuminano, intrattengono e ispirano.

9. Superare il Blocco dello Scrittore: Strategie per utilizzare ChatGPT quando ti senti bloccato o hai bisogno di ispirazione.

Superare il blocco dello scrittore può essere una sfida significativa, ma con l'ausilio di ChatGPT, puoi trovare nuove vie per stimolare la creatività e rinvigorire il tuo processo di scrittura. Ecco alcune strategie efficaci per utilizzare ChatGPT quando ti senti bloccato o hai bisogno di ispirazione:

1. Generazione di Idee e Temi

- **Brainstorming di Idee**: Chiedi a ChatGPT di generare idee per storie, temi o argomenti. Puoi fornire qualche parola chiave o concetto di base per guidare il processo, ricevendo così una varietà di spunti creativi dai quali partire.

2. Sviluppo di Personaggi

- **Creazione di Profili di Personaggi**: Se sei bloccato nello sviluppo dei personaggi, utilizza ChatGPT per creare biografie dettagliate, sfide, obiettivi e dinamiche relazionali. Questo può aiutarti a vedere i tuoi personaggi in una nuova luce e a trovare nuove direzioni per la tua narrazione.

3. Esplorazione di Dialoghi

- **Scrittura di Dialoghi**: Chiedi a ChatGPT di produrre esempi di dialoghi tra i tuoi personaggi. Questo non solo può aiutarti a superare un impasse ma può anche fornire nuove intuizioni sulle voci dei personaggi e sulla loro evoluzione.

4. Costruzione di Ambientazioni

- **Progettazione di Ambientazioni**: Utilizza ChatGPT per esplorare e descrivere ambientazioni dettagliate per le tue storie. La creazione di un mondo narrativo ricco e vivido può stimolare ulteriori idee per la trama e per le interazioni dei personaggi.

5. Generazione di Trame e Sottotrame

- **Sviluppo di Trame**: Se sei incerto su dove la tua storia dovrebbe andare, chiedi a ChatGPT di suggerire potenziali trame o sottotrame. Questo può aiutarti a scoprire nuove direzioni narrative o a risolvere problemi esistenti nella struttura della storia.

6. Superamento dei Blocchi Specifici

- **Confronto con Punti Specifici**: Quando sei bloccato su un particolare punto della storia, descrivilo a ChatGPT e chiedi consigli o soluzioni alternative. A volte, una nuova prospettiva può fare la differenza nel superare un ostacolo.

7. Stimolazione Creativa

- **Esercizi di Scrittura Creativa**: Chiedi a ChatGPT di fornire prompt o esercizi di scrittura creativa per scuotere la tua musa interiore. Gli esercizi possono variare dalla scrittura flash alla creazione di storie basate su specifiche parole o frasi di inizio.

8. Analisi e Riflessione

- **Diario di Scrittura e Riflessione**: Utilizza ChatGPT come diario di scrittura interattivo per riflettere sui tuoi progressi, sfide e successi. Discutere i tuoi pensieri e le tue esperienze può aiutarti a identificare modelli di blocco e a trovare strade per superarli.

9. Collaborazione Narrativa

- **Co-Scrittura con ChatGPT**: Inizia una storia e lascia che ChatGPT continui la narrazione. Questo tipo di collaborazione aperta può portare a sviluppi inaspettati e stimolanti, spingendoti a considerare direzioni narrative che non avresti esplorato autonomamente.

10. Ricerca e Ispirazione

- **Ricerca per Ispirazione**: Se hai bisogno di ispirazione, chiedi a ChatGPT informazioni o curiosità su argomenti di tuo interesse. A volte, l'ispirazione per la tua prossima grande idea può provenire da fatti, storie o scoperte nuove.

Utilizzando ChatGPT in questi modi, puoi trasformare il blocco dello scrittore da ostacolo a opportunità, sfruttando la tecnologia come fonte di ispirazione, strumento di sviluppo narrativo e partner creativo. La chiave è rimanere aperti a nuove idee e approcci, permettendo a ChatGPT di aiutarti a esplorare il vasto territorio della tua creatività.

Nell'ulteriore esplorazione delle strategie per superare il blocco dello scrittore con l'aiuto di ChatGPT, ci addentriamo in nuovi approcci e tecniche che possono stimolare la creatività e offrire spunti innovativi per la tua scrittura.

11. Variazione di Genere e Stile

- **Esperimenti di Genere e Stile**: Se ti senti bloccato in un particolare genere o stile, chiedi a ChatGPT di generare brevi storie o brani in generi o stili diversi da quelli a cui sei abituato. Questo può aiutarti a scoprire nuove voci narrative e a esplorare aspetti della tua creatività che potrebbero essere rimasti inesplorati.

12. Inversione di Perspettiva

- **Cambio di Prospettiva**: Se stai lavorando su una storia da una singola prospettiva, prova a chiedere a ChatGPT di riscrivere una scena dal punto di vista di un altro personaggio. Vedere gli eventi attraverso gli occhi di un altro personaggio può offrire nuovi insight sulla trama e sui personaggi, oltre a sbloccare nuove direzioni narrative.

13. Esplorazione di Temi Universali

- **Discussione sui Temi**: Presenta a ChatGPT un tema centrale del tuo lavoro e chiedi di esplorarlo attraverso diverse lenti o contesti. Questo può aiutarti a collegare il tuo lavoro a temi universali, rendendolo più risonante e significativo per un ampio pubblico.

14. Sviluppo di Backstory

- **Arricchimento delle Storie Precedenti**: Utilizza ChatGPT per creare storie precedenti dettagliate per i tuoi personaggi principali. Approfondire il loro passato e le esperienze pregresse può non solo fornire nuova ispirazione ma anche aprire possibilità per integrare questi dettagli nella narrazione principale.

15. Creazione di Conflitti e Soluzioni

- **Generazione di Conflitti e Risoluzioni**: Chiedi a ChatGPT di proporre situazioni conflittuali per i tuoi personaggi e possibili soluzioni. Esplorare vari scenari di conflitto e risoluzione può aiutarti a superare i punti morti nella trama e a sviluppare una narrazione più dinamica e coinvolgente.

16. Integrazione di Elementi Sorpresa

- **Inserimento di Colpi di Scena**: Se la tua storia sembra prevedibile, chiedi a ChatGPT di suggerire colpi di scena o eventi inaspettati che potrebbero essere integrati per aggiungere tensione e interesse. La sorpresa può rinvigorire la trama e rinnovare l'interesse sia del scrittore che del lettore.

17. Esercizi di Scrittura Limitati nel Tempo

- **Sessioni di Scrittura Sprint**: Imposta timer di scrittura brevi e usa ChatGPT per fornire un prompt di scrittura immediato. Lavorare sotto pressione di tempo con un obiettivo chiaro può aiutare a superare l'inerzia del blocco dello scrittore, promuovendo una scrittura più fluida e spontanea.

18. Analisi di Opere Esistenti

- **Decostruzione Creativa**: Scegli un'opera letteraria che ammiri e usa ChatGPT per generare un'analisi o una decostruzione di aspetti specifici di quella opera, come struttura narrativa, sviluppo del personaggio o uso del linguaggio. Questo esercizio può offrire preziose lezioni di scrittura e ispirazione per applicare tecniche simili al tuo lavoro.

19. Collaborazione Virtuale

- **Partnership Creativa**: Tratta ChatGPT come un collaboratore virtuale nella stesura della storia, passando la palla avanti e indietro per sviluppare insieme la narrazione. Questo processo di co-creazione può portare a sviluppi inaspettati e innovativi, stimolando la creatività reciproca.

20. Riflessione e Meditazione Guidata

- **Meditazione Creativa**: Chiedi a ChatGPT di guidarti attraverso esercizi di meditazione o visualizzazione che mirano a sbloccare la creatività. La riflessione tranquilla e la visualizzazione possono calmare l'ansia da prestazione associata al blocco dello scrittore e aprire la mente a nuove idee.

Attraverso l'impiego di queste strategie, ChatGPT si rivela non solo uno strumento per superare il blocco dello scrittore ma anche un alleato prezioso nella scoperta e nello sviluppo del tuo potenziale creativo. Sfruttando la versatilità di ChatGPT per esplorare nuove tecniche narrative, generare idee fresche e stimolare la creatività, puoi trasformare i momenti di stallo in opportunità per arricchire e approfondire la tua pratica di scrittura.

Proseguendo nell'esplorazione di strategie avanzate per utilizzare ChatGPT come strumento contro il blocco dello scrittore, approfondiamo ulteriormente metodi e tecniche che possono stimolare la creatività, facilitare la generazione di idee e promuovere una scrittura produttiva.

21. Sperimentazione con Formati Narrativi Alternativi

- **Esplorazione di Strutture Narrative Non Tradizionali**: Sfida le convenzioni narrative chiedendo a ChatGPT di generare storie o brani che seguano formati non lineari, epistolari, diaristici o in seconda persona. Questa sperimentazione può ispirarti a rompere i tuoi schemi abituali di scrittura e a esplorare nuovi modi di raccontare storie.

22. Immersione in Generi Diversi

- **Esplorazione di Generi Diversi**: Anche se tendi a scrivere in un particolare genere, chiedi a ChatGPT di produrre brevi storie in generi che non hai mai considerato o esplorato appieno. L'immersione in generi diversi può stimolare la tua immaginazione e portare a nuove idee che possono essere integrate nel tuo genere di scrittura principale.

23. Creazione di Esercizi di Stile

- **Imitazione e Parodia**: Utilizza ChatGPT per creare esercizi di scrittura basati sull'imitazione dello stile di autori noti o sulla parodia di opere classiche. Questo tipo di esercizio può affinare la tua capacità di manipolare il linguaggio e lo stile, oltre a offrire un approccio ludico alla scrittura che può superare il blocco creativo.

24. Generazione di Prompt Visivi

- **Prompt Basati su Immagini**: Chiedi a ChatGPT di descrivere scene o immagini dettagliate e usa queste descrizioni come prompt per la scrittura. La visualizzazione basata su testo di scene può ispirare nuovi ambienti, personaggi o eventi nella tua narrazione, fornendo un punto di partenza fresco e stimolante.

25. Integrazione di Elementi di Attualità

- **Collegamento con Temi di Attualità**: Utilizza ChatGPT per generare storie o idee che si intrecciano con eventi attuali, tendenze o dibattiti. Collegare la tua scrittura a questioni reali può non solo aumentare la rilevanza del tuo lavoro ma anche fornire una fonte inesauribile di ispirazione.

26. Rivisitazione e Rifinizione di Opere Preesistenti

- **Rielaborazione di Materiale Precedente**: Se hai vecchi manoscritti o progetti incompiuti, chiedi a ChatGPT di suggerire modi per rivisitarli o rifinirli. A volte, il materiale che una volta hai messo da parte può rivelarsi una miniera d'oro di idee e ispirazione quando visto con occhi nuovi o da una prospettiva diversa.

27. Dialogo Aperto con ChatGPT

- **Conversazioni Creative**: Impegnati in conversazioni aperte con ChatGPT su argomenti che ti interessano, senza un obiettivo specifico di scrittura in mente. Questo tipo di dialogo libero può portare a scoperte inaspettate e stimolare la tua curiosità e creatività in modi che possono eventualmente tradursi in ispirazione per la scrittura.

28. Analisi di Recensioni e Feedback

- **Studio di Feedback su Altre Opere**: Chiedi a ChatGPT di generare recensioni immaginarie o feedback su opere non esistenti. Analizzare come il pubblico potrebbe reagire a varie trame, temi o sviluppi dei personaggi può ispirarti a esplorare nuove idee nel tuo lavoro, tenendo conto di potenziali reazioni dei lettori.

29. Creazione di Sinossi Alternative

- **Sviluppo di Trame Alternative**: Se hai una trama esistente, usa ChatGPT per esplorare sinossi alternative o sviluppi divergenti della storia. Questo esercizio può rivelare nuovi percorsi narrativi o soluzioni a problemi di trama che precedentemente ti sembravano insormontabili.

30. Esplorazione di Nuove Tecniche di Scrittura

- **Tecniche e Strumenti Innovativi**: Infine, chiedi a ChatGPT di introdurti a tecniche di scrittura innovative o meno conosciute, come la scrittura oulipiana o l'uso di vincoli formali. L'apprendimento e l'applicazione di nuovi metodi possono rinfrescare il tuo approccio alla scrittura e aprire nuove possibilità creative.

Attraverso l'utilizzo di ChatGPT in questi modi, puoi trasformare il blocco dello scrittore da un ostacolo frustrante a un'opportunità per rinnovare e arricchire il tuo processo creativo. L'apertura a nuove idee, la sperimentazione con diversi approcci e la volontà di esplorare territori inesplorati della tua immaginazione possono infondere nuova vita nella tua scrittura, portando a opere che sono sia innovative che profondamente personali.

Continuando l'esplorazione di come ChatGPT può essere un prezioso alleato contro il blocco dello scrittore, approfondiamo ulteriori strategie che possono aprire nuove vie di ispirazione e superare gli ostacoli creativi.

31. Confronto con la Letteratura Classica e Contemporanea

- **Dialogo con le Opere del Passato**: Invita ChatGPT a simulare conversazioni o lettere tra te e autori classici o contemporanei. Questo esercizio può stimolare riflessioni su temi universali, stili narrativi o questioni etiche, arricchendo il tuo bagaglio culturale e ispirando nuove direzioni per la tua scrittura.

32. Sfide di Scrittura Tematiche

- **Partecipazione a Sfide di Scrittura**: Chiedi a ChatGPT di proporre o creare sfide di scrittura tematiche, magari con vincoli specifici (ad esempio, scrivere una storia che includa tre elementi apparentemente non correlati). Le sfide possono motivarti a pensare in modo creativo e a esplorare concetti o trame che non avresti considerato altrimenti.

33. Esperimenti con la Forma Poetica

- **Poesia come Fonte di Ispirazione**: Anche se la tua principale espressione creativa è la prosa, sperimentare con la poesia può aprire nuove dimensioni emotive e stilistiche. Usa ChatGPT per esplorare diverse forme poetiche e sperimenta con la scrittura di versi che possano ispirare aspetti della tua narrativa.

34. Esplorazione di Filosofia e Pensiero Critico

- **Integrazione di Elementi Filosofici**: Impegnati in dialoghi con ChatGPT su argomenti filosofici o questioni di pensiero critico relative ai temi della tua scrittura. Approfondire queste dimensioni può aggiungere profondità alla tua narrazione, fornendo un solido substrato tematico su cui costruire la tua storia.

35. Utilizzo di Metafore e Simboli

- **Sviluppo di Metafore Ricche**: Se trovi difficile esprimere certi concetti o emozioni direttamente, chiedi a ChatGPT di aiutarti a creare metafore o simboli potenti. La capacità di comunicare su più livelli tramite il simbolismo può arricchire notevolmente la tua scrittura, offrendo ai lettori un'esperienza più stratificata e immersiva.

36. Integrazione di Aneddoti e Storie Personali

- **Narrativa Personale come Ispirazione**: Utilizza ChatGPT per trasformare aneddoti personali o storie di vita in elementi narrativi. Questo non solo fornisce un'autenticità unica alla tua scrittura ma può anche aiutarti a superare il blocco esplorando il materiale con cui hai già una connessione emotiva profonda.

37. Analisi e Ricostruzione di Scene

- **Ricostruzione di Scene Esistenti**: Scegli scene da opere che ammiri o da propri scritti precedenti e chiedi a ChatGPT di aiutarti a destrutturarle e ricostruirle con differenti approcci o prospettive. Questo esercizio di riscrittura può illuminare nuove tecniche narrative e modi di sviluppare la tensione e il coinvolgimento.

38. Sviluppo di Finale Alternativi

- **Creazione di Conclusione Diverse**: Se una storia su cui stai lavorando sembra arenarsi verso la fine, esplora con ChatGPT possibili finali alternativi. Questo può non solo fornire una via d'uscita dal blocco ma anche rivelare percorsi narrativi precedentemente inesplorati che arricchiscono la storia nel suo complesso.

39. Integrazione di Feedback Istantaneo

- **Valutazione Istantanea di Idee**: Usa ChatGPT per testare rapidamente nuove idee di scrittura, ricevendo un feedback istantaneo che può aiutarti a valutarne l'efficacia o il potenziale interesse prima di svilupparle ulteriormente.

40. Supporto alla Motivazione e alla Riflessione

- **Diario di Scrittura e Motivazione**: Infine, considera di usare ChatGPT come un diario di scrittura interattivo dove puoi riflettere sui tuoi progressi, esprimere frustrazioni o celebrare successi. Avere uno spazio per dialogare apertamente sui tuoi viaggi creativi può fornire il sostegno emotivo necessario per superare il blocco dello scrittore.

Attraverso queste ulteriori strategie, ChatGPT si conferma non solo come uno strumento per superare il blocco dello scrittore ma anche come una risorsa per espandere le tue capacità narrative, esplorare nuove dimensioni creative e affinare la tua arte della scrittura. L'apertura a nuove esperienze creative, il coraggio di sperimentare con diversi stili e generi, e la volontà di esplorare profondamente temi e personaggi possono trasformare i momenti di stallo in opportunità di crescita e innovazione nel tuo percorso di scrittore.

Concludendo l'approfondita esplorazione su come ChatGPT può aiutare a superare il blocco dello scrittore, abbiamo attraversato un'ampia gamma di strategie che spaziano dalla generazione di idee e sviluppo di personaggi alla ricostruzione di scene e alla creazione di finali alternativi. Questo viaggio ha evidenziato la versatilità di ChatGPT come strumento dinamico per stimolare la creatività, offrire nuove prospettive e superare gli ostacoli che impediscono il flusso della scrittura.

Riassunto delle Strategie Essenziali

1. **Generazione e Brainstorming**: ChatGPT può servire come una fonte inesauribile di idee, suggerendo temi, trame, e sviluppi di personaggi che possono innescare il processo creativo.

2. **Esplorazione Narrativa e Stilistica**: Sperimentando con diversi generi, stili e strutture narrative, ChatGPT apre la porta a esplorazioni creative che possono rivelare nuovi percorsi per la tua scrittura.

3. **Dialoghi e Interazioni**: La capacità di generare dialoghi vivaci e costruire interazioni significative tra personaggi può aiutare a superare blocchi specifici nella narrazione.

4. **Riflessione e Analisi**: ChatGPT può fungere da spazio di riflessione, offrendo la possibilità di meditare su temi, simbolismi e il più ampio impatto della tua storia.

5. **Feedback e Revisione**: L'uso di ChatGPT per testare idee e ricevere feedback istantaneo permette di affinare la narrazione prima di presentarla a un pubblico più ampio.

6. **Supporto Emotivo e Motivazionale**: Infine, ChatGPT può offrire sostegno morale, incoraggiando la perseveranza attraverso i momenti di dubbio e celebrando i progressi compiuti nel viaggio creativo.

Importanza di un Approccio Multidimensionale

L'efficacia di ChatGPT nel superare il blocco dello scrittore risiede non solo nella sua capacità di generare contenuti ma anche nel supporto di un approccio multidimensionale alla creatività. Questo strumento può essere utilizzato non solo per stimolare l'immaginazione ma anche per affrontare le sfide emotive e psicologiche associate al processo di scrittura. La chiave è l'apertura mentale a sperimentare con nuove tecniche, la disponibilità a esplorare territori inesplorati della creatività e la determinazione a perseguire la crescita e lo sviluppo personali attraverso la scrittura.

Conclusione

In conclusione, ChatGPT emerge come un compagno prezioso nel viaggio creativo di ogni scrittore, capace di illuminare il percorso attraverso i momenti di incertezza e di blocco. Attraverso la sua integrazione nel processo creativo, gli scrittori possono sbloccare nuove possibilità narrative, arricchire la loro pratica di scrittura e navigare con fiducia verso la realizzazione delle loro visioni artistiche. Sfruttando la potenza di ChatGPT per superare il blocco dello scrittore, possiamo trasformare gli ostacoli in trampolini di lancio per la creatività, portando alla luce storie che attendono solo di essere raccontate.

10. Titoli e Sottotitoli: Creazione di titoli accattivanti e sottotitoli per capitoli o sezioni con l'aiuto di ChatGPT.

La creazione di titoli e sottotitoli accattivanti è cruciale per catturare l'attenzione del lettore e fornire indizi sul contenuto e il tono di capitoli o sezioni. ChatGPT può essere un ottimo alleato in questo processo, offrendo ispirazione e suggerimenti creativi che possono essere raffinati fino a raggiungere l'impatto desiderato. Ecco come utilizzare ChatGPT per sviluppare titoli e sottotitoli che aggiungano valore e interesse al tuo lavoro:

Generazione di Idee per Titoli

- **Brainstorming Iniziale**: Inizia fornendo a ChatGPT un breve riassunto del capitolo o della sezione per cui stai cercando di creare un titolo. Include temi chiave, eventi significativi e qualsiasi elemento emotivo o simbolico che desideri evidenziare. Chiedi poi una lista di suggerimenti per titoli basati su queste informazioni.

Sviluppo di Sottotitoli Descrittivi

- **Approfondimento dei Contenuti**: Per i sottotitoli, che spesso servono a dare ulteriori dettagli o contesto, condividi con ChatGPT specifiche narrazioni o punti focali della sezione in questione. Chiedi suggerimenti che non solo attirino l'attenzione ma che anche alludano a dettagli importanti o temi trattati.

Rifinizione per Coerenza e Stile

- **Allineamento con il Tono Generale**: Assicurati che i titoli e i sottotitoli proposti da ChatGPT siano in linea con il tono e lo stile del tuo libro. Se necessario, fornisci esempi di titoli che ti piacciono o indicazioni sullo stile desiderato per ottenere suggerimenti più mirati.

Sperimentazione con Creatività

- **Esplorazione Creativa**: Non aver paura di esplorare opzioni creative o non convenzionali. Chiedi a ChatGPT di giocare con giochi di parole, allusioni letterarie, o riferimenti culturali che possono rendere i titoli e i sottotitoli più memorabili e intriganti.

Iterazione e Selezione

- **Iterazione Basata sul Feedback**: Dopo aver ricevuto i primi suggerimenti, utilizza il feedback per affinare ulteriormente le opzioni. Puoi chiedere a ChatGPT di modificare o combinare titoli esistenti o di generare nuove idee basate su ulteriori istruzioni o chiarimenti da parte tua.

Coinvolgimento del Pubblico

- **Testare l'Impatto**: Se possibile, considera di condividere una selezione di titoli e sottotitoli potenziali con un piccolo gruppo di lettori beta o collaboratori per ottenere feedback. Questo può fornire indicazioni preziose su quali titoli risuonano di più e perché.

Finalizzazione e Implementazione

- **Decisione e Applicazione**: Una volta selezionati i titoli e i sottotitoli che meglio rappresentano il contenuto e catturano l'essenza del tuo lavoro, procedi con l'implementazione nel manoscritto. Ricorda, il titolo e i sottotitoli sono spesso il primo contatto del lettore con il tuo lavoro; quindi, scegli opzioni che invitino alla lettura e che promettano valore.

Utilizzando ChatGPT in questo processo, puoi trasformare la creazione di titoli e sottotitoli da compito arduo a esercizio creativo e gratificante. Questo approccio non solo facilita la generazione di idee ma incoraggia anche un processo iterativo che può portare a scoperte inaspettate, assicurando che ogni capitolo o sezione del tuo libro inizi con il giusto impatto.

Approfondendo ulteriormente come utilizzare ChatGPT per la creazione di titoli e sottotitoli accattivanti per capitoli o sezioni, esaminiamo altre tecniche e strategie che possono aiutare a rendere ogni parte del tuo lavoro distintiva e invitante per i lettori.

Utilizzo di Citazioni e Riferimenti

- **Incorporazione di Citazioni**: Sperimenta con l'uso di citazioni significative o frasi emblematiche tratte

direttamente dal testo del capitolo come titoli. ChatGPT
può aiutarti a identificare queste frasi o a creare
variazioni su di esse che catturino l'essenza della sezione,
legando intimamente il titolo al contenuto.

Gioco con la Curiosità del Lettore

- **Stimolare la Curiosità**: Chiedi a ChatGPT di formulare
  titoli o sottotitoli che pongano una domanda,
  suggeriscano un mistero o promettano una rivelazione.
  Questa strategia può efficacemente invogliare i lettori a
  immergersi nel capitolo per soddisfare la loro curiosità o
  scoprire la risposta.

Creazione di Temi Ricorrenti

- **Sviluppo di Temi per i Titoli**: Utilizza ChatGPT per
  creare un tema ricorrente o un motivo per i titoli dei
  capitoli, che rifletta la progressione della narrazione o il
  sviluppo tematico del libro. Questo può aggiungere un
  ulteriore livello di coerenza e profondità alla struttura
  complessiva dell'opera.

Esplorazione di Metafore e Simbolismi

- **Titoli Metaforici**: Chiedi a ChatGPT di generare titoli
  che fungano da metafore o simboli per i temi o gli eventi
  chiave del capitolo. Un titolo simbolico può arricchire
  l'interpretazione del lettore e aggiungere strati di
  significato alla tua narrazione.

Valorizzazione del Linguaggio e del Ton

- **Variazione Linguistica e Tonale**: Assicurati che i
  titoli e i sottotitoli riflettano il tono del capitolo o della
  sezione. ChatGPT può aiutarti a modulare il linguaggio
  per adattarlo a momenti di tensione, introspezione,
  azione o qualsiasi altra atmosfera prevalente, garantendo
  che il titolo sia in armonia con il contenuto.

Integrazione di Elementi Narrativi

- **Riflessi Narrativi nei Titoli**: Considera l'uso di elementi chiave della trama, rivelazioni sorprendenti o viraggi narrativi come ispirazione per i titoli. ChatGPT può suggerire modi per catturare questi momenti in maniera succinta e intrigante, senza però rovinare l'esperienza di scoperta del lettore.

Personalizzazione per il Pubblico Target

- **Orientamento al Pubblico**: Tieni in mente il tuo pubblico target durante la creazione di titoli e sottotitoli. ChatGPT può aiutarti a calibrare il linguaggio, le tematiche e il livello di complessità per assicurarti che i titoli siano risonanti e accessibili per il tuo pubblico specifico.

Riflessione su Feedback e Revisioni

- **Iterazione Basata sul Feedback**: Dopo aver sviluppato una serie di titoli e sottotitoli con l'aiuto di ChatGPT, non esitare a testarli con lettori beta o collaboratori per ottenere feedback. ChatGPT può poi assisterti nel rifinire ulteriormente i titoli basandoti su questo feedback, assicurando che siano il più efficaci e impattanti possibile.

Attraverso l'adozione di queste strategie avanzate, l'uso di ChatGPT per la creazione di titoli e sottotitoli si trasforma in un processo creativo e riflessivo, che non solo arricchisce il livello di coinvolgimento del lettore ma contribuisce anche a definire il tono e la direzione di ogni capitolo o sezione. Questo approccio olistico alla titolazione apre nuove possibilità per infondere coerenza, profondità e fascino nella tua opera, garantendo che ogni elemento, dal più grande al più piccolo, lavori insieme per creare un'esperienza di lettura memorabile e significativa.

Nell'ulteriore approfondimento delle strategie per utilizzare ChatGPT nella creazione di titoli e sottotitoli accattivanti per capitoli o sezioni, esploriamo metodi ancora più sofisticati e creativi che possono aiutare a catturare l'essenza del tuo lavoro e a invogliare i lettori a immergersi nella tua narrazione.

Impiego di Strutture Ritmiche e Sonore

- **Risonanza Fonica**: Chiedi a ChatGPT di giocare con l'allitterazione, l'assonanza o altri schemi fonetici per creare titoli che siano piacevoli all'orecchio o che catturino l'attenzione attraverso il loro ritmo. Questo può rendere i titoli particolarmente memorabili o dare loro un certo flusso che riflette il ritmo della narrazione.

Uso di Contrasti e Paradosso

- **Creazione di Tensione Attraverso il Contrasto**: Sviluppa titoli che incorporano elementi di contrasto o paradosso per suscitare interesse o curiosità. ChatGPT può aiutarti a formulare titoli che pongano in luce opposizioni o incongruenze intriganti, stimolando i lettori a scoprire come queste vengano risolte o esplorate nel testo.

Connessione con la Cultura Popolare e Riferimenti

- **Integrazione di Citazioni e Riferimenti**: Usa ChatGPT per infondere nei tuoi titoli citazioni rielaborate o riferimenti a opere culturali popolari, storiche o letterarie. Questo non solo può aumentare l'attrattiva dei tuoi titoli ma anche stabilire connessioni tematiche o emotive con i lettori che riconoscono tali riferimenti.

Sviluppo di Titoli Come Mini-Racconti

- **Narrativa in Miniatura**: Sfida ChatGPT a condensare l'essenza di un capitolo o di una sezione in una mini-narrativa o in una vignetta evocativa che serva come titolo. Questo approccio trasforma il titolo in una porta d'ingresso narrativa, promettendo ai lettori una storia all'interno della storia.

Ampliamento del Contesto Tematico

- **Esplorazione Tematica**: Incoraggia ChatGPT a elaborare titoli che catturino non solo gli eventi o i personaggi specifici di un capitolo ma anche i temi più ampi o le questioni sottostanti affrontate nella tua opera. Un titolo che rifletta il contesto tematico più ampio può aggiungere profondità e invogliare i lettori interessati a questi temi.

Creazione di Serie di Titoli Connessi

- **Costruzione di Archi di Titoli**: Chiedi a ChatGPT di aiutarti a creare serie di titoli per capitoli o sezioni che, letti in successione, raccontano la propria storia o creano un arco tematico o narrativo. Questa coerenza tra titoli può arricchire l'esperienza di lettura complessiva, offrendo strati aggiuntivi di significato.

Integrazione di Feedback dei Lettori nel Processo Creativo

- **Iterazione Basata sui Ritorni dei Lettori**: Dopo aver sviluppato una lista di possibili titoli con l'aiuto di ChatGPT, considera la possibilità di condividerli con un gruppo selezionato di lettori beta per ottenere feedback. Questo passaggio può offrire percezioni preziose su quali titoli risuonano di più e perché, permettendoti di affinare ulteriormente le tue scelte.

Valorizzazione attraverso la Semplicità

- **Semplicità ed Essenzialità**: Nonostante la tentazione di optare per la complessità, chiedi a ChatGPT di generare anche opzioni di titoli semplici ma potenti. A volte, la semplicità può essere la chiave per creare un impatto immediato, rendendo il titolo accessibile e allo stesso tempo evocativo.

Attraverso queste ulteriori strategie, l'utilizzo di ChatGPT per la generazione di titoli e sottotitoli diventa un processo ancora più ricco e multidimensionale, che non solo serve a catturare l'attenzione del lettore ma anche a riflettere e amplificare la complessità, la bellezza e la profondità della tua opera. Questo approccio olistico assicura che ogni elemento del tuo libro, dal più ampio al più minuto, lavori in armonia per creare un'esperienza di lettura coerente, coinvolgente e memorabile.

Proseguendo nell'approfondire come ChatGPT può assistere nella creazione di titoli e sottotitoli accattivanti, esaminiamo altre strategie che enfatizzano la capacità di questo strumento di catalizzare la creatività e di offrire soluzioni innovative per rendere ogni parte del tuo lavoro distintivo e invitante.

Incorporazione di Elementi Interattivi

- **Titoli Come Inviti all'Interazione**: Considera l'idea di creare titoli che fungano da inviti diretti all'azione o alla riflessione per i lettori, stimolando un coinvolgimento più profondo con il testo. ChatGPT può aiutarti a formulare questi inviti in modo che siano sia pertinenti al contenuto del capitolo sia stimolanti per il lettore.

Uso di Strumenti Linguistici Innovativi

- **Gioco Linguistico e Neologismi**: Sfida ChatGPT a inventare nuove parole o espressioni che possano catturare l'essenza di un capitolo in maniera unica. L'uso di neologismi o giochi di parole originali nei titoli può attirare l'attenzione e suscitare la curiosità, spingendo i lettori a voler scoprire il contesto o il significato dietro questi termini innovativi.

Esplorazione di Formati di Titoli Dinamici

- **Titoli Come Storie in Miniatura**: Chiedi a ChatGPT di creare titoli che contengano in nuce una micro-narrativa o un aneddoto, promettendo ai lettori una storia all'interno di una storia. Questo approccio può rendere ogni titolo una porta d'accesso a un'esperienza narrativa più ampia, aumentando l'attrattiva dei capitoli o delle sezioni.

Sviluppo di Titoli Multilivello

- **Strati di Significato**: Lavora con ChatGPT per sviluppare titoli che operino su più livelli di significato, combinando letteralità con simbolismo o allusione. Questi titoli multilivello possono offrire ai lettori un'esperienza più ricca, invitandoli a esplorare e a riflettere sui vari strati di significato.

Personalizzazione per Segmenti di Pubblico

- **Adattamento a Diverse Audience**: Se il tuo libro si rivolge a segmenti di pubblico diversificati, usa ChatGPT per adattare i titoli dei capitoli in modo che risuonino in maniera specifica con diversi gruppi di lettori. Questo può implicare la variazione del tono, dello stile o dei riferimenti culturali per massimizzare l'appello attraverso diverse demografiche.

Integrazione di Feedback nella Creazione di Titoli

- **Iterazione Creativa Basata sul Feedback**: Dopo aver generato una serie iniziale di titoli con ChatGPT, considera di sottoporli a un gruppo selezionato di lettori beta per ottenere le loro impressioni. Utilizza le loro

risposte per affinare ulteriormente i titoli, assicurando
che siano il più impattanti e apprezzati possibile.

Valorizzazione del Contesto Storico o Culturale

- **Riflessi Culturali e Storici**: Se il tuo libro è radicato in
  contesti storici o culturali specifici, chiedi a ChatGPT di
  generare titoli che riflettano o alludano a questi elementi.
  Un titolo che evoca con precisione l'atmosfera storica o le
  peculiarità culturali può aumentare l'autenticità percepita
  del tuo lavoro e attrarre lettori interessati a quegli
  specifici contesti.

Attraverso l'impiego di queste tecniche dettagliate, l'uso di
ChatGPT per l'ideazione di titoli e sottotitoli si evolve in un
esercizio creativo che può significativamente arricchire il tessuto
narrativo del tuo lavoro. L'abilità di sfruttare questo strumento
per esplorare nuove dimensioni linguistiche, coinvolgere diverse
audience e infondere i tuoi capitoli con livelli aggiuntivi di
interesse e significato, dimostra il potenziale di ChatGPT come
compagno creativo nel processo di scrittura. Questo approccio
non solo aiuta a catturare l'attenzione dei lettori ma anche ad
approfondire la loro connessione con il materiale, promuovendo
un'esperienza di lettura più immersiva e stimolante.

Proseguendo nell'esplorazione delle modalità attraverso cui
ChatGPT può assistere nella creazione di titoli e sottotitoli
accattivanti, approfondiamo ulteriormente con strategie
innovative e approcci dettagliati che possono apportare un
valore aggiunto al processo creativo, rendendo ogni sezione del
tuo lavoro ancora più intrigante e coinvolgente per i lettori.

Creazione di Connessioni Emotive

- **Stimolare Risposte Emotive**: Sviluppa titoli che
  mirano a evocare una risposta emotiva specifica nei
  lettori, come curiosità, nostalgia, eccitazione o suspense.
  ChatGPT può aiutarti a formulare titoli che toccano corde

emotive particolari, aumentando l'engagement del lettore fin dal primo impatto.

Incorporazione di Elementi di Storytelling Visuale

- **Uso di Descrizioni Visive**: Chiedi a ChatGPT di integrare elementi visivamente descrittivi nei titoli, trasformandoli in vere e proprie immagini mentali. Questo può essere particolarmente efficace per i titoli di capitoli o sezioni che introducono nuove ambientazioni o culminano in momenti visivamente intensi della narrazione.

Utilizzo di Strumenti di Curiosità e Mistero

- **Costruzione del Mistero**: Genera titoli che pongono domande senza fornire risposte immediate o che alludono a segreti nascosti. Questa tattica di "teaser" può incentivare i lettori a tuffarsi nel capitolo in cerca di risposte, mantenendo alta la loro attenzione e interesse.

Sperimentazione con la Poesia e il Lirismo

- **Elementi Poetici nei Titoli**: Esplora l'inclusione di tecniche poetiche nei titoli, come la metrica, la rima, o l'uso di immagini liriche. ChatGPT può aiutarti a creare titoli che hanno una qualità quasi poetica, arricchendo la lettura con un livello di bellezza estetica e profondità emotiva.

Integrazione di Citazioni e Riferimenti Intellettuali

- **Citazioni Rielaborate**: Utilizza ChatGPT per adattare citazioni famose o per crearne di nuove che si allineino tematicamente con i tuoi capitoli, offrendo ai lettori familiarità e nuova comprensione. Questi riferimenti possono servire come ponti intellettuali che collegano la tua opera a un contesto culturale o letterario più ampio.

Adattamento Dinamico per Generi e Temi

- **Flessibilità Tematica e di Genere**: Adatta lo stile e il tono dei titoli al genere specifico del tuo lavoro o ai temi trattati nel capitolo. ChatGPT può generare titoli che rispecchiano l'atmosfera di un thriller, la leggerezza di una commedia, la profondità di un dramma o l'immaginificazione di un'avventura fantasy, garantendo coerenza e immersione.

Valorizzazione attraverso l'Intertextualità

- **Dialoghi Intertestuali**: Chiedi a ChatGPT di creare titoli che alludano o dialoghino con altre opere letterarie, film, canzoni o opere d'arte. Questo approccio intertestuale non solo arricchisce il tessuto del tuo lavoro ma invita anche i lettori a esplorare e apprezzare le connessioni culturali più ampie.

Implementazione di Feedback per Affinamento

- **Ciclo di Feedback e Revisione**: Dopo aver generato una lista iniziale di titoli con ChatGPT, condividili con un gruppo selezionato di lettori beta, colleghi o mentori per raccogliere impressioni e suggerimenti. Utilizza questo feedback per affinare ulteriormente i titoli, assicurando che siano ottimizzati per catturare efficacemente l'attenzione e l'interesse dei tuoi lettori target.

Attraverso l'impiego di queste tecniche avanzate, ChatGPT si rivela un partner creativo inestimabile nel processo di sviluppo di titoli e sottotitoli, offrendo una gamma di possibilità per esplorare nuove direzioni creative, stimolare l'interesse del lettore e aggiungere strati di significato e bellezza alla tua opera. Questo approccio permette di trattare ogni titolo come un'opera d'arte in sé, che invita i lettori a immergersi nelle profondità della tua narrazione con anticipazione e curiosità.

Concludendo questa esplorazione approfondita su come utilizzare ChatGPT per generare titoli e sottotitoli accattivanti per capitoli o sezioni di un libro, abbiamo identificato una vasta gamma di strategie creative e tecniche che possono trasformare il modo in cui presentiamo e valorizziamo ogni parte della nostra opera. Dall'evocare risposte emotive allo stimolare la curiosità, dall'incorporare elementi visivi alla costruzione di mistero, ogni approccio offre l'opportunità di rendere il testo più invitante e coinvolgente per i lettori.

Sintesi delle Strategie di Innovazione nel Titolaggio

1. **Evocazione di Emozioni**: Utilizzare la capacità di ChatGPT di creare titoli che toccano specifiche corde emotive, promettendo ai lettori un'esperienza narrativa ricca e coinvolgente fin dal primo sguardo.

2. **Stimolazione della Curiosità**: Sfruttare la versatilità di ChatGPT per formulare titoli che pongono domande, suggeriscono misteri o anticipano scoperte, incoraggiando i lettori a immergersi nella narrazione per trovare risposte.

3. **Ricorso a Tecniche Poetiche e Visive**: Impiegare ChatGPT per integrare nel titolaggio tecniche poetiche e descrizioni visive, arricchendo i titoli con un livello di bellezza estetica e profondità emotiva.

4. **Incorporazione di Elementi di Storytelling**: Chiedere a ChatGPT di generare titoli che contengano mini-narrazioni o aneddoti, trasformando ogni titolo in un invito a esplorare storie all'interno della storia principale.

5. **Costruzione di Temi Ricorrenti**: Collaborare con ChatGPT per sviluppare temi o motivi ricorrenti nei titoli dei capitoli, aggiungendo un ulteriore strato di coerenza narrativa e tematica all'opera.

6. **Esplorazione di Intertextualità**: Utilizzare ChatGPT per creare titoli che dialoghino con opere letterarie, culturali o artistiche, arricchendo l'esperienza di lettura con connessioni culturali più ampie.

7. **Adattamento Dinamico a Generi e Temi**: Assicurarsi che ChatGPT generi titoli che rispecchino adeguatamente il tono e lo stile del libro, adattandosi flessibilmente a diversi generi e temi trattati.

8. **Iterazione Basata sul Feedback**: Valorizzare l'iterazione creativa, utilizzando il feedback dei lettori per affinare e ottimizzare i titoli, garantendo che siano il più efficaci e impattanti possibile.

Conclusione e Implementazione

In conclusione, l'uso di ChatGPT nella creazione di titoli e sottotitoli rappresenta un potente strumento per elevare la qualità e l'attrattiva del tuo lavoro letterario. Attraverso un processo iterativo, creativo e aperto al feedback, puoi sfruttare queste strategie per assicurarti che ogni componente del tuo libro non solo attiri l'attenzione ma anche risuoni profondamente con il tuo pubblico. La chiave sta nell'esplorare audacemente nuove possibilità, affinando continuamente la tua approccio in base alle reazioni dei lettori e alle tue intuizioni creative.

Implementando questi approcci con cura e attenzione, i titoli e i sottotitoli che sviluppi agiranno come lenti attraverso cui i lettori possono anticipare e apprezzare la ricchezza della tua narrazione. Questo non solo migliora l'esperienza di lettura complessiva ma rafforza anche il legame tra il tuo lavoro e il suo pubblico, stabilendo un dialogo significativo fin dalla prima pagina. In definitiva, l'arte del titolaggio, arricchita dall'assistenza di ChatGPT, diventa un elemento cruciale nel processo creativo, contribuendo a definire e a distinguere la tua opera nel vasto panorama letterario.

11. Introduzioni e Conclusioni: Scrivere introduzioni coinvolgenti e conclusioni significative con l'assistenza di ChatGPT.

Scrivere introduzioni coinvolgenti e conclusioni significative è essenziale per catturare l'interesse del lettore all'inizio e lasciare un impatto duraturo alla fine. ChatGPT può essere un ottimo strumento per aiutarti in entrambi questi compiti, fornendo assistenza creativa e suggerimenti strutturali per migliorare queste parti cruciali del tuo lavoro. Ecco come sfruttare ChatGPT per ottimizzare introduzioni e conclusioni:

Introduzioni Coinvolgenti

1. **Cattura dell'Attenzione**: Chiedi a ChatGPT di generare ganci narrativi intriganti che possono immediatamente catturare l'interesse dei lettori. Questo può includere una citazione provocatoria, una domanda retorica, un'affermazione sorprendente, o una breve vignetta evocativa.

2. **Presentazione dei Temi**: Utilizza ChatGPT per formulare introduzioni che presentano i temi principali del tuo lavoro in modo chiaro ma stimolante. Questo aiuta a impostare le aspettative del lettore riguardo al contenuto e al tono del resto del libro.

3. **Stabilire la Voce Narrativa**: Chiedi suggerimenti su come stabilire una voce narrativa distintiva fin dall'inizio.

ChatGPT può aiutarti a scegliere il tono e lo stile appropriati che risuonino con il tuo pubblico target e rafforzino il legame con i tuoi lettori.

4. **Contesto e Anteprima**: Usa ChatGPT per creare introduzioni che forniscono sufficiente contesto sul tuo argomento o sulla tua storia, offrendo al contempo un'anteprima intrigante di ciò che verrà esplorato in modo più approfondito nei capitoli successivi.

Conclusioni Significative

1. **Riepilogo e Riflessione**: Chiedi a ChatGPT di aiutarti a sintetizzare i punti chiave o i temi trattati, fornendo una conclusione che rifletta sui principali insegnamenti o messaggi. Questo riepilogo dovrebbe essere significativo e fornire una chiusura soddisfacente.

2. **Appello all'Azione o Riflessione**: Per lavori che cercano di ispirare cambiamento o riflessione, usa ChatGPT per formulare appelli all'azione efficaci o domande di riflessione che incoraggino i lettori a applicare ciò che hanno appreso o a meditare su temi importanti.

3. **Collegamenti a Temi più Ampi**: Utilizza ChatGPT per creare conclusioni che collegano la tua storia o argomento a temi universali o a questioni più ampie, ampliando la risonanza del tuo lavoro oltre i suoi confini immediati.

4. **Chiusura Emotiva**: Chiedi suggerimenti su come concludere con un momento emotivo forte, che sia di speranza, tristezza, gioia, o realizzazione, a seconda della direzione emotiva del tuo libro. Questo momento dovrebbe lasciare ai lettori un ricordo duraturo del tuo lavoro.

Iterazione e Personalizzazione

- **Personalizzazione Basata sul Feedback**: Dopo aver creato bozze di introduzioni e conclusioni con l'aiuto di ChatGPT, condividile con lettori beta o colleghi per ottenere feedback. Usa ChatGPT per iterare sulle tue bozze, affinandole ulteriormente in base alle reazioni e ai suggerimenti ricevuti.

L'utilizzo di ChatGPT in questo modo non solo facilita la generazione di idee e formulazioni iniziali ma incoraggia anche un processo di scrittura più riflessivo e mirato. Creare introduzioni che catturano efficacemente l'attenzione e conclusioni che lasciano un impatto emotivo e cognitivo significa tessere il filo conduttore della tua narrazione o argomentazione in modo che risuoni profondamente con i lettori, rendendo il tuo lavoro non solo memorabile ma anche significativo.

Nell'approfondire ulteriormente come ChatGPT può assistere nella creazione di introduzioni coinvolgenti e conclusioni significative, esploriamo strategie aggiuntive e approcci dettagliati che possono arricchire queste parti cruciali del tuo lavoro, rendendole non solo memorabili ma anche profondamente impattanti per i lettori.

Ampliamento delle Introduzioni

1. **Stabilire Connessioni Personali**: Incoraggia ChatGPT a generare introduzioni che creano una connessione personale immediata con i lettori, facendo appello alle loro esperienze, speranze, paure o sogni. Questo può aiutare a stabilire un rapporto empatico fin dalle prime righe.

2. **Incorporazione di Storie o Aneddoti**: Usa ChatGPT per integrare brevi storie o aneddoti che illuminano il tema centrale del tuo lavoro o introducono il contesto in un modo che sia sia informativo che emotivamente coinvolgente. Gli aneddoti possono servire come

microcosmi della tua narrazione o argomentazione più ampia.

3. **Uso di Domande Provocatorie**: Chiedi a ChatGPT di proporre domande che sfidano le presumzioni dei lettori o che li invitano a considerare nuove prospettive fin dall'inizio. Le domande provocatorie possono stimolare l'interesse e la curiosità, spingendo i lettori a impegnarsi attivamente con il testo.

4. **Presentazione di Statistiche o Fatti Sorprendenti**: Per lavori di natura più informativa o argomentativa, ChatGPT può aiutarti a selezionare e presentare statistiche, fatti o dati sorprendenti che evidenziano l'importanza o l'urgenza del tema trattato, stabilendo una base solida per l'esplorazione successiva.

Elevazione delle Conclusioni

1. **Proiezione nel Futuro**: Invita ChatGPT a generare conclusioni che guardano al futuro, contemplando le implicazioni future del tema trattato o immaginando come le questioni discusse possano evolvere. Questo approccio può lasciare i lettori con una sensazione di continua riflessione o anticipazione.

2. **Riflessioni Personali dell'Autore**: Usa ChatGPT per esprimere riflessioni personali o lezioni apprese che hai raccolto nel corso della stesura dell'opera. Condividere la tua evoluzione personale può rendere la conclusione più risonante e dare ai lettori una maggiore comprensione del tuo percorso.

3. **Citazioni Che Incorniciano la Discussione**: Chiedi a ChatGPT di fornire o creare citazioni che possano servire come cornice concettuale o emotiva per la tua conclusione, legando insieme i fili della narrazione o

dell'argomento e offrendo una chiusura che risuona con il lettore.

4. **Chiamate alla Riflessione Continua**: Invece di offrire risposte definitive, ChatGPT può aiutarti a formulare conclusioni che incoraggiano una continua riflessione o esplorazione personale del tema da parte dei lettori, estendendo l'impatto del tuo lavoro oltre la sua lettura immediata.

Iterazione Basata sull'Impatto Emotivo e Cognitivo

- **Valutazione dell'Impatto**: Dopo aver sviluppato bozze iniziali con l'assistenza di ChatGPT, considera di testare l'impatto emotivo e cognitivo delle tue introduzioni e conclusioni con un piccolo gruppo di lettori beta. Utilizza i loro feedback per apportare modifiche che affinino ulteriormente la capacità delle tue parole di coinvolgere e ispirare.

Attraverso l'utilizzo di ChatGPT per esplorare queste strategie avanzate, le introduzioni e le conclusioni del tuo lavoro possono diventare non solo punti di forza narrativi o argomentativi ma anche ponti emotivi e cognitivi che collegano profondamente il lettore al cuore del tuo messaggio. Questo approccio raffinato ed empatico assicura che il tuo lavoro non solo inizi e finisca con forza ma lasci anche un'impressione duratura che stimola la riflessione, il dialogo e, in ultima analisi, una maggiore comprensione o apprezzamento dei temi trattati.

Proseguendo nell'approfondimento delle modalità con cui ChatGPT può assistere nella scrittura di introduzioni e conclusioni coinvolgenti e significative, esaminiamo altre tecniche e prospettive che possono ulteriormente arricchire queste sezioni cruciali del tuo lavoro, offrendo ai lettori un ingresso e un'uscita memorabili dalla tua narrazione o argomentazione.

Tecniche di Narrazione Visiva

- **Creazione di Immagini Vivide**: Sfrutta ChatGPT per generare descrizioni visive potenti che possono essere utilizzate nelle introduzioni per dipingere un quadro immediato e coinvolgente del contesto o dell'ambiente narrativo. Questo approccio di narrazione visiva invita i lettori a immergersi completamente nel mondo del libro fin dalle prime righe.

Integrazione di Domande Esistenziali

- **Sollevare Interrogativi Profondi**: Chiedi a ChatGPT di formulare domande esistenziali o filosofiche che stimolino la riflessione sin dall'introduzione. Questo non solo imposta un tono di indagine intellettuale ma invita anche i lettori a considerare la loro relazione personale con i temi trattati.

Utilizzo di Aneddoti Universali

- **Inserimento di Aneddoti Relatabili**: Usa ChatGPT per creare aneddoti brevi ma universali che i lettori possano trovare immediatamente relatabili. Includere questi aneddoti nelle introduzioni può fungere da ponte emotivo, rendendo i temi più accessibili.

Esplorazione di Contrasti e Dicotomie

- **Evidenziazione di Contrasti**: Invita ChatGPT a esplorare e presentare contrasti o dicotomie nei tuoi argomenti o nella tua narrazione. Presentare questi elementi nelle introduzioni può catturare l'interesse del lettore, offrendo un'anticipazione delle tensioni o dei dilemmi che verranno esplorati.

Costruzione di Percorsi di Apprendimento

- **Guida il Lettore**: Considera l'utilizzo di ChatGPT per delineare percorsi di apprendimento o scoperta che i lettori possono aspettarsi di intraprendere. Nelle conclusioni, rifletti su questi percorsi, sottolineando come gli obiettivi iniziali siano stati realizzati o come le domande siano state risolte.

Inserimento di Citazioni Strategiche

- **Citazioni Impattanti**: Utilizza ChatGPT per trovare o adattare citazioni che riecheggino con i temi centrali del tuo lavoro. Posizionare una citazione significativa all'inizio o alla fine può fungere da cornice concettuale per l'intera narrazione o argomentazione.

Offerta di Perspettive Future

- **Guardare Oltre**: Le conclusioni, in particolare, possono beneficiare dell'esplorazione di implicazioni future o della considerazione di come il dialogo possa continuare oltre la fine del libro. Chiedi a ChatGPT di aiutarti a formulare prospettive che incoraggino i lettori a riflettere sul "dopo", mantenendo vivo l'interesse per i temi trattati.

Stimolazione di Azione e Cambiamento

- **Chiamate all'Azione Incisive**: Per le opere che mirano a ispirare cambiamento o azione, usa ChatGPT per perfezionare chiamate all'azione che siano sia motivate che motivate dalla narrazione o dall'argomentazione presentata, invitando i lettori a fare il prossimo passo.

Attraverso l'impiego di queste strategie, puoi utilizzare ChatGPT non solo come uno strumento per generare contenuto ma come un partner creativo nel processo di riflessione su come introdurre e concludere efficacemente il tuo lavoro. Questo processo mira a garantire che ogni parte del tuo libro—dall'inizio alla fine—non solo serva la narrazione o l'argomentazione principale ma arricchisca anche l'esperienza complessiva del lettore, lasciando un'impressione duratura che va oltre la pagina.

Continuando a esplorare come ChatGPT può assisterti nella scrittura di introduzioni e conclusioni coinvolgenti e significative, approfondiamo ulteriormente con nuove strategie e approcci creativi. Questi possono non solo arricchire il tuo lavoro ma anche fornire ai lettori un accesso e una chiusura che elevano l'intera esperienza di lettura.

Incorporazione di Elementi Interdisciplinari

- **Intersezioni Interdisciplinari**: Sfrutta ChatGPT per introdurre e concludere con elementi che attingono da diverse discipline, come la scienza, la storia, l'arte o la filosofia. Presentare il tuo argomento attraverso una lente interdisciplinare può offrire ai lettori nuovi modi di connettere e interpretare il materiale, stimolando un apprezzamento più profondo per la complessità e la multidimensionalità dei temi trattati.

Sviluppo di Domande Guida

- **Domande di Apertura e di Chiusura**: Chiedi a ChatGPT di formulare domande di apertura che invitano alla riflessione e alla curiosità, fungendo da catalizzatori per il viaggio intellettuale del lettore. Allo stesso modo, le domande di chiusura possono incoraggiare l'autoesame e la contemplazione, lasciando i lettori con un senso di indagine continua.

Creazione di Echi Narrativi

- **Echi e Ripetizioni**: Utilizza ChatGPT per creare echi narrativi o tematici tra l'introduzione e la conclusione, stabilendo un legame simbolico che incornicia l'intero lavoro. Questa risonanza interna può amplificare l'impatto emotivo e cognitivo del tuo lavoro, offrendo ai lettori un senso di chiusura circolare e di coerenza complessiva.

Esplorazione di Formati Innovativi

- **Formati Sperimentali**: Esperimenta con formati di introduzione e conclusione non convenzionali, come lettere, dialoghi, elenchi, o poesie. ChatGPT può aiutarti a esplorare questi formati alternativi, che possono offrire modi unici e creativi per coinvolgere i lettori sin dall'inizio e lasciare un'impressione duratura alla fine.

Introduzione di Personaggi o Voci Multiple

- **Perspective Multiple**: Nei lavori di narrativa, considera di utilizzare ChatGPT per introdurre o concludere con voci o prospettive di personaggi diversi. Questo approccio può arricchire la trama, offrendo ai lettori una visione più olistica del mondo narrativo e delle sue dinamiche interpersonali.

Uso di Metafore e Simbolismi

- **Metafore Guida**: Sviluppa con ChatGPT metafore o simboli che servano come filo conduttore attraverso il tuo lavoro, introducendoli in modo significativo nell'introduzione e ricollegandoli nella conclusione. Questi elementi possono fungere da potenti veicoli per temi e messaggi, arricchendo la narrazione con strati di significato che invitano a una lettura più profonda e riflessiva.

Riflessione sul Processo Creativo

- **Incorporazione del Making Of**: In alcuni casi, può essere utile includere, specialmente nelle conclusioni, riflessioni sul processo creativo, sulle sfide incontrate e su come queste sono state superate. ChatGPT può aiutarti a formulare queste riflessioni in modo che illuminino il viaggio dietro le quinte del tuo lavoro, creando una connessione più profonda con i lettori interessati al mestiere della scrittura.

Attraverso l'adozione e l'adattamento di queste strategie, ChatGPT diventa un collaboratore ancora più prezioso nel processo di scrittura, aiutandoti a progettare introduzioni e conclusioni che non solo servono le funzioni narrative o argomentative essenziali ma arricchiscono anche l'esperienza complessiva del lettore. Questo processo enfatizza l'importanza di iniziare e concludere con forza, utilizzando ogni strumento a disposizione per assicurare che il tuo lavoro risuoni ed evochi riflessione ben oltre l'ultima pagina.

Proseguendo nell'esplorazione di come ChatGPT può essere sfruttato per arricchire ulteriormente le introduzioni e le conclusioni, ci addentriamo in nuove strategie e prospettive che possono offrire ai lettori un ingresso e un'uscita da ogni sezione del tuo lavoro ancor più memorabili e impattanti.

Integrazione di Citazioni Pertinenti

- **Citazioni come Ponti Tematici**: Impiega ChatGPT per identificare o creare citazioni che risuonino profondamente con il nucleo tematico del tuo lavoro. Introdurre la tua sezione con una citazione pertinente o concluderla con una riflessione che ne estenda il significato può servire a contestualizzare il tuo lavoro all'interno di un dialogo culturale o storico più ampio, offrendo ai lettori una lente attraverso cui esaminare i contenuti presentati.

Creazione di Domande Strategiche

- **Domande come Catalizzatori di Curiosità**: Utilizza ChatGPT per formulare domande strategiche che non solo riflettano i temi centrali del tuo lavoro ma che invitino anche alla riflessione o all'azione. Posizionare una domanda provocatoria all'inizio può agire come un gancio che stimola l'interesse, mentre concludere con una domanda aperta può mantenere vivo il dialogo con il lettore anche dopo la conclusione del testo.

Uso di Aneddoti Personalizzati

- **Aneddoti per Creare Connessioni**: Chiedi a ChatGPT di aiutarti a sviluppare aneddoti personali o storici che illustrino i concetti chiave in modo vivido e relatabile. Includere tali racconti all'inizio può fornire un terreno comune con i lettori, mentre riecheggiare o concludere con un aneddoto simile può rafforzare i punti chiave e lasciare un'impressione duratura.

Esplorazione di Paralleli e Metafore

- **Metafore come Strumenti Esplorativi**: Sfrutta la capacità di ChatGPT di esplorare metafore complesse o di creare paralleli tra il tuo argomento e altri campi del sapere. Questo approccio non solo arricchisce il testo con nuovi strati di significato ma invita anche i lettori a esplorare il tuo lavoro attraverso diverse prospettive.

Rafforzamento della Struttura Narrativa

- **Riepiloghi e Proiezioni**: Nel contesto di opere più lunghe o complesse, utilizza ChatGPT per riepilogare brevemente i punti chiave trattati in precedenza all'inizio di una sezione, preparando il terreno per il nuovo materiale. Allo stesso modo, la conclusione può essere usata per anticipare come tali punti verranno ulteriormente esplorati o risolti in sezioni successive, mantenendo i lettori impegnati e orientati nella struttura complessiva del lavoro.

Stimolazione di Riflessione Profonda

- **Inviti alla Riflessione Interna**: Chiedi a ChatGPT di formulare passaggi che invitano i lettori a intraprendere un viaggio interiore di riflessione, applicando le idee e i concetti presentati al loro contesto personale, professionale o spirituale. Questo può rendere le introduzioni e le conclusioni non solo tappe di un percorso intellettuale ma anche punti di partenza per una trasformazione personale.

Creazione di Legami Emotivi

- **Appelli Emotivi**: Usa ChatGPT per infondere le tue introduzioni e conclusioni con elementi che creano un forte legame emotivo, sia attraverso la narrazione empatica, sia attraverso la condivisione di esperienze umane universali. Questi legami possono aumentare l'impatto emotivo del tuo lavoro e rafforzare la connessione con il pubblico.

Attraverso l'adozione di queste tecniche avanzate, l'uso di ChatGPT si trasforma in un dialogo creativo che non solo arricchisce il contenuto delle tue introduzioni e conclusioni ma eleva l'intero tessuto del tuo lavoro. Questo approccio multidimensionale assicura che ogni sezione del tuo libro non solo serva il suo scopo narrativo o argomentativo ma agisca anche come un invito alla scoperta, alla riflessione e, in ultima analisi, all'arricchimento personale del lettore, stabilendo così un legame duraturo tra il lettore e il tuo lavoro.

Concludendo questa esplorazione dettagliata su come ChatGPT può assisterti nella scrittura di introduzioni e conclusioni efficaci, abbiamo navigato attraverso un'ampia gamma di strategie e approcci che spaziano dalla creazione di connessioni emotive e intellettuali con i lettori, all'utilizzo di domande strategiche, metafore, e narrazioni visive per arricchire queste parti cruciali del tuo lavoro. L'obiettivo di queste tecniche è di rendere le introduzioni e le conclusioni non solo ponti narrativi o concettuali ma veri e propri momenti di coinvolgimento e riflessione che elevano l'intera esperienza di lettura.

Riassunto delle Strategie Essenziali

1. **Evocare Emozioni e Stimolare la Curiosità**: Utilizzare introduzioni per creare immediatamente un legame emotivo o per porre le basi di un mistero intrigante, mentre le conclusioni dovrebbero risolvere tali emozioni o misteri in modo soddisfacente, lasciando spazio a riflessioni più ampie.

2. **Incorporare Aneddoti e Citazioni Rilevanti**: Sia che si tratti di storie personali che illustrano un punto chiave, o di citazioni che ampliano il contesto tematico, l'uso sapiente di questi elementi può arricchire significativamente sia le introduzioni che le conclusioni.

3. **Esplorare Metafore e Creare Echi Tematici**: Le metafore offrono un modo per esplorare concetti complessi in modo accessibile, mentre gli echi tematici tra l'inizio e la fine del tuo lavoro possono fornire un senso di coerenza e chiusura.

4. **Stabilire Contesto e Anticipare**: Le introduzioni devono fornire ai lettori un contesto sufficiente senza sovraccaricare di informazioni, preparandoli a ciò che verrà esplorato. Le conclusioni, d'altra parte, possono servire a riepilogare e a riflettere sul percorso compiuto, indicando anche future direzioni di riflessione o azione.

5. **Adattare il Tono e lo Stile al Pubblico e al Genere**: Essere consapevoli del tuo pubblico e del genere in cui stai scrivendo ti aiuterà a modulare il tono e lo stile delle tue introduzioni e conclusioni per massimizzare l'impatto e la risonanza.

Implementazione e Rifinimento

L'implementazione di queste strategie richiede un processo di rifinimento iterativo. Dopo aver utilizzato ChatGPT per generare bozze iniziali, è essenziale rivedere e modificare questi testi con un occhio critico, considerando attentamente l'impato desiderato sul lettore e la coerenza con il resto del lavoro. Ottenere feedback da lettori fidati o editori può fornire insight preziosi, consentendo ulteriori iterazioni che perfezionano la qualità delle tue introduzioni e conclusioni.

Conclusione

In sintesi, l'arte di scrivere introduzioni e conclusioni coinvolgenti e significative è fondamentale per catturare e mantenere l'interesse del lettore, oltre a fornire una cornice soddisfacente per l'esplorazione di temi e narrazioni. Utilizzando ChatGPT come uno strumento nel tuo arsenale creativo, puoi sperimentare con un'ampia varietà di tecniche e approcci, arricchendo così il tuo processo di scrittura e migliorando la qualità complessiva del tuo lavoro. Questo processo non solo migliora la tua capacità di coinvolgere il lettore fin dall'inizio ma assicura anche che le impressioni e le riflessioni lasciate alla fine siano profonde e durature, stabilendo un legame significativo tra il tuo lavoro e il tuo pubblico.

L'uso di metafore, similitudini e analogie può notevolmente arricchire il testo, aggiungendo profondità e vivacità alla tua scrittura, e facilitando una comprensione più profonda o emotiva dei concetti trattati. ChatGPT può essere uno strumento prezioso in questo processo, aiutandoti a generare e affinare questi elementi letterari in modo che si allineino perfettamente con i tuoi obiettivi narrativi o descrittivi. Ecco come sfruttarlo per migliorare la tua scrittura con metafore, similitudini e analogie:

Generazione di Idee Iniziali

- **Brainstorming Tematico**: Inizia fornendo a ChatGPT un riassunto del tema, concetto o oggetto che desideri esplorare attraverso la metafora, la similitudine o l'analogia. Essere specifici riguardo al contesto o all'emozione che vuoi evocare può aiutare a generare risposte più mirate e ispirate.

Esplorazione di Confronti Creativi

- **Identificazione di Elementi Connettivi**: Chiedi a ChatGPT di identificare elementi o qualità condivise tra l'oggetto della tua descrizione e potenziali metafore o analogie. Questo processo di connessione creativa può rivelare confronti sorprendenti e originali che potrebbero non essere immediatamente evidenti.

Affinamento e Personalizzazione

- **Personalizzazione delle Metafore**: Una volta che ChatGPT ha fornito alcune opzioni, lavora insieme per affinarle in modo che rispecchino più da vicino il tono della tua narrazione o la tua voce autoriale. Puoi chiedere variazioni o espansioni su una metafora particolare che trovi intrigante.

Integrazione nel Testo

- **Inserimento Strategico**: Considera dove nel tuo testo la metafora, similitudine o analogia avrà il maggiore impatto. ChatGPT può aiutarti a sperimentare con il posizionamento, offrendo suggerimenti su come integrare questi elementi in modo che fluiscono naturalmente all'interno della tua narrazione o argomentazione.

Valutazione dell'Impatto

- **Analisi del Lettore Immaginario**: Dopo aver integrato una metafora o analogia nel tuo testo, chiedi a ChatGPT di aiutarti a valutare l'impatto potenziale su un lettore immaginario. Questo può includere la considerazione di come potrebbe influenzare la comprensione, l'immaginazione o l'emozione del lettore.

Esplorazione di Similitudini

- **Sviluppo di Similitudini**: Le similitudini, che esplicitamente confrontano due cose usando "come" o "così", possono essere particolarmente utili per chiarire concetti complessi o per aggiungere vivacità a descrizioni. Chiedi a ChatGPT di generare similitudini specifiche per il tuo argomento, sperimentando con confronti che possono rendere il tuo testo più accessibile e immaginifico.

Uso di Analogie per Spiegare

- **Clarificazione tramite Analogie**: Quando affronti argomenti complessi o astratti, le analogie possono essere strumenti potenti per facilitare la comprensione. Usa ChatGPT per creare analogie che mappino il concetto che stai trattando su qualcosa di più familiare al lettore, rendendo il tuo materiale più relatabile e comprensibile.

Attraverso questi passaggi, ChatGPT può assisterti non solo nella creazione iniziale di metafore, similitudini e analogie ma anche nell'integrazione efficace di questi elementi letterari nel tuo testo, migliorando la qualità della tua scrittura. Questo processo di collaborazione con l'IA non solo arricchisce il tuo lavoro con immagini vivide e confronti evocativi ma ti incoraggia anche a esplorare nuove prospettive creative nel tuo approccio alla narrazione o all'esposizione.

Proseguendo nell'esplorazione delle possibilità offerte da ChatGPT per arricchire il testo con metafore, similitudini e analogie, esaminiamo ulteriori strategie e approcci che possono elevare la tua scrittura, rendendola ancora più evocativa, comprensibile e coinvolgente per i lettori.

Costruzione di Immagini Multisensoriali

- **Evocazione Sensoriale**: Amplia l'uso delle metafore per includere esperienze sensoriali oltre la vista, come suoni, odori, gusti e sensazioni tattili. Chiedi a ChatGPT di generare descrizioni che coinvolgano più sensi, offrendo ai lettori un'esperienza immersiva che può aumentare l'impatto emotivo del testo.

Sperimentazione con Metafore Estese

- **Sviluppo di Metafore Continue**: Usa ChatGPT per creare metafore estese o conceit metaforici, dove la comparazione si estende per diverse frasi o addirittura per interi paragrafi. Questo tipo di metafora può offrire una ricca tela su cui dipingere immagini complesse e sviluppare temi in profondità.

Integrazione di Contrasti Dinamici

- **Contrasto attraverso Similitudini**: Le similitudini possono essere utilizzate per creare contrasti vividi tra concetti, situazioni o personaggi. Chiedi a ChatGPT di aiutarti a esplorare similitudini che mettano in luce differenze sorprendenti o illuminanti, arricchendo la narrazione con tensioni dinamiche o rivelazioni.

Uso Strategico delle Analogie

- **Analogie per la Risoluzione di Problemi**: Nel contesto di testi espositivi o argomentativi, le analogie possono essere strumenti preziosi per la risoluzione creativa di problemi o per illustrare strategie di pensiero laterale. Collabora con ChatGPT per formulare analogie che offrano nuove prospettive su questioni complesse, facilitando la comprensione e promuovendo soluzioni innovative.

Esplorazione di Variazioni Tematiche

- **Variazione e Ripetizione Tematica**: Nell'ambito di un'opera più ampia, considera l'uso di metafore, similitudini e analogie che riecheggino o sviluppino variazioni su un tema centrale. Chiedi a ChatGPT di generare idee che possano essere tessute attraverso il testo, creando un ricco tessuto tematico che lega insieme diverse parti del tuo lavoro.

Dialogo con il Contesto Culturale

- **Riflessioni Culturali**: Le metafore e le analogie possono anche servire come ponti tra il testo e il suo contesto culturale o storico più ampio. Utilizza ChatGPT per sviluppare elementi che dialoghino con temi culturali, storici o letterari rilevanti, offrendo ai lettori ulteriori livelli di significato e connessione.

Personalizzazione per il Pubblico Target

- **Adattamento al Pubblico**: A seconda del pubblico a cui è destinato il tuo lavoro, potresti voler personalizzare il tipo e lo stile delle metafore utilizzate. ChatGPT può aiutarti a modulare queste scelte linguistiche in modo che risuonino al meglio con i tuoi lettori, siano essi esperti in un determinato campo o un pubblico più generale.

Valutazione e Riflessione Critica

- **Riflessione sull'Uso delle Metafore**: Infine, è importante valutare l'efficacia e l'appropriateness delle metafore, similitudini e analogie utilizzate. Chiedi a ChatGPT di assisterti nel rivedere criticamente questi elementi, assicurandoti che arricchiscano il testo senza sovraccaricarlo o distogliere l'attenzione dai punti chiave.

Attraverso l'utilizzo di queste tecniche avanzate e l'approccio riflessivo all'impiego di metafore, similitudini e analogie, ChatGPT diventa un collaboratore creativo nel processo di scrittura. Questo metodo non solo arricchisce il testo ma stimola anche un'ulteriore esplorazione creativa, invitando sia lo scrittore che il lettore a immergersi in un'esperienza di lettura più profonda, multistrato e sensorialmente ricca.

Continuando a esplorare l'uso di ChatGPT per generare metafore, similitudini e analogie che arricchiscono il testo, immergiamoci in ulteriori strategie e approcci che possono aprire nuove dimensioni nella tua scrittura, offrendo ai lettori esperienze narrative e descrittive ancor più profonde e coinvolgenti.

Creazione di Sinestesie

- **Combinazione di Sensi**: Esperimenta con ChatGPT nella creazione di sinestesie, una figura retorica che mescola le esperienze sensoriali, come "vedere il sapore" o "sentire il colore". Questo tipo di immagine può offrire ai lettori un'esperienza unica, intensificando le descrizioni e evocando risposte emotive insolite e memorabili.

Implementazione di Metafore Dinamiche

- **Metafore in Movimento**: Chiedi a ChatGPT di aiutarti a sviluppare metafore che incorporano azione o movimento, dando vita alle tue descrizioni. Le metafore dinamiche possono animare il testo, rendendo le scene o i concetti più vividi e immediati per il lettore.

Uso di Contrapposizioni Creativi

- **Gioco di Contrasti**: Utilizza ChatGPT per esplorare contrasti forti attraverso similitudini e analogie, mettendo in luce differenze e similitudini in modo che stimolino il pensiero critico. Questa tecnica può essere particolarmente efficace nel sottolineare dilemmi morali, contraddizioni interne o complessità tematiche.

Ampliamento del Repertorio di Analogie

- **Analogie Complesse**: Collabora con ChatGPT per creare analogie che colleghano il tuo argomento a concetti o domini apparentemente distanti. Queste connessioni inaspettate possono rivelare intuizioni profonde e arricchire la comprensione del lettore, spingendolo a vedere il tuo argomento sotto una luce completamente nuova.

Esplorazione di Metafore Ambientali

- **Ambientazioni Come Metafore**: Chiedi a ChatGPT di generare descrizioni di ambientazioni o paesaggi che fungano da metafore per stati emotivi, temi o eventi narrativi. Questo approccio può rafforzare il senso di atmosfera e aggiungere un ulteriore strato di significato alla narrazione o all'esposizione.

Integrazione di Simboli Recorrenti

- **Simbolismo Ripetuto**: Usa ChatGPT per identificare o sviluppare simboli che possono essere reintrodotti nel testo come metafore o similitudini ricorrenti. Questi simboli possono servire da fili conduttori tematici o emotivi, rafforzando la coesione del testo e amplificando il suo impatto.

Valorizzazione della Narrazione con Archetipi

- **Archetipi e Simbolismo Universale**: Collabora con ChatGPT per incorporare archetipi o simbolismo universale nelle tue metafore e analogie. Questo può collegare il tuo lavoro a narrazioni e miti profondamente radicati nella psiche collettiva, aumentando la risonanza emotiva e culturale.

Personalizzazione per il Pubblico e il Contesto

- **Adattamento Contestuale**: Rifletti sul contesto culturale e sul pubblico target del tuo lavoro per assicurarti che le metafore, similitudini e analogie siano appropriate e risuonanti. ChatGPT può aiutarti a modificare o adattare il tuo linguaggio figurato per assicurare che comunichi efficacemente con i lettori specifici, evitando malintesi o interpretazioni errate.

Attraverso l'uso di queste strategie avanzate, ChatGPT diventa un alleato prezioso nel processo di scrittura, aiutandoti a navigare il vasto mare delle possibilità creative nel linguaggio figurato. Questo approccio non solo arricchisce il tessuto del tuo testo ma stimola anche un dialogo più profondo con i lettori, invitandoli a esplorare con te le molteplici dimensioni di significato e emozione che il tuo lavoro può offrire.

Proseguendo nell'esplorazione di come ChatGPT può assistere nella generazione di metafore, similitudini e analogie, immergiamoci in ulteriori tecniche e approcci che possono espandere ancora di più la capacità di arricchire e approfondire il testo, creando connessioni significative e immersive per i lettori.

Utilizzo di Metafore Organiche

- **Metafore Naturali e Organiche**: Esplora con ChatGPT la creazione di metafore che attingono dal mondo naturale, sfruttando processi, elementi o fenomeni biologici per illustrare concetti o stati emotivi. Questo tipo di metafora può connettere i lettori a concetti complessi attraverso l'osservazione diretta e l'esperienza concreta della natura, rendendo il testo più accessibile e vivido.

Sviluppo di Analogie Storiche

- **Confronti Storici**: Usa ChatGPT per identificare eventi, figure o periodi storici che possano fungere da potenti analogie per i temi o le situazioni nel tuo lavoro. Tracciare paralleli con la storia può non solo fornire contesto ma anche offrire ai lettori una prospettiva ampliata, aiutandoli a vedere il tuo argomento in relazione a tendenze o schemi più ampi.

Creazione di Similitudini Innovative

- **Innovazione nelle Similitudini**: Chiedi a ChatGPT di aiutarti a sperimentare con similitudini che rompono con le convenzioni, abbinando elementi in modi inaspettati per produrre immagini fresche e sorprendenti. Questo può stimolare la curiosità del lettore e invitarlo a considerare il tuo argomento da angolazioni nuove e creative.

Esplorazione di Metafore Tecnologiche

- **Tecnologia come Metafora**: In un'era dominata dall'innovazione tecnologica, utilizza ChatGPT per generare metafore che attingono da concetti tecnologici o digitali. Questo può risuonare particolarmente con i lettori contemporanei, offrendo loro quadri di riferimento attuali e pertinenti per comprendere meglio i temi trattati.

Ampliamento delle Analogie Culturali

- **Diversità Culturale nelle Analogie**: Amplia le tue analogie per includere elementi tratti da una varietà di contesti culturali, utilizzando ChatGPT per esplorare simboli, tradizioni o miti specifici di diverse culture. Questo approccio può arricchire il tuo lavoro con nuove dimensioni di significato e promuovere un dialogo interculturale.

Integrazione di Elementi Letterari Classici

- **Riferimenti Letterari**: Collabora con ChatGPT per intessere nel tuo testo metafore, similitudini e analogie che fanno eco o dialogano con opere letterarie classiche o contemporanee. Questo non solo arricchisce il tessuto del tuo lavoro ma stabilisce anche un dialogo con il patrimonio letterario, offrendo ai lettori colti un livello aggiuntivo di apprezzamento e interpretazione.

Personalizzazione Basata su Feedback e Revisione

- **Riflessione e Adattamento**: Dopo aver generato e inserito queste figure retoriche nel tuo testo, è cruciale riflettere sul loro impatto e, se possibile, raccogliere feedback da lettori fidati o editori. Usa ChatGPT per iterare e adattare le tue metafore, similitudini e analogie in base a questo feedback, perfezionandole fino a quando non amplificano efficacemente il tuo messaggio e risuonano profondamente con il tuo pubblico.

Attraverso l'approfondimento e l'espansione di queste strategie, l'utilizzo di ChatGPT nella creazione di linguaggio figurato diventa un esercizio di esplorazione creativa senza fine. Questo processo non solo arricchisce il tuo testo, ma apre anche porte a nuove modalità di pensiero e espressione, invitando sia l'autore che il lettore a esplorare la ricchezza e la profondità del linguaggio e dei suoi infiniti potenziali per connettere, esprimere e trasformare.

Approfondendo ulteriormente l'uso di ChatGPT per arricchire il testo con metafore, similitudini e analogie, esploriamo nuovi territori creativi e metodologie che possono elevare ulteriormente la tua scrittura, rendendola più vibrante, complessa e coinvolgente per i lettori.

Focalizzazione sul Contesto Sociale e Politico

- **Analogie Socio-politiche**: Sfrutta ChatGPT per generare analogie che mettano in luce connessioni tra il tuo argomento e questioni socio-politiche attuali o storiche. Questo può offrire ai lettori una prospettiva più ampia, collegando la tua narrazione o analisi a dibattiti o movimenti più vasti, e può servire a sottolineare l'urgenza o la rilevanza del tuo lavoro nel contesto sociale o politico odierno.

Uso di Archetipi e Miti

- **Archetipi e Metafore Mitologiche**: Collabora con ChatGPT per attingere dalla ricca vena di archetipi e storie mitologiche per costruire metafore e analogie. Questo approccio non solo arricchisce il testo con strati di significato universale ma può anche risvegliare nel lettore echi di storie familiari, creando una connessione immediata e profonda.

Personalizzazione Attraverso Esperienze Individuali

- **Similitudini Personali e Dirette**: Usa ChatGPT per creare similitudini basate su esperienze quotidiane o personali, rendendo il tuo lavoro immediatamente accessibile e relatabile per un'ampia gamma di lettori. L'uso di elementi tratti dalla vita di tutti i giorni può abbattere le barriere alla comprensione e invitare i lettori a vedere il loro mondo in modi nuovi e illuminanti.

Intreccio di Analogie Scientifiche

- **Esplorazione Scientifica**: Esplora con ChatGPT l'uso di concetti, processi o fenomeni scientifici come base per analogie e metafore. Questo tipo di linguaggio figurato può non solo educare ma anche aprire nuovi modi di pensare su argomenti complessi, collegando la tua narrazione a questioni di importanza globale come il cambiamento climatico, l'innovazione tecnologica o le scoperte mediche.

Esplorazione della Dimensione Temporale

- **Metafore Temporali**: Chiedi a ChatGPT di aiutarti a giocare con la dimensione temporale nelle tue metafore e analogie, esplorando concetti come il tempo, la memoria, il futuro e il passato. Questo può offrire una ricca vena di materiale creativo, permettendo ai lettori di esplorare la percezione del tempo e la sua relazione con i temi trattati.

Creazione di Dialoghi Interni

- **Dialoghi Interni Come Metafore**: Utilizza ChatGPT per sviluppare metafore e similitudini che emergono dai dialoghi interni dei personaggi, offrendo intuizioni sui loro stati emotivi o processi decisionali. Questo approccio può aggiungere profondità alla caratterizzazione e arricchire la narrazione con un livello aggiuntivo di introspezione.

Sviluppo di Ambientazioni Figurate

- **Ambientazioni Come Simboli**: Lavora con ChatGPT per trasformare le ambientazioni in simboli potenti o in metafore per stati emotivi, situazioni sociali o temi universali. Questo può rendere le descrizioni ambientali non solo vivide ma cariche di significato, invitando i lettori a interpretare lo spazio narrativo come un'estensione della narrazione stessa.

Attraverso l'impiego di queste strategie, l'utilizzo di ChatGPT nella creazione di linguaggio figurato diventa un'esplorazione senza fine delle possibilità espressive della scrittura. Questo processo non solo arricchisce il testo con immagini vivide e confronti evocativi ma stimola anche un dialogo più profondo con i lettori, invitandoli a esplorare con te le molteplici dimensioni di significato, emozione e riflessione che il tuo lavoro può suscitare.

Concludendo questa esplorazione approfondita sull'uso di ChatGPT per generare metafore, similitudini e analogie che arricchiscono il testo, abbiamo esaminato una vasta gamma di strategie e tecniche. Queste metodologie non solo servono a infondere vita e colore nella narrazione o nell'esposizione ma agiscono anche come ponti tra il testo e il lettore, facilitando una comprensione più profonda e coinvolgente dei temi trattati.

Riassunto delle Strategie Chiave

1. **Evocazione Sensoriale**: L'impiego di sinestesie e descrizioni multisensoriali per creare esperienze immersive che coinvolgono tutti i sensi del lettore.

2. **Innovazione e Contrasto**: La sperimentazione con confronti inaspettati e l'uso di contrasti dinamici per stimolare il pensiero critico e illuminare nuove prospettive.

3. **Collegamenti Interdisciplinari**: L'integrazione di analogie che attingono dalla scienza, dalla storia, dalla tecnologia e dalla cultura per arricchire il testo con contesto e risonanza universale.

4. **Esplorazione di Temi Universali**: L'utilizzo di archetipi, miti e simbolismo per connettere il lavoro a narrazioni profondamente radicate nella psiche umana.

5. **Personalizzazione e Accessibilità**: L'adattamento delle metafore e delle similitudini in base al pubblico target e al contesto per garantire che il messaggio sia non solo accessibile ma anche personalmente risonante.

Implementazione e Riflessione

L'implementazione efficace di queste strategie richiede un processo di riflessione continua e di iterazione. Dopo la generazione iniziale di idee con l'assistenza di ChatGPT, è fondamentale sottoporre queste figure retoriche a una revisione critica, valutando la loro efficacia nel contesto specifico del testo e il loro impatto sul lettore. Questo può includere la considerazione della chiarezza, dell'originalità e della pertinenza emotiva o concettuale delle metafore, similitudini e analogie utilizzate.

Conclusione

In sintesi, l'uso di ChatGPT per arricchire la scrittura con linguaggio figurato rappresenta un approccio dinamico e creativo che può significativamente elevare la qualità del testo. Questo processo non solo migliora la leggibilità e l'impatto emotivo della scrittura ma invita anche i lettori a un'esplorazione più profonda dei temi trattati, promuovendo un'esperienza di lettura ricca e coinvolgente. Attraverso l'iterazione e l'adattamento basati su feedback mirati e riflessione critica, gli scrittori possono affinare ulteriormente il loro uso del linguaggio figurato, assicurando che ogni metafora, similitudine e analogia contribuisca significativamente alla narrazione o all'argomentazione complessiva. In definitiva, l'abilità di tessere efficacemente questi elementi nel tessuto del testo non solo arricchisce la scrittura ma apre anche un dialogo più profondo e significativo con i lettori, stabilendo un legame duraturo che va ben oltre le parole sulla pagina.

13. Raccolta di Citazioni e Riferimenti: Guida su come utilizzare ChatGPT per trovare e integrare citazioni pertinenti e riferimenti nel tuo libro.

Utilizzare ChatGPT per trovare e integrare citazioni pertinenti e riferimenti nel tuo libro può arricchire il testo, offrendo profondità, autorità e contesto aggiuntivi ai tuoi argomenti o alla tua narrazione. Ecco una guida su come sfruttare al meglio ChatGPT per questo scopo:

Identificazione dei Temi Chiave

1. **Definizione dei Temi**: Inizia identificando i temi chiave, le idee o i concetti del tuo libro per cui desideri trovare citazioni o riferimenti. Essere chiaro sui temi ti aiuterà a guidare ChatGPT più efficacemente.

Uso di ChatGPT per la Ricerca

2. **Richieste Specifiche**: Fornisci a ChatGPT richieste specifiche basate sui temi o sui concetti identificati. Ad esempio, se stai scrivendo su temi di resilienza, potresti chiedere: "Puoi fornirmi citazioni ispiratrici sulla resilienza da autori noti?"

3. **Esplorazione di Fonti Diverse**: Chiedi a ChatGPT di attingere da una varietà di fonti o generi, come letteratura, discorsi, film, saggi filosofici, per rendere i tuoi riferimenti il più diversificati e ricchi possibile.

4. **Verifica dell'Autenticità**: Mentre ChatGPT può suggerire citazioni basate sulla sua formazione, è cruciale verificare l'autenticità e l'esattezza delle citazioni attraverso ricerche supplementari, dato che potrebbero esserci imprecisioni o attribuzioni errate.

Integrazione nel Testo

5. **Contesto e Coerenza**: Quando integri citazioni o riferimenti nel tuo libro, assicurati che siano pertinenti e che si integrino armoniosamente nel contesto del tuo argomento o narrazione. Ogni citazione dovrebbe arricchire il testo, offrendo spunti di riflessione o evidenziando aspetti chiave del tuo tema.

6. **Attribuzione Corretta**: È essenziale attribuire correttamente ogni citazione o riferimento, fornendo il nome dell'autore e, se possibile, la fonte da cui è stata

tratta. Questo non solo è una pratica etica ma rafforza anche la credibilità del tuo lavoro.

Riflessione Critica

7. **Valutazione dell'Impatto**: Rifletti sull'impatto che ogni citazione o riferimento ha sul tuo testo. Chiediti se arricchisce veramente la comprensione del lettore o se serve a sostenere i tuoi argomenti. Le citazioni dovrebbero essere utilizzate in modo strategico per massimizzare il loro effetto.

Dialogo Creativo con ChatGPT

8. **Discussione e Rifinimento**: Non esitare a discutere con ChatGPT delle citazioni suggerite, esplorando le ragioni della loro pertinenza o chiedendo ulteriori chiarimenti su come potrebbero essere integrate nel tuo lavoro. Questo processo di dialogo può aiutarti a rifinire la selezione e l'uso delle citazioni.

Continua Esplorazione e Adattamento

9. **Esplorazione Continua**: Considera la raccolta di citazioni e riferimenti come un processo continuo. Mentre procedi con la scrittura del tuo libro, potresti scoprire nuovi temi o argomenti che si giovano di ulteriori riferimenti, quindi mantieni una postura aperta e ricettiva alle nuove integrazioni.

Utilizzando ChatGPT in questo modo, puoi arricchire significativamente il tuo libro con citazioni e riferimenti pertinenti che non solo rafforzano i tuoi argomenti o arricchiscono la tua narrazione ma anche collegano il tuo lavoro a un contesto culturale, storico e intellettuale più ampio. Questo approccio può rendere il tuo libro più coinvolgente, informativo e risonante per i lettori, stabilendo dialoghi profondi tra il tuo lavoro e il vasto universo di idee e esperienze umane.

Approfondendo ulteriormente l'utilizzo di ChatGPT per l'arricchimento del tuo libro con citazioni e riferimenti pertinenti, esploriamo strategie aggiuntive e considerazioni che possono aiutarti a navigare questo processo con maggiore efficacia, garantendo che ogni inserimento arricchisca il testo e ne amplifichi il valore per il lettore.

Strategie di Integrazione Contestuale

10. **Integrazione Narrativa**: Considera come le citazioni possono servire non solo come supporto argomentativo ma anche come elementi narrativi. Chiedi a ChatGPT di suggerire citazioni che possano essere intrecciate nella trama o nei dialoghi, aggiungendo profondità e sfumature ai personaggi o alla storia.

11. **Variazione di Formato**: Esplora formati diversi per l'integrazione delle citazioni. Questo può includere l'uso di epigrafi all'inizio dei capitoli, citazioni inserite nel corpo del testo come parte dell'argomentazione, o anche appendici dedicate che raccolgono citazioni rilevanti. Chiedi a ChatGPT di aiutarti a valutare quale formato si adatta meglio al flusso del tuo lavoro e al suo impatto sul lettore.

Esplorazione di Temi e Fonti Diverse

12. **Ricerca Tematica Approfondita**: Utilizza ChatGPT per condurre una ricerca tematica più approfondita, identificando citazioni che coprano vari aspetti del tuo argomento. Questo include esplorare sottotemi o questioni correlate che potrebbero non essere state considerate inizialmente ma che possono arricchire il contesto o fornire prospettive aggiuntive.

13. **Diversificazione delle Fonti**: Amplia la gamma di fonti da cui attingi citazioni. Oltre a libri e articoli accademici, considera fonti meno convenzionali come

interviste, podcast, film, opere d'arte e social media. Chiedi a ChatGPT di suggerire fonti innovative che potrebbero offrire spunti unici o citazioni impattanti.

Verifica e Adattamento

14. **Verifica Accurata delle Citazioni**: Dopo aver identificato le citazioni con l'aiuto di ChatGPT, impegnati in una verifica accurata utilizzando database affidabili, biblioteche digitali o le pubblicazioni originali. Questo passaggio è cruciale per assicurare l'esattezza delle citazioni e l'accuratezza delle attribuzioni.

15. **Adattamento e Parafrasi**: In alcuni casi, potresti scoprire che una citazione è quasi perfetta ma necessita di leggere modifiche per adattarsi al tuo contesto o per rispettare limitazioni di spazio. Chiedi a ChatGPT di assisterti nella parafrasi, garantendo che il senso originale sia preservato mentre si adatta meglio al tuo lavoro.

Riflessione Etica e Legale

16. **Considerazioni Etiche e Legali**: Quando integri citazioni e riferimenti, è fondamentale considerare non solo l'accuratezza e la pertinenza ma anche le implicazioni etiche e legali, specialmente in termini di diritto d'autore. Discuti con ChatGPT possibili preoccupazioni etiche e verifica sempre che l'uso delle citazioni sia conforme alle normative vigenti sul diritto d'autore e sul fair use.

Attraverso l'approfondimento di queste strategie e considerazioni, puoi sfruttare ChatGPT come un potente strumento per arricchire il tuo libro con citazioni e riferimenti che ne aumentano il valore informativo, narrativo e argomentativo. Questo processo non solo migliora la connessione del tuo lavoro con un ampio spettro di conoscenze e culture ma promuove anche un dialogo più profondo e significativo con i tuoi lettori, elevando l'impatto complessivo del tuo libro.

Proseguendo nell'esplorazione di come utilizzare ChatGPT per arricchire il tuo libro con citazioni e riferimenti pertinenti, approfondiamo ulteriormente con strategie e considerazioni che possono ottimizzare questo processo, garantendo che ogni citazione o riferimento aggiunga valore sostanziale al tuo lavoro e arricchisca l'esperienza del lettore.

Creazione di Dialoghi Intertestuali

17. **Fomentare Dialoghi Intertestuali**: Incoraggia ChatGPT a identificare opportunità per creare dialoghi tra il tuo lavoro e altre opere, siano esse classiche o contemporanee. Questo non solo dimostra la tua erudizione e la tua capacità di collegarti a un ampio spettro di idee ma invita anche i lettori a esplorare queste opere, approfondendo così la loro comprensione dei temi trattati.

Sviluppo di un'Appendice di Riferimenti

18. **Costruire un'Appendice Dettagliata**: Valuta la possibilità di utilizzare ChatGPT per aiutarti a compilare un'appendice di riferimenti o una bibliografia commentata. Questo non solo fornisce ai lettori una risorsa preziosa per ulteriori ricerche ma sottolinea anche la profondità della tua ricerca e il tuo impegno nell'approfondire gli argomenti trattati.

Integrazione di Citazioni in Modo Creativo

19. **Citazioni Come Elementi Creativi**: Esplora modi creativi per integrare citazioni nel tuo testo che vadano oltre il semplice supporto argomentativo. Questo può includere l'uso di citazioni come epigrafi di capitoli, elementi di trama all'interno di narrazioni di fiction, o

come parti di esercizi e riflessioni in guide pratiche o opere di self-help.

Riflessione sulla Relevanza Culturale

20. **Assicurare la Relevanza Culturale**: Chiedi a ChatGPT di aiutarti a valutare la pertinenza culturale e temporale delle citazioni selezionate, specialmente se il tuo libro si rivolge a un pubblico internazionale o interculturale. Questo passaggio è cruciale per garantire che le citazioni scelte risuonino con una varietà di lettori e non si basino su presupposti culturalmente specifici o datati.

Valorizzazione attraverso la Contestualizzazione

21. **Contestualizzare le Citazioni**: Lavora con ChatGPT per non solo identificare citazioni pertinenti ma anche per fornire contesto adeguato ogni volta che vengono introdotte. Questo può includere una breve spiegazione dell'autore citato, del perché la citazione è rilevante o di come si collega ai temi più ampi del tuo lavoro.

Promozione dell'Interattività

22. **Invitare all'Interazione con le Citazioni**: Considera modi per incoraggiare i lettori a interagire attivamente con le citazioni integrate nel tuo libro. Questo può includere domande di riflessione, inviti a confrontare le proprie opinioni con quelle espresse nelle citazioni o esercizi che utilizzano le citazioni come punto di partenza per l'autoesplorazione o la discussione di gruppo.

Uso Strategico per Amplificare il Messaggio

23. **Amplificare il Messaggio Principale**: Assicurati che ogni citazione o riferimento selezionato amplifichi il messaggio o i temi centrali del tuo libro. ChatGPT può aiutarti a identificare citazioni che rafforzano la tua tesi o

contribuiscono significativamente alla narrazione, assicurando che ogni elemento aggiunto serva a potenziare l'obiettivo complessivo del tuo lavoro.

Attraverso l'approfondimento di queste tecniche e considerazioni, l'impiego di ChatGPT nella ricerca e nell'integrazione di citazioni e riferimenti diventa un processo più riflessivo e intenzionale. Questo approccio non solo arricchisce il tessuto del tuo libro con insight, autorità e profondità ma stabilisce anche un dialogo più ricco e significativo con i tuoi lettori, invitandoli a un'esplorazione più ampia e a una comprensione più profonda dei temi trattati.

Proseguendo nella nostra esplorazione su come utilizzare ChatGPT per arricchire il tuo libro con citazioni e riferimenti pertinenti, approfondiamo ulteriori strategie che possono elevare la tua opera, rendendola un tessuto ancora più complesso e multidimensionale di idee e conversazioni.

Valorizzazione del Narrativo con Citazioni Multimediali

24. **Inclusione di Riferimenti Multimediali**: Non limitarti a fonti scritte. Chiedi a ChatGPT di suggerirti citazioni o riferimenti da film, musica, arte visiva e persino videogiochi che potrebbero arricchire il tuo testo. Questi riferimenti possono aggiungere una dimensione culturale contemporanea o un appeal cross-mediale che risuona in modo unico con i lettori moderni.

Sfruttamento della Storia Orale e dei Testimonianze

25. **Citazioni da Storie Orali**: Esplora l'uso di storie orali o testimonianze personali come citazioni nel tuo libro. Questo tipo di contenuto può offrire autenticità e una connessione emotiva profonda, specialmente in lavori che trattano temi storici, sociali o culturali. ChatGPT può

aiutarti a formulare domande o contesti in cui queste
storie orali potrebbero essere integrate efficacemente.

Creazione di Ecosistemi di Idee

26. **Connettere Citazioni e Idee**: Usa ChatGPT per non
solo trovare citazioni ma anche per aiutarti a tessere un
ecosistema di idee dove citazioni da varie fonti dialogano
tra loro. Questo approccio può trasformare il tuo libro in
una piattaforma per un dialogo multidisciplinare,
arricchendo il contesto e stimolando la riflessione critica
tra i lettori.

Ampliamento attraverso Citazioni Ispiratrici

27. **Ispirazione e Motivazione**: Particolarmente rilevante
per generi come self-help, sviluppo personale o
leadership, l'inserimento di citazioni ispiratrici può
servire da catalizzatore per l'azione o la riflessione.
Identifica momenti nel tuo libro dove una spinta
motivazionale potrebbe essere particolarmente efficace e
chiedi a ChatGPT di proporre citazioni che potenziano
l'impatto di tali sezioni.

Approfondimento con Analisi Critica

28. **Analisi Critica di Citazioni**: Oltre a inserire citazioni,
considera l'utilizzo di ChatGPT per fornire analisi o
contesti critici che accompagnano le citazioni scelte.
Questo approccio può arricchire la comprensione del
lettore, offrendo spunti su come interpretare o integrare
le idee citate all'interno del contesto più ampio del tuo
libro.

Integrazione di Citazioni in un Contesto Globale

29. **Globalizzazione del Tuo Testo**: In un mondo sempre
più interconnesso, è importante che il tuo libro parli a un
pubblico globale. Chiedi a ChatGPT di aiutarti a trovare

citazioni che riflettano una diversità di prospettive culturali, geografiche e linguistiche, assicurando che il tuo lavoro sia accessibile e rilevante per i lettori di tutto il mondo.

Utilizzo di Citazioni per Amplificare Voci Sottorappresentate

30. **Elevazione di Voci Diverse**: Fai un passo ulteriore nell'inclusione, utilizzando ChatGPT per identificare e incorporare citazioni da autori e voci spesso marginalizzate o sottorappresentate. Questo non solo diversifica le prospettive nel tuo libro ma contribuisce anche a promuovere un più ampio riconoscimento e apprezzamento delle diverse esperienze umane.

Attraverso queste ulteriori strategie, il processo di ricerca e integrazione di citazioni e riferimenti con l'assistenza di ChatGPT diventa un'opportunità per arricchire profondamente il tuo libro, trasformandolo in un crogiolo di idee, prospettive e dialoghi. Questo approccio olistico non solo migliora l'esperienza di lettura ma stabilisce anche il tuo lavoro come un contributo significativo al discorso culturale e intellettuale, invitando i lettori a un'esplorazione continua ben oltre la pagina finale.

Proseguendo nell'approfondimento dell'utilizzo di ChatGPT per arricchire il tuo libro con citazioni e riferimenti, esploriamo ulteriori tecniche innovative e considerazioni che possono elevare il tuo lavoro, rendendolo una tessitura ancora più ricca di dialoghi, idee e ispirazioni.

Incorporazione di Citazioni Interattive

31. **Interattività con il Lettore**: Pensa a modi in cui le citazioni possono diventare punti di partenza per l'interattività con i lettori. Questo può includere l'invito ai lettori a riflettere su come una certa citazione si applica

alle loro vite o a discutere le citazioni nei club del libro o sui social media. ChatGPT può aiutarti a formulare domande guida o prompt di discussione che accompagnano le citazioni selezionate.

Uso di Citazioni per Strutturare il Libro

32. **Struttura Basata su Citazioni**: Considera l'uso di citazioni significative come pilastri strutturali del tuo libro. Ad esempio, ogni capitolo potrebbe iniziare con una citazione che ne sottolinea il tema centrale o che introduce il dilemma che verrà esplorato. ChatGPT può assisterti nella scelta di citazioni che si allineano strettamente con gli obiettivi di ciascun capitolo, fornendo una coesione tematica e narrativa.

Esplorazione di Citazioni in Lingua Originale

33. **Citazioni Multilingue**: Per arricchire ulteriormente il contesto culturale e linguistico del tuo lavoro, puoi includere citazioni nella loro lingua originale, accompagnate da traduzioni o interpretazioni. ChatGPT, con le sue capacità multilingue, può suggerire citazioni pertinenti in varie lingue e aiutarti a formulare traduzioni accurate o note esplicative.

Dialogo con le Citazioni

34. **Creazione di un Dialogo con Citazioni**: Trasforma il tuo libro in un dialogo vivente tra te, i tuoi argomenti e le voci citate. Non limitarti a inserire citazioni passivamente; piuttosto, rispondi attivamente a esse nel tuo testo, esplorando concordanze, divergenze o interpretazioni personali. Questo approccio dinamico invita i lettori a partecipare a un discorso più ampio, arricchendo la narrazione o l'esposizione con una dimensione dialogica.

Citazioni come Elementi Visivi

35. **Design Visivo con Citazioni**: Al di là del loro valore testuale, considera l'uso di citazioni come elementi di design nel layout del tuo libro. Questo può includere citazioni in grassetto, calligrafie, o inserimenti grafici che evidenziano visivamente il testo. Chiedi a ChatGPT di suggerire citazioni che possiedano un forte impatto visivo o emotivo, che poi possono essere trasformate in elementi grafici da un designer.

Integrazione Etica e Responsabile

36. **Riflessioni Etiche sulla Citazione**: Mentre integri citazioni e riferimenti, rifletti attentamente sulla loro provenienza e sul contesto. Assicurati che l'uso di citazioni rispetti i principi etici, evitando l'appropriazione culturale o la distorsione del significato originale. ChatGPT può aiutare a identificare potenziali problemi etici e a navigare queste complessità con sensibilità.

Creazione di Percorsi di Approfondimento

37. **Promozione dell'Esplorazione Ulteriore**: Infine, considera come le citazioni nel tuo libro possono servire da trampolini di lancio per un'ulteriore esplorazione da parte del lettore. Oltre a fornire riferimenti completi, puoi incoraggiare attivamente i lettori a cercare le opere originali citate o a esplorare temi correlati. Questo approccio trasforma il tuo libro in una porta verso un viaggio di apprendimento e scoperta più ampio.

Attraverso l'adozione di queste strategie avanzate, l'uso di ChatGPT per arricchire il tuo libro con citazioni e riferimenti diventa un'esplorazione creativa che amplifica la profondità, la diversità e l'impatto del tuo lavoro. Questo processo non solo arricchisce il tessuto del tuo testo ma stabilisce anche il tuo libro come un nodo in una rete più ampia di dialoghi culturali, intellettuali e creativi, invitando i lettori a partecipare attivamente a questo scambio di idee.

Proseguendo nella nostra esplorazione su come utilizzare ChatGPT per arricchire il tuo libro con citazioni e riferimenti, immergiamoci in ulteriori considerazioni e strategie che possono rendere il tuo lavoro non solo una raccolta di pensieri personali ma un vero e proprio dialogo con il patrimonio intellettuale umano.

Utilizzo di Citazioni per Creare Ritmo e Pausa

38. **Ritmo Narrativo attraverso le Citazioni**: Rifletti su come le citazioni possano essere utilizzate per influenzare il ritmo del tuo testo. Possono servire come pause riflessive che danno ai lettori il tempo di contemplare gli argomenti trattati, o come acceleratori che intensificano l'urgenza e la passione della tua narrazione. ChatGPT può aiutarti a identificare momenti nel tuo libro dove l'inserimento di una citazione potrebbe ottimizzare il flusso narrativo o espositivo.

Amplificazione della Voce attraverso Diverse Prospettive

39. **Diverse Prospettive per una Narrazione Ricca**: Usa ChatGPT per incorporare citazioni che rappresentino una varietà di voci e prospettive, specialmente quelle marginalizzate o meno udite. Questo non solo arricchisce il tuo lavoro con una pluralità di punti di vista ma promuove anche una comprensione più inclusiva e multiforme dei temi trattati.

Citazioni come Strumenti di Legittimazione

40. **Legittimazione attraverso Citazioni Autorevoli**: In contesti accademici o professionali, citazioni ben scelte da fonti rispettate possono aggiungere peso e credibilità alle tue affermazioni. ChatGPT può assisterti nella ricerca di autorità nel campo che corrispondono ai tuoi

argomenti, assicurando che il tuo lavoro sia ancorato a una solida base di conoscenze esistenti.

Esplorazione di Forme Alternative di Citazione

41. **Forme Creative di Citazione**: Al di là delle convenzioni tradizionali, esplora con ChatGPT modi creativi per presentare citazioni. Potresti ad esempio integrare collage di parole, poesie visive, o citazioni interattive che invitano il lettore a "scoprire" il testo nascosto attraverso elementi interattivi nel formato digitale o e-book.

Promozione del Pensiero Critico

42. **Invito al Pensiero Critico**: Includi citazioni che sfidano direttamente o ampliano i punti di vista espressi nel tuo lavoro. Utilizza ChatGPT per formulare riflessioni o domande critiche che accompagnano queste citazioni, stimolando i lettori a impegnarsi attivamente con il materiale e a formare le proprie opinioni.

Citazioni come Elementi di Connessione

43. **Citazioni per Collegare Capitoli o Sezioni**: Pensa alle citazioni non solo come ornamenti testuali ma come ponti concettuali che collegano diverse parti del tuo libro. ChatGPT può aiutarti a trovare citazioni che fungono da nodi tematici o motivi ricorrenti, rafforzando la coesione complessiva del tuo lavoro.

Riflessione sulla Temporalità e Attualità

44. **Equilibrio tra Temporalità e Attualità**: Mentre selezioni citazioni, considera il loro impatto temporale. Le citazioni classiche possono offrire una sensazione di atemporalità, mentre riferimenti contemporanei possono rendere il tuo lavoro immediatamente rilevante. ChatGPT

può assisterti nel trovare un equilibrio che rispecchi l'intento e il pubblico del tuo libro.

Documentazione e Citazione Corretta

45. **Precisione nella Documentazione**: Assicurati di documentare accuratamente tutte le citazioni e i riferimenti secondo le linee guida accademiche o editoriali pertinenti. ChatGPT può offrire assistenza nella formattazione preliminare, ma sarà necessaria una revisione manuale per garantire la conformità agli standard richiesti.

Approfondendo queste strategie e considerazioni, l'integrazione di citazioni e riferimenti nel tuo libro diventa un processo olistico che arricchisce il testo, invita al dialogo e alla riflessione, e collega il tuo lavoro a un dialogo culturale e intellettuale più ampio. Questo approccio trasforma il tuo libro in un crocevia di idee, dove lettori di diverse provenienze e prospettive possono trovare valore, ispirazione e comprensione.

Proseguendo ancora più a fondo nell'arte di arricchire il tuo libro con citazioni e riferimenti attraverso l'utilizzo di ChatGPT, esaminiamo ulteriori strati di complessità e dettagli che possono trasformare questo processo in una vera e propria esplorazione intellettuale e creativa.

Integrazione di Citazioni Multidisciplinari

46. **Approccio Multidisciplinare**: Incoraggia ChatGPT a identificare citazioni che abbraccino una varietà di discipline, dalle scienze naturali alle arti, dalla letteratura alla filosofia. Questo approccio non solo dimostra la vastità della tua ricerca ma invita i lettori a vedere i temi trattati nel tuo libro sotto luci diverse, promuovendo una comprensione più ricca e sfaccettata.

Creazione di Percorsi Narrativi Unici

47. **Narrativa Attraverso Citazioni**: Utilizza ChatGPT per costruire percorsi narrativi unici all'interno del tuo libro, utilizzando citazioni come pietre miliari. Questi percorsi possono guidare i lettori attraverso la tua argomentazione o storia in modi che enfatizzano la trasformazione, il conflitto, o la crescita personale, arricchendo l'esperienza narrativa complessiva.

Sviluppo di Contesti Contestuali Ampliati

48. **Contesti Ampliati**: Chiedi a ChatGPT di aiutarti a espandere il contesto di ciascuna citazione scelta. Oltre alla semplice attribuzione, considera di includere una breve storia dell'autore citato, il contesto culturale o storico della citazione, o il suo impatto sulla società contemporanea o su determinati campi di studio. Questa profondità aggiuntiva può trasformare le citazioni in finestre aperte su mondi di conoscenza.

Riflessione sull'Impatto Emotivo

49. **Impatto Emotivo delle Citazioni**: Valuta l'impatto emotivo delle citazioni che scegli di includere. Le citazioni possono suscitare una gamma di emozioni, dalla speranza alla riflessione, dalla gioia alla tristezza. Seleziona e colloca le citazioni in modo tale da guidare i lettori attraverso un viaggio emotivo intenzionale, arricchendo il tessuto emotivo del tuo libro.

Esplorazione di Diverse Forme Letterarie

50. **Diversità di Forme Letterarie**: Non limitarti a citazioni provenienti da fonti non-fiction. Esplora l'inclusione di versi poetici, dialoghi tratti da opere teatrali, o estratti da romanzi che possono illustrare i tuoi punti con vivacità e immediatezza. ChatGPT può suggerire pezzi letterari che risuonano con i temi del tuo

libro, arricchendolo con la bellezza e la forza espressiva delle diverse forme di scrittura.

Dialogo con le Opere Citate

51. **Creazione di un Dialogo**: Considera le citazioni non solo come supporto o decorazione per i tuoi argomenti ma come voci con cui entrare in dialogo. Rispondi, critica, o espandi le idee presentate nelle citazioni, creando un dialogo testuale che invita i lettori a partecipare attivamente alla conversazione, rendendo il tuo libro un forum vivente di idee.

Personalizzazione per la Narrazione

52. **Adattamento Narrativo**: Adatta le citazioni scelte per aderire strettamente alla voce narrativa del tuo libro. Questo può significare modificare leggermente la forma di una citazione (con l'adeguata attribuzione e rispetto per il testo originale) per mantenere coerenza stilistica, o scegliere citazioni che naturalmente complementano il tono e lo stile del tuo lavoro.

Inclusione di Riflessioni Personali

53. **Riflessioni Personali sui Riferimenti**: Dopo ogni citazione significativa o riferimento, potresti includere una breve riflessione personale su come quella citazione si relaziona al tuo lavoro o alla tua vita personale. Questo aggiunge uno strato di intimità e invita i lettori a riflettere sulla loro relazione con i temi trattati.

Attraverso l'esplorazione continua e l'implementazione di queste strategie, l'utilizzo di ChatGPT per integrare citazioni e riferimenti nel tuo libro si trasforma in un'esercizio di profonda riflessione intellettuale e creativa. Questo approccio non solo arricchisce il contenuto del tuo libro ma invita anche i lettori a un viaggio di scoperta, dialogo e connessione emotiva, elevando il lavoro a un'esperienza di lettura più immersiva e significativa.

Concludendo questa esplorazione complessiva e dettagliata su come utilizzare ChatGPT per integrare citazioni e riferimenti nel tuo libro, abbiamo esaminato una vasta gamma di strategie, considerazioni e tecniche che possono trasformare significativamente il modo in cui approcci la scrittura e l'arricchimento del tuo testo. L'integrazione consapevole e strategica di citazioni e riferimenti non è semplicemente un mezzo per sostenere i tuoi argomenti o abbellire la tua narrazione; è un invito aperto al lettore a entrare in un dialogo più ampio con il patrimonio culturale, intellettuale e emotivo dell'umanità.

Sintesi delle Strategie Fondamentali

- **Approccio Multidisciplinare e Multiforme**: Abbiamo esplorato l'importanza di attingere da una diversità di discipline e forme letterarie, garantendo che il tuo libro sia un crocevia di dialoghi interculturali e interdisciplinari.

- **Riflessione su Contesto e Impatto**: L'attenzione al contesto in cui le citazioni sono state originariamente prodotte e al loro impatto emotivo e intellettuale sul lettore è fondamentale. Questo approccio etico e riflessivo assicura che le citazioni arricchiscano il testo in modo significativo.

- **Interazione e Dialogo**: La creazione di un dialogo tra te, le citazioni scelte e i lettori trasforma il tuo libro in una piattaforma vivente per l'esplorazione di idee, invitando a una partecipazione attiva piuttosto che a una ricezione passiva.

- **Design Visivo e Narrativo**: L'esplorazione di forme creative di presentazione delle citazioni, sia visivamente che narrativamente, amplifica la loro efficacia e la loro capacità di coinvolgere i lettori.

- **Integrità e Adattabilità**: La precisione nella documentazione e l'adattabilità delle citazioni per aderire al tono e allo stile del tuo libro sono essenziali per mantenere l'integrità del tuo lavoro e la coerenza del testo.

Riflessioni Finali

La cura nella scelta e nell'integrazione di citazioni e riferimenti riflette un profondo rispetto per le idee altrui e un riconoscimento del dialogo continuo in cui tutti partecipiamo come creatori e consumatori di cultura. Questo processo arricchisce non solo il testo ma anche te come autore, spingendoti a esplorare relazioni complesse tra idee, contesti e espressioni umane attraverso il tempo e lo spazio.

La collaborazione con ChatGPT in questo viaggio non è semplicemente tecnica; è una partnership creativa che ti permette di sondare più profondamente il tessuto del discorso umano, di tessere connessioni inaspettate e di invitare i tuoi lettori a condividere in questa esplorazione. Le citazioni e i riferimenti che scegli di integrare nel tuo libro diventano fili di un tessuto più ampio, collegando il tuo lavoro a una conversazione globale che attraversa generazioni e confini.

In conclusione, l'atto di arricchire il tuo libro con citazioni e riferimenti scelti e integrati con cura è un atto di tessitura narrativa e intellettuale. Attraverso l'applicazione consapevole delle strategie discusse, puoi elevare il tuo libro da una semplice raccolta di pagine scritte a un dialogo vivente, un ponte tra il passato e il presente, e un invito a lettori di tutte le provenienze a esplorare la vastità e la profondità del pensiero umano.

14. Marketing e Promozione: Strategie per utilizzare ChatGPT nella creazione di materiali di marketing, come post per blog, descrizioni di libri e contenuti per social media.

Utilizzare ChatGPT per la creazione di materiali di marketing offre un'opportunità unica per promuovere il tuo libro in modo creativo ed efficace. La versatilità di ChatGPT può aiutarti a generare una varietà di contenuti adatti a diversi canali e pubblici, da post per blog a descrizioni di libri e aggiornamenti per i social media. Ecco come sfruttare al meglio questa risorsa:

Creazione di Post per Blog

- **Generazione di Idee**: Usa ChatGPT per brainstorming di idee di post che collegano temi del tuo libro a argomenti di interesse attuale, domande frequenti o tendenze culturali. Questo può attrarre un pubblico più ampio verso il tuo lavoro.

- **Stesura di Bozze**: Chiedi a ChatGPT di aiutarti a redigere bozze di post che siano informativi, coinvolgenti e ottimizzati per i motori di ricerca (SEO). Assicurati di includere parole chiave pertinenti al tuo libro e al tuo pubblico target.

Descrizioni di Libri

- **Punti di Vendita Unici**: Identifica con ChatGPT i punti di vendita unici (USP) del tuo libro e utilizzali per creare descrizioni avvincenti che catturino l'attenzione dei potenziali lettori sulle piattaforme di vendita online, sui materiali promozionali e nei comunicati stampa.

- **Adattamento al Pubblico**: Adatta il tono e lo stile delle descrizioni in base al canale e al pubblico. ChatGPT può aiutarti a modificare lo stesso contenuto base per adattarlo, ad esempio, ai lettori di un sito di recensioni letterarie, a un pubblico sui social media o ai partecipanti a un evento letterario.

Contenuti per Social Media

- **Pianificazione dei Contenuti**: Sviluppa un calendario di contenuti con ChatGPT, pianificando post regolari che mantengano l'interesse alto attorno al tuo libro. Questi possono includere citazioni dal libro, dietro le quinte della tua routine di scrittura, o domande che stimolano l'interazione.

- **Formati Vari**: Utilizza ChatGPT per creare vari formati di contenuti, come immagini con testo, brevi video script, o thread di tweet che esplorino temi o personaggi del libro. La varietà può aumentare il coinvolimento del tuo pubblico.

Email Marketing

- **Newsletter Tematiche**: Chiedi a ChatGPT di aiutarti a comporre newsletter che offrano valore aggiunto ai lettori, come approfondimenti esclusivi sui temi del libro, interviste, o anteprime di capitoli. Questo può rafforzare il rapporto con i tuoi abbonati e incoraggiare passaparola e recensioni.

- **Call-to-Action Efficaci**: Utilizza ChatGPT per formulare call-to-action (CTA) persuasive nelle tue email, invitando i lettori a comprare il libro, partecipare a eventi di lancio, o condividere i tuoi contenuti sui social media.

Recensioni e Testimonianze

- **Raccolta di Feedback**: ChatGPT può aiutarti a creare un template per richiedere feedback o recensioni ai lettori che hanno già acquistato il libro, sottolineando l'importanza delle loro opinioni e incoraggiandoli a condividere le loro esperienze online.

- **Elaborazione di Testimonianze**: Usa le risposte raccolte per generare testimonianze (con il permesso degli autori) che puoi poi integrare nei tuoi materiali di marketing, aumentando così la credibilità e l'attrattiva del tuo libro.

Sfruttare ChatGPT per la creazione di materiali di marketing ti permette di personalizzare e ottimizzare i tuoi sforzi promozionali, rendendo il processo più efficiente e mirato. Questo approccio non solo ti aiuta a raggiungere e coinvolgere il tuo pubblico target in modi creativi ma ti offre anche la flessibilità di adattare rapidamente i tuoi contenuti a feedback e tendenze emergenti, massimizzando l'impatto delle tue strategie di marketing e promozione.

Continuando a esplorare come utilizzare ChatGPT per creare materiali di marketing efficaci per promuovere il tuo libro, approfondiamo ulteriori strategie e tecniche che possono ampliare la portata e l'efficacia della tua campagna promozionale.

Creazione di Contenuti Interattivi

- **Quiz e Sondaggi**: Sviluppa quiz o sondaggi legati ai temi del tuo libro che possano essere condivisi sui social media o tramite newsletter. Questi strumenti non solo aumentano l'engagement ma possono anche fornire preziose informazioni sulle preferenze e gli interessi del tuo pubblico. ChatGPT può aiutarti a formulare domande interessanti e rilevanti.

Collaborazioni e Influencer Marketing

- **Identificazione di Influencer**: Utilizza ChatGPT per identificare potenziali influencer o blogger nel genere letterario del tuo libro. Puoi poi creare proposte di collaborazione personalizzate che sottolineino come una partnership possa essere reciprocamente vantaggiosa.

- **Contenuti Collaborativi**: Chiedi a ChatGPT di aiutarti a concepire idee per contenuti collaborativi, come interviste incrociate, guest post su blog, o sessioni di Q&A sui social media, che possono ampliare la tua visibilità a nuovi pubblici.

Ottimizzazione per i Motori di Ricerca (SEO)

- **Keyword Research**: Prima di creare post per blog o descrizioni del libro, utilizza ChatGPT per condurre una ricerca preliminare sulle parole chiave pertinenti. Integrare queste keyword nei tuoi contenuti può migliorare la visibilità online e attirare più traffico organico verso i tuoi materiali di marketing.

- **Contenuti SEO-friendly**: Chiedi a ChatGPT di generare contenuti che non solo siano ricchi di parole chiave pertinenti ma che siano anche informativi e coinvolgenti, bilanciando ottimizzazione e leggibilità.

Sfruttamento delle Piattaforme di Recensione

- **Guida alle Recensioni**: Crea con l'aiuto di ChatGPT una guida o un template per i lettori, incoraggiandoli a lasciare recensioni sui principali siti di recensioni di libri e piattaforme online. Fornire suggerimenti su come scrivere una recensione utile può aumentare la probabilità che i lettori effettivamente dedichino tempo a condividere i loro pensieri.

- **Risposta alle Recensioni**: Utilizza ChatGPT per formulare risposte personalizzate e riflessive alle recensioni dei lettori, dimostrando il tuo apprezzamento per il loro feedback e promuovendo un'immagine positiva come autore accessibile e coinvolto.

Strategie di Video Marketing

- **Script per Video Promozionali**: Chiedi a ChatGPT di aiutarti a scrivere script per video promozionali che possano essere utilizzati su piattaforme come YouTube, Instagram o TikTok. Questi video possono variare da trailer del libro a messaggi personali, da tutorial su temi correlati al libro a dietro le quinte della tua routine di scrittura.

- **Interviste Virtuali**: Organizza interviste virtuali o sessioni di domande e risposte con l'ausilio di ChatGPT per preparare domande intriganti e temi di discussione. Queste sessioni possono essere trasmesse in diretta o registrate per piattaforme di video sharing, aggiungendo un livello personale alla tua campagna di marketing.

Analisi e Adattamento

- **Valutazione delle Performance**: Dopo la pubblicazione dei materiali di marketing, utilizza ChatGPT per analizzare e riflettere sulle performance dei diversi contenuti. Questo include la valutazione dell'engagement sui social media, del traffico verso il sito web o della conversione in vendite, per identificare quali strategie sono state più efficaci e quali possono essere migliorate.

Attraverso l'esplorazione di queste strategie avanzate e l'utilizzo mirato di ChatGPT, puoi non solo ampliare significativamente la portata e l'efficacia dei tuoi sforzi promozionali ma anche stabilire una connessione più profonda e significativa con il tuo pubblico. Questo processo trasforma la promozione del tuo libro in un'opportunità per costruire una comunità di lettori appassionati e coinvolti, gettando le basi per il successo a lungo termine del tuo lavoro.

Proseguendo nell'approfondimento di strategie innovative per l'uso di ChatGPT nella creazione di materiali di marketing efficaci per il tuo libro, esploriamo ulteriori approcci che possono aiutarti a coinvolgere il pubblico, espandere la tua visibilità e rafforzare la tua presenza nel mercato editoriale.

Sviluppo di Contenuti Basati su Feedback

- **Analisi del Feedback dei Lettori**: Impiega ChatGPT per analizzare i feedback dei lettori sul tuo libro o sui tuoi materiali promozionali esistenti. Puoi poi utilizzare queste informazioni per generare contenuti che rispondano direttamente alle domande comuni, alle preoccupazioni o agli interessi espressi, creando una connessione più profonda con il tuo pubblico.

Personalizzazione dei Messaggi di Marketing

- **Segmentazione del Pubblico**: Usa ChatGPT per creare messaggi di marketing personalizzati per diversi segmenti del tuo pubblico. Ad esempio, potresti avere messaggi specifici per lettori affezionati, per coloro che sono interessati a un certo genere letterario o per coloro che cercano libri su temi specifici. La personalizzazione può aumentare significativamente l'efficacia della tua comunicazione.

Integrazione di Narrativa Transmediale

- **Esperienze Transmediali**: Considera l'uso di ChatGPT per concepire esperienze narrative transmediali che estendano la storia o i temi del tuo libro attraverso più piattaforme, da blog a video, passando per podcast e social media. Questo approccio può attirare e coinvolgere lettori che preferiscono formati diversi, espandendo il tuo pubblico.

Creazione di Campagne Email Tematiche

- **Serie di Email Tematiche**: Sviluppa con ChatGPT una serie di email tematiche che guidino i lettori attraverso aspetti interessanti del tuo libro, dal processo di scrittura alle ispirazioni dietro la storia, fino a discussioni approfondite su personaggi o temi. Queste campagne possono mantenere alto l'interesse e costruire anticipazione, specialmente prima di un lancio.

Utilizzo di Metadati per la Visibilità

- **Ottimizzazione dei Metadati**: Collabora con ChatGPT per assicurarti che i metadati del tuo libro - titolo, sottotitolo, descrizione, parole chiave, categorie - siano ottimizzati per la scoperta online. Un'attenta selezione dei metadati può migliorare significativamente la visibilità del tuo libro sulle piattaforme di vendita e nei motori di ricerca.

Promozione attraverso Contest e Giveaway

- **Organizzazione di Contest**: Ideate contest o giveaway che incoraggino i lettori a condividere il tuo libro sui social media, a lasciare recensioni, o a partecipare a sfide creative legate ai temi del libro. ChatGPT può aiutarti a formulare le regole del contest, i criteri di partecipazione e i messaggi promozionali.

Sviluppo di Partnership Strategiche

- **Collaborazioni con Entità Affini**: Identifica e sviluppa partnership con blogger, librai, club del libro, organizzazioni educative o altre entità che condividano interessi tematici con il tuo libro. ChatGPT può assisterti nella creazione di proposte di collaborazione e nella pianificazione di eventi congiunti o attività promozionali.

Analisi Competitiva per il Posizionamento

- **Studio dei Concorrenti**: Utilizza ChatGPT per effettuare una analisi competitiva, esaminando come altri libri simili sono stati promossi e identificando spazi nel mercato dove il tuo libro può distinguersi. Questa comprensione può guidare lo sviluppo di strategie di marketing uniche che evidenzino il valore distintivo del tuo lavoro.

Attraverso la continua esplorazione e implementazione di queste strategie avanzate, potrai sfruttare ChatGPT non solo come uno strumento per la generazione di contenuti, ma come un vero e proprio collaboratore nella pianificazione e realizzazione di una campagna di marketing complessa e stratificata. Questo approccio dinamico non solo massimizza la visibilità e l'attrattiva del tuo libro ma crea anche opportunità per connessioni significative con il tuo pubblico, stabilendo una solida base per il successo attuale e futuro delle tue pubblicazioni.

Proseguendo con l'esplorazione di strategie innovative per utilizzare ChatGPT nella creazione di materiali di marketing per il tuo libro, ci addentriamo in nuove dimensioni che possono arricchire ulteriormente la tua campagna promozionale e rafforzare la connessione con il tuo pubblico.

Valorizzazione attraverso Storytelling Digitale

- **Narrativa Digitale**: Sfrutta ChatGPT per creare esperienze di storytelling digitale che integrino il contenuto del tuo libro in formati interattivi online, come storie web multimediali, timeline interattive o mappe esplorabili. Questi formati possono attirare lettori che apprezzano l'immersione digitale e la scoperta attiva, estendendo il racconto oltre le pagine del libro.

Integrazione con Piattaforme di Podcasting

- **Podcast Tematici**: Considera l'utilizzo di ChatGPT per ideare e pianificare episodi di podcast che esplorino i temi, i retroscena o le curiosità legate al tuo libro. Collaborare con podcast esistenti o avviarne uno dedicato può essere un eccellente veicolo per raggiungere nuovi pubblici e approfondire i temi trattati nel tuo lavoro.

Utilizzo di Dati per Contenuti Personalizzati

- **Personalizzazione Basata sui Dati**: Impiega ChatGPT per analizzare dati e tendenze relativi al comportamento del tuo pubblico target, come le pagine più visitate sul tuo sito web o i post più popolari sui social media. Utilizza queste informazioni per creare contenuti altamente personalizzati che rispondano direttamente agli interessi del tuo pubblico.

Creazione di Esperienze di Realizzazione Virtuale

- **Eventi Virtuali Interattivi**: Usa ChatGPT per progettare e descrivere eventi virtuali interattivi, come reading online, workshop di scrittura creativa o sessioni di Q&A, dove i partecipanti possono impegnarsi attivamente con te e con il materiale del tuo libro. Questi eventi possono rafforzare il senso di comunità tra i lettori e offrire esperienze memorabili legate al tuo libro.

Strategie Visive sui Social Media

- **Contenuti Visivi Ottimizzati**: Chiedi a ChatGPT di aiutarti a concepire contenuti visivi accattivanti per i social media, come infografiche, meme letterari o quote grafiche tratte dal tuo libro. Questi contenuti possono aumentare l'engagement sui social media e rendere i temi del tuo libro immediatamente riconoscibili e condivisibili.

Ampliamento dell'Accessibilità del Contenuto

- **Accessibilità dei Materiali**: Assicurati che i tuoi materiali di marketing siano accessibili a un pubblico il più ampio possibile, includendo descrizioni alternative per le immagini e assicurando che i video abbiano sottotitoli. ChatGPT può assisterti nella creazione di testi accessibili che accompagnino i tuoi contenuti visivi e multimediali.

Feedback e Iterazione Continua

- **Ciclo di Feedback**: Stabilisci un processo per raccogliere e analizzare il feedback sulle tue campagne di marketing, utilizzando ChatGPT per elaborare recensioni, commenti e altre forme di feedback dei lettori. Questo ciclo di feedback può guidare l'iterazione e il miglioramento continuo dei tuoi materiali di marketing, assicurando che rimangano rilevanti e coinvolgenti.

Monitoraggio e Analisi delle Performance

- **Analisi delle Prestazioni**: Impiega ChatGPT per generare report sulle prestazioni dei tuoi materiali di marketing attraverso vari canali, identificando quali strategie generano il maggior engagement, conducono a conversioni o stimolano discussioni. Queste analisi possono informare decisioni strategiche future e aiutare a ottimizzare gli sforzi promozionali.

Attraverso l'impiego di queste strategie avanzate, l'utilizzo di ChatGPT nella creazione di materiali di marketing per il tuo libro diventa una componente dinamica e flessibile della tua strategia promozionale complessiva. Questo approccio non solo ti permette di coinvolgere il tuo pubblico in modi sempre nuovi e creativi ma anche di adattare e affinare continuamente le tue tecniche promozionali in risposta alle esigenze e alle preferenze in evoluzione del tuo pubblico, massimizzando così l'impatto e la portata del tuo lavoro nel mondo digitale e oltre.

Proseguendo nell'approfondimento delle strategie per utilizzare ChatGPT nella creazione di materiali di marketing per promuovere il tuo libro, esaminiamo ulteriori approcci che possono arricchire la tua campagna promozionale, rendendola ancora più efficace e coinvolgente per un vasto pubblico.

Ampliamento delle Strategie di Narrazione Transmediale

- **Narrative Espansive**: Utilizza ChatGPT per esplorare e sviluppare narrazioni transmediali che estendano gli elementi narrativi o tematici del tuo libro oltre i suoi confini tradizionali. Questo potrebbe includere la creazione di miniserie di storie brevi su blog, episodi podcast che approfondiscano il background dei personaggi, o contenuti di realtà aumentata che offrano ai lettori esperienze immersive.

Utilizzo di Piattaforme di Microblogging per Aumentare l'Engagement

- **Engagement su Piattaforme di Microblogging**: Concentrati su piattaforme di microblogging come Twitter o Tumblr per condividere citazioni brevi, insight sul processo di scrittura, o sfide creative legate al tuo libro. ChatGPT può generare contenuti accattivanti che si adattano al limite di caratteri di queste piattaforme, stimolando la curiosità e l'interazione.

Creazione di Contenuti Tematici per Blog e Siti Web

- **Articoli Tematici Profondi**: Chiedi a ChatGPT di aiutarti a ideare e redigere articoli di blog o pagine web che approfondiscano i temi trattati nel tuo libro, fornendo contesto aggiuntivo, risorse bibliografiche, o collegamenti a questioni sociali attuali. Questi contenuti possono posizionarti come esperto nel tuo campo e aumentare l'autorità del tuo sito agli occhi dei motori di ricerca e dei lettori.

Collaborazione con Community Online e Forum

- **Interazione con Community Online**: Identifica community online, forum o gruppi di discussione dove i temi del tuo libro risuonano particolarmente e partecipa attivamente a queste conversazioni. ChatGPT può aiutarti a formulare contributi significativi che stimolino l'interesse per il tuo libro senza apparire promozionali.

Strategie di Gamification per la Promozione del Libro

- **Elementi di Gamification**: Considera l'integrazione di elementi di gioco nelle tue strategie di marketing, come la creazione di un'avventura o caccia al tesoro online che conduca i partecipanti attraverso indizi legati ai temi o alla trama del tuo libro. ChatGPT può assisterti nella creazione di enigmi, indizi narrativi o quiz che incrementino l'engagement e offrano premi incentrati sul tuo libro.

Sfruttamento delle Recensioni per Creare Contenuti

- **Showcase di Recensioni**: Utilizza le recensioni positive come base per contenuti sui social media, evidenziando feedback entusiastici o storie di lettori che hanno trovato valore nel tuo libro. ChatGPT può aiutarti a selezionare e adattare questi feedback in post visivamente accattivanti che celebri i tuoi lettori e incoraggi altri a scoprire il tuo lavoro.

Monitoraggio delle Tendenze per Contenuti Attuali

- **Analisi delle Tendenze**: Rimani aggiornato sulle tendenze attuali nei social media, nella cultura pop, o nei dibattiti pubblici che potrebbero essere collegati ai temi del tuo libro. ChatGPT può generare contenuti che aggancino queste tendenze, rendendo il tuo libro rilevante per le conversazioni in corso e attirando l'attenzione su di esso in modo organico.

Riflessione Continua e Adattabilità

- **Iterazione Basata sui Risultati**: Usa ChatGPT per riflettere regolarmente sull'efficacia delle varie strategie di marketing implementate, valutando ciò che ha funzionato, ciò che non ha funzionato e perché. Questa riflessione continua consente di adattare e affinare le tue strategie in modo dinamico, ottimizzando l'uso delle risorse e massimizzando l'impatto delle tue campagne promozionali.

Attraverso l'impiego di queste tecniche avanzate e l'adattamento continuo basato su feedback e risultati, l'utilizzo di ChatGPT nella creazione di materiali di marketing diventa un processo evolutivo. Questo approccio non solo ti consente di mantenere il tuo marketing fresco e rilevante ma stabilisce anche una connessione profonda e duratura con il tuo pubblico, creando una base solida per il successo a lungo termine del tuo libro nel mercato editoriale.

Proseguendo con la nostra esplorazione approfondita sulle strategie di marketing e promozione utilizzando ChatGPT per il tuo libro, ci immergiamo in ulteriori tattiche innovative e considerazioni per ottimizzare la tua presenza nel mercato e coinvolgere efficacemente il tuo pubblico target.

Sviluppo di Contenuti Ispirati ai Lettori

- **Storie di Successo dei Lettori**: Utilizza ChatGPT per elaborare storie di successo o casi di studio dei lettori che hanno trovato un valore aggiunto grazie al tuo libro. Questo tipo di contenuto, che può essere condiviso sui social media o incorporato in newsletter, serve non solo

come prova sociale ma anche come fonte di ispirazione
per potenziali lettori.

Utilizzo di Dati per Narrazioni Personalizzate

- **Narrativa Basata sui Dati**: Raccogli dati sui tuoi
  lettori tramite sondaggi, interazioni sui social media, o
  analisi del traffico web e usa ChatGPT per creare
  narrazioni personalizzate che riflettano le esperienze e le
  preferenze del tuo pubblico. Questo approccio consente
  di personalizzare i tuoi messaggi di marketing in modo
  che risuonino più profondamente con le esigenze e gli
  interessi specifici dei tuoi lettori.

Innovazione nel Formato dei Contenuti

- **Sperimentazione con Nuovi Formati**: Esplora
  formati di contenuto emergenti o meno convenzionali che
  potrebbero attirare l'attenzione su di te e sul tuo libro. Ad
  esempio, potresti creare filtri AR per Instagram che i
  lettori possono usare per "immergersi" in scene del tuo
  libro, o utilizzare piattaforme di storytelling interattivo
  per condividere anteprime narrative. ChatGPT può
  assisterti nell'ideare concetti creativi e nella stesura di
  script o contenuti per questi formati innovativi.

Coinvolgimento della Community Locale

- **Partnership Locali**: Non trascurare il potere del
  coinvolgimento locale. Collabora con biblioteche, scuole,
  università, e piccole imprese nella tua area per
  organizzare eventi di lettura, workshop o presentazioni.
  ChatGPT può aiutarti a formulare proposte di
  collaborazione e materiali promozionali che evidenzino il
  valore aggiunto del tuo libro per queste comunità.

Valorizzazione attraverso l'Artigianalità Narrativa

- **Workshop di Scrittura e Narrazione**: Offri workshop online o di persona che sfruttino i temi, le tecniche narrative, o i processi di ricerca dietro il tuo libro. Usa ChatGPT per sviluppare piani di lezione, esercizi di scrittura creativa, o materiali didattici che possano arricchire queste sessioni, fornendo al contempo visibilità al tuo lavoro.

Monitoraggio e Risposta alle Tendenze

- **Reattività alle Tendenze Culturali**: Mantieniti aggiornato sulle tendenze culturali, sociali e di mercato, utilizzando ChatGPT per generare contenuti che rispondano o si allineino con queste dinamiche. Che si tratti di partecipare a discussioni online su temi caldi o di creare contenuti che riflettano gli interessi emergenti, l'aggancio a queste tendenze può aumentare la rilevanza del tuo libro.

Misurazione dell'Impatto e Ottimizzazione

- **Analisi e Ottimizzazione Continua**: Utilizza ChatGPT per aiutarti a rivedere e analizzare l'impatto delle diverse strategie di marketing implementate, identificando ciò che funziona meglio per il tuo libro e il tuo pubblico. Sii pronto ad adattare e perfezionare continuamente i tuoi approcci in base ai risultati ottenuti, alle feedback dei lettori e alle mutevoli dinamiche del mercato.

Attraverso la continua esplorazione e implementazione di queste strategie avanzate, potrai sfruttare ChatGPT come uno strumento dinamico e versatile per arricchire e diversificare i tuoi sforzi promozionali. Questo approccio non solo ti permette di mantenere il tuo marketing fresco e pertinente ma stabilisce anche una connessione più profonda e significativa con il tuo pubblico, creando una solida base per il successo a lungo termine del tuo libro nel competitivo paesaggio editoriale di oggi.

Proseguendo nell'approfondimento delle strategie per l'utilizzo di ChatGPT nella creazione di materiali di marketing innovativi per il tuo libro, esaminiamo altre tecniche e approcci che possono ulteriormente ampliare la portata della tua campagna promozionale e creare una connessione autentica e duratura con il tuo pubblico.

Creazione di Serie Tematiche sui Social Media

- **Serie di Post Tematici**: Sviluppa, con l'aiuto di ChatGPT, serie tematiche di post per i social media che esplorino differenti aspetti del tuo libro in modo approfondito. Questo può includere la disamina di personaggi chiave, l'esplorazione di temi centrali o la condivisione di ispirazioni dietro specifiche scene. L'approccio seriale mantiene il pubblico impegnato e anticipa i contenuti futuri.

Utilizzo di ChatGPT per Q&A Interattivi

- **Sessioni di Domande e Risposte**: Programma sessioni di Q&A dove tu, assistito da ChatGPT, rispondi in tempo reale alle domande dei lettori sui social media o tramite webinar. Preparati in anticipo con ChatGPT per elaborare risposte a possibili domande frequenti, assicurando interazioni fluide e informative.

Costruzione di Esperienze Immersive

- **Realtà Aumentata e Virtuale**: Esplora l'uso di tecnologie di realtà aumentata (AR) o virtuale (VR) per creare esperienze immersive legate al tuo libro. ChatGPT può aiutarti a ideare scenari o tour virtuali che estendano l'universo del tuo libro, offrendo ai lettori nuovi modi per interagire con i suoi contenuti.

Implementazione di Campagne di Marketing Virale

- **Ideazione di Contenuti Virali**: Chiedi a ChatGPT di generare idee per contenuti potenzialmente virali che possano catturare l'attenzione su larga scala. Questo potrebbe includere la creazione di meme ispirati al libro, video brevi ad alto impatto o sfide social che incoraggino la partecipazione della community.

Promozione attraverso Storytelling Visivo

- **Narrativa Visiva su Piattaforme di Condivisione**: Sfrutta piattaforme come Instagram, Pinterest o YouTube per raccontare storie visive che catturino l'essenza del tuo libro. ChatGPT può aiutarti a sviluppare concetti narrativi che si traducano efficacemente in contenuti visivi, dal design di infografiche a storyboard per video.

Integrazione con Piattaforme Editoriali Online

- **Pubblicazioni Guest e Collaborazioni**: Utilizza ChatGPT per redigere proposte per pubblicazioni guest o per collaborazioni con blog e siti web tematicamente rilevanti. Queste piattaforme possono offrire l'opportunità di raggiungere nuovi pubblici e di posizionare te stesso come autorità nel genere o nell'argomento trattato dal tuo libro.

Sviluppo di Guide e Risorse Complementari

- **Materiali Didattici e Guide**: Crea, con l'assistenza di ChatGPT, guide di studio, kit per club del libro o materiali didattici che accompagnino il tuo libro. Offrire queste risorse può non solo arricchire l'esperienza di lettura ma anche incentivare l'adozione del tuo libro in contesti educativi o di gruppo.

Engagement tramite Newsletter Personalizzate

- **Newsletter Segmentate**: Progetta newsletter altamente personalizzate per segmenti specifici del tuo pubblico, utilizzando ChatGPT per adattare il tono e il contenuto alle esigenze e agli interessi di ciascun gruppo. Questa strategia può aumentare il coinvolgimento e rafforzare il senso di comunità tra i tuoi lettori.

Attraverso l'esplorazione e l'attuazione di queste strategie avanzate, l'impiego di ChatGPT diventa un elemento centrale della tua campagna di marketing, permettendoti di navigare il panorama promozionale con creatività, agilità e una profonda comprensione del tuo pubblico. Questo approccio olistico non solo massimizza l'impatto e la vis

Concludendo questa esplorazione dettagliata e approfondita sulle strategie innovative per utilizzare ChatGPT nella creazione di materiali di marketing per il tuo libro, abbiamo attraversato un vasto territorio di possibilità creative e tattiche promozionali. Dall'ideazione di contenuti virali alla personalizzazione di campagne per segmenti specifici del pubblico, l'obiettivo è stato quello di fornire una panoramica completa su come massimizzare l'efficacia dei tuoi sforzi di marketing sfruttando le capacità avanzate di ChatGPT.

Sinossi delle Strategie Avanzate

- Abbiamo esplorato l'uso di **serie tematiche sui social media**, **sessioni Q&A interattive**, e l'impiego di **tecnologie immersive** come la realtà aumentata e virtuale per arricchire l'esperienza dei lettori.

- Abbiamo discusso l'importanza di creare **contenuti visivi e narrativi** che sfruttino piattaforme come Instagram, Pinterest, e YouTube, e come queste strategie possano catturare efficacemente l'attenzione del pubblico.

- Abbiamo considerato l'utilità di stabilire **collaborazioni con piattaforme editoriali online**, la creazione di **guide e materiali didattici complementari**, e l'elaborazione di **newsletter personalizzate** per coinvolgere diversi segmenti di pubblico.

Riflessioni Finali e Considerazioni

La chiave per un marketing di successo del tuo libro risiede nella capacità di adattarsi e rispondere dinamicamente alle esigenze e agli interessi del tuo pubblico, creando contenuti che non solo promuovano il tuo lavoro ma anche arricchiscano e coinvolgano i lettori a un livello più profondo. La collaborazione con ChatGPT apre la porta a un'infinità di possibilità creative, permettendoti di esplorare nuovi formati, idee e strategie di engagement con un livello di personalizzazione e innovazione senza precedenti.

Implementazione e Monitoraggio

Implementare queste strategie richiede un approccio olistico e iterativo, dove la valutazione continua e l'adattamento alle feedback dei lettori sono cruciali. L'utilizzo di ChatGPT come strumento per generare e affinare i contenuti di marketing dovrebbe essere accompagnato da un attento monitoraggio delle prestazioni di ciascuna iniziativa promozionale, permettendoti di identificare ciò che risuona maggiormente con il tuo pubblico e di ottimizzare le future campagne di conseguenza.

Verso il Futuro

Mentre procedi nel promuovere il tuo libro, ricorda che il successo nel marketing editoriale si costruisce sulla genuinità, sulla creazione di valore aggiunto per i tuoi lettori e sulla costruzione di una comunità intorno al tuo lavoro. Le strategie discusse qui, sebbene ampie e variegate, sono solo il punto di partenza. La tua creatività, la tua passione per il tuo libro e la tua volontà di esplorare nuove frontiere promozionali sono gli elementi che, alla fine, definiranno il successo della tua campagna di marketing.

In conclusione, l'impiego di ChatGPT nella creazione di materiali di marketing rappresenta un'avventura entusiasmante e innovativa nel mondo della promozione editoriale. Con il giusto mix di strategie, un approccio focalizzato sui lettori, e la sperimentazione continua, puoi non solo amplificare la visibilità del tuo libro ma anche creare un legame duraturo e significativo con il tuo pubblico.

15. Pubblicazione: Consigli su come preparare il tuo manoscritto per la pubblicazione utilizzando ChatGPT, inclusa la formattazione e la scelta tra autopubblicazione e editori tradizionali.

La preparazione del tuo manoscritto per la pubblicazione è un passo cruciale che richiede attenzione ai dettagli, dalla formattazione alla decisione tra autopubblicazione e lavorare con editori tradizionali. Utilizzare ChatGPT in questo processo può aiutarti a navigare nelle varie fasi, ottimizzando il tuo manoscritto per la pubblicazione. Ecco alcuni consigli su come procedere.

Preparazione e Formattazione del Manoscritto

1. **Guida alla Formattazione**: Chiedi a ChatGPT le linee guida generali sulla formattazione di un manoscritto per la pubblicazione. Questo include margini, dimensioni del carattere, stile del carattere (generalmente Times New Roman o Arial, 12 pt), interlinea (di solito doppia) e l'uso

di intestazioni o piedi di pagina per numeri di pagina e titoli di capitolo.

2. **Struttura del Manoscritto**: Utilizza ChatGPT per comprendere la struttura standard di un manoscritto, inclusi gli elementi necessari come la pagina del titolo, l'indice, i capitoli, le note finali, la bibliografia e gli allegati.

3. **Checklist per la Revisione**: Crea, con l'aiuto di ChatGPT, una checklist dettagliata per la revisione del tuo manoscritto prima della sottomissione. Questo dovrebbe includere la verifica di coerenza, grammatica, punteggiatura e la presenza di tutti i componenti necessari del manoscritto.

Decisione tra Autopubblicazione e Editori Tradizionali

4. **Vantaggi e Svantaggi**: Chiedi a ChatGPT di elencare i vantaggi e gli svantaggi dell'autopubblicazione rispetto alla scelta di un editore tradizionale. L'autopubblicazione offre più controllo creativo e una quota maggiore di royalties, ma richiede anche un impegno significativo in termini di marketing e distribuzione. Gli editori tradizionali, d'altra parte, forniscono expertise editoriale, marketing e distribuzione, ma con tempi più lunghi per la pubblicazione e minor controllo creativo.

5. **Preparazione per la Proposta**: Se scegli la via dell'editore tradizionale, utilizza ChatGPT per aiutarti a preparare una proposta di libro o una lettera di query efficace. Questo documento dovrebbe catturare l'essenza del tuo libro, il tuo pubblico di destinazione, e perché sarebbe una buona aggiunta al catalogo dell'editore.

Considerazioni sull'Autopubblicazione

6. **Piattaforme di Autopubblicazione**: Esplora le diverse piattaforme di autopubblicazione disponibili, come Amazon Kindle Direct Publishing, IngramSpark o Draft2Digital. Chiedi a ChatGPT pro e contro di ciascuna piattaforma per aiutarti a decidere quale sia la più adatta per il tuo libro.

7. **Design della Copertina**: Considera l'importanza di una copertina professionale. Puoi chiedere a ChatGPT suggerimenti su come trovare un designer di copertine o utilizzare strumenti online se decidi di procedere da solo.

Preparazione per il Marketing e la Distribuzione

8. **Strategie di Marketing**: Indipendentemente dalla via di pubblicazione scelta, avrai bisogno di un piano di marketing. Utilizza ChatGPT per generare idee di marketing, identificare il tuo pubblico di destinazione e pianificare la promozione attraverso i social media, il content marketing e altre tecniche.

9. **Distribuzione**: Raccogli informazioni su come distribuire il tuo libro. Nell'autopubblicazione, le piattaforme offrono opzioni per listare il tuo libro su importanti rivenditori online. Per l'editoria tradizionale, informazioni su come l'editore gestisce la distribuzione possono aiutarti a comprendere il potenziale raggio d'azione del tuo libro.

Feedback e Iterazione

10. **Raccolta di Feedback**: Prima della pubblicazione finale, considera di raccogliere feedback su parti del tuo manoscritto o sulla copertina del libro. ChatGPT può assisterti nella creazione di sondaggi o nel formulare richieste di feedback che puoi condividere con lettori beta o tramite i social media.

Ricorda, la preparazione per la pubblicazione è un processo complesso che va ben oltre la semplice scrittura. È una fase che richiede riflessione strategica, pianificazione e un po' di ricerca. Utilizzare ChatGPT lungo questo percorso può fornirti assistenza preziosa, dalla formattazione del manoscritto alla preparazione per il marketing e la distribuzione, aiutandoti a prendere decisioni informate e ottimizzando il tuo percorso verso la pubblicazione.

Proseguendo nell'esplorazione delle strategie per preparare il tuo manoscritto alla pubblicazione e massimizzare il suo impatto sul mercato, approfondiamo ulteriori aspetti che possono arricchire la tua strategia editoriale, sfruttando le capacità di ChatGPT per affrontare ogni sfida con informazioni aggiornate e consigli su misura.

Gestione dei Diritti d'Autore e Protezione del Lavoro

- **Consulenza sui Diritti d'Autore**: Utilizza ChatGPT per ottenere una panoramica generale sui diritti d'autore e su come proteggere il tuo lavoro prima della pubblicazione. Anche se ChatGPT non sostituisce il consiglio di un avvocato specializzato, può fornirti informazioni di base che ti aiuteranno a comprendere l'importanza di registrare il tuo lavoro e quali passi intraprendere per assicurarti che sia protetto.

Preparazione per la Revisione Professionale

- **Ricerca di Revisori**: Chiedi a ChatGPT di aiutarti a identificare potenziali revisori professionisti o servizi di editing basati sul genere del tuo libro e sul tuo budget. Una revisione professionale non solo migliorerà la qualità del tuo manoscritto correggendo errori grammaticali e di continuità ma potrà anche offrire suggerimenti per migliorare la struttura narrativa e il flusso del testo.

Considerazioni sulla Scelta dell'ISBN

- **Guida all'Acquisto dell'ISBN**: L'International Standard Book Number (ISBN) è fondamentale per la distribuzione e la vendita del tuo libro. ChatGPT può guidarti attraverso il processo di acquisizione di un ISBN, spiegando i vantaggi di possederne uno proprio rispetto all'utilizzo di un ISBN fornito da una piattaforma di autopubblicazione, che può limitare le tue opzioni di distribuzione.

Sviluppo di Materiale Promozionale Aggiuntivo

- **Creazione di Press Kit**: Utilizza ChatGPT per sviluppare un press kit efficace che includa una biografia dell'autore, una sinossi del libro, recensioni (se disponibili), immagini ad alta risoluzione della copertina del libro e informazioni di contatto. Un press kit ben realizzato è essenziale per attirare l'attenzione dei media, dei blogger e degli influencer del settore.

Strategie di Lancio del Libro

- **Pianificazione del Lancio**: Elabora, con l'aiuto di ChatGPT, una strategia di lancio dettagliata che includa eventi virtuali o fisici, partecipazione a fiere del libro, sessioni di firma copie e altre attività promozionali. Una pianificazione strategica e tempestiva può significativamente aumentare la visibilità del tuo libro al momento della pubblicazione.

Valutazione delle Opzioni di Pubblicazione Ibrida

- **Esplorazione della Pubblicazione Ibrida**: Se sei indeciso tra autopubblicazione e editori tradizionali, considera la pubblicazione ibrida, che combina elementi di entrambi. Chiedi a ChatGPT di fornirti prospettive sull'industria editoriale ibrida, aiutandoti a valutare se questa potrebbe essere la scelta giusta per te in base ai tuoi obiettivi di pubblicazione e alle tue esigenze di marketing.

Ottimizzazione della Presenza Online dell'Autore

- **Brand Personale dell'Autore**: Lavora con ChatGPT per rafforzare il tuo brand personale come autore. Questo include la creazione o l'ottimizzazione del tuo sito web, l'attivazione e l'aggiornamento dei profili sui social media, e lo sviluppo di una strategia di contenuto che stabilisca la tua voce unica e ti connetta con il tuo pubblico target.

Monitoraggio e Adattamento Post-Pubblicazione

- **Feedback e Iterazione**: Dopo la pubblicazione, continua a utilizzare ChatGPT per monitorare il feedback dei lettori e le prestazioni di vendita del tuo libro. Analizza queste informazioni per adattare le tue strategie di marketing e promozionali, identificando aree di successo e opportunità di miglioramento. L'adattabilità e la capacità di rispondere alle dinamiche del mercato sono essenziali per mantenere e incrementare la visibilità del tuo libro nel tempo.

Utilizzo delle Recensioni per la Crescita

- **Analisi delle Recensioni**: Sfrutta ChatGPT per estrarre temi comuni e punti di forza o debolezza evidenziati nelle recensioni dei lettori. Questa analisi può informare le revisioni future del tuo libro, oltre a guidare lo sviluppo di nuovi progetti. Può anche aiutarti a identificare e coinvolgere con i lettori più appassionati, che possono diventare avvocati del tuo marchio.

Espansione della Tua Offerta di Contenuti

- **Prodotti Derivati**: Esplora con ChatGPT la possibilità di creare contenuti o prodotti derivati dal tuo libro, come corsi online, seminari, merchandise o addirittura adattamenti per altri media. Questi prodotti possono aumentare l'engagement del pubblico e aprire nuove fonti di reddito.

Rafforzamento della Community di Lettori

- **Costruzione di una Community**: Utilizza ChatGPT per ideare strategie volte a costruire e rafforzare una community attorno al tuo libro e al tuo brand come autore. Questo può includere la creazione di gruppi dedicati sui social media, la conduzione di eventi interattivi online e la partecipazione a discussioni relative al tuo genere o ai temi del tuo libro.

Ottimizzazione della Strategia di Prezzo

- **Strategia di Pricing Dinamico**: Discuti con ChatGPT approcci per una strategia di prezzo dinamica basata sull'analisi del mercato, sulle promozioni stagionali o sugli eventi speciali. La flessibilità nel pricing può aiutarti a massimizzare le vendite e ad adattarti alle variazioni della domanda nel corso del tempo.

Sviluppo di Partnership Strategiche

- **Collaborazioni e Sponsorizzazioni**: Identifica potenziali collaborazioni o sponsorizzazioni che possono elevare la visibilità del tuo libro. ChatGPT può assisterti nel delineare proposte di valore per potenziali partner, siano essi influencer, organizzazioni educative, o aziende con un pubblico sovrapposto al tuo.

Investimento in Apprendimento Continuo

- **Aggiornamento delle Competenze**: Considera l'utilizzo di ChatGPT come uno strumento per l'apprendimento continuo, rimanendo al passo con le ultime tendenze nel marketing editoriale, nella scrittura creativa e nella gestione dei diritti d'autore. Questo impegno nell'apprendimento ti assicurerà di rimanere competitivo e innovativo nel panorama editoriale in evoluzione.

Misurazione dell'Impatto a Lungo Termine

- **Valutazione dell'Impatto Complessivo**: Infine, utilizza ChatGPT per valutare l'impatto complessivo del tuo libro, non solo in termini di vendite e recensioni, ma anche riguardo al suo contributo al discorso culturale, sociale o accademico. Questa valutazione olistica può offrire intuizioni preziose per la tua crescita come autore e influenzare la direzione dei tuoi futuri progetti letterari.

Attraverso l'implementazione di queste strategie avanzate e la continua iterazione basata sui risultati ottenuti, puoi sfruttare ChatGPT come un potente alleato nella promozione e nella crescita del successo del tuo libro. Questo approccio multidimensionale, che abbraccia sia le tattiche promozionali tradizionali che quelle innovative, ti posiziona per massimizzare il tuo impatto nel mercato editoriale e costruire una carriera letteraria duratura e significativa.

Proseguendo nell'approfondimento di come sfruttare al meglio ChatGPT per la pubblicazione e la promozione del tuo libro, ci immergiamo in ulteriori strategie che possono ampliare il tuo raggio d'azione e rafforzare la tua presenza nel settore editoriale.

Focalizzazione su Nicchie di Mercato

- **Identificazione di Nicchie Specifiche**: Utilizza ChatGPT per esplorare e identificare nicchie di mercato specifiche che potrebbero essere particolarmente interessate al tuo libro. Creare contenuti mirati per questi gruppi può aumentare l'efficacia della tua strategia di marketing, permettendoti di raggiungere lettori altamente motivati e impegnati.

Sfruttamento dei Dati per Insight sul Pubblico

- **Analisi Approfondita del Pubblico**: Chiedi a ChatGPT di aiutarti ad analizzare i dati disponibili sul tuo pubblico, inclusi comportamenti di acquisto, preferenze e tendenze di lettura. Queste informazioni possono informare la personalizzazione dei tuoi messaggi di marketing e la scelta dei canali promozionali più efficaci.

Implementazione di Campagne di Retargeting

- **Campagne di Retargeting**: Esplora l'utilizzo di campagne di retargeting per raggiungere lettori che hanno mostrato interesse per il tuo libro ma non hanno completato l'acquisto. ChatGPT può generare idee per messaggi di retargeting creativi e persuasivi che riaccendano l'interesse e incoraggino l'azione.

Ottimizzazione delle Pagine di Vendita

- **Miglioramento delle Pagine di Vendita**: Assicurati che le pagine di vendita del tuo libro, sia sui negozi online che sul tuo sito web, siano ottimizzate per convertire l'interesse in acquisti. ChatGPT può aiutarti a redigere descrizioni del libro avvincenti, mettere in evidenza recensioni positive e integrare parole chiave rilevanti per la SEO.

Utilizzo di Contenuti Generati dagli Utenti

- **Promozione attraverso UGC (User-Generated Content)**: Incoraggia i tuoi lettori a condividere le loro esperienze con il tuo libro attraverso recensioni, post sui social media, o video. Questo tipo di contenuto autentico può essere estremamente persuasivo per potenziali lettori. ChatGPT può suggerirti modi per incentivare e utilizzare efficacemente l'UGC nella tua strategia promozionale.

Esplorazione di Formati di Contenuto Alternativi

- **Formati Innovativi**: Non limitarti ai formati di contenuto tradizionali. Sperimenta con webinar, podcast, video animati o realtà aumentata per raccontare storie uniche attorno al tuo libro. ChatGPT può assisterti nella pianificazione e sviluppo di questi contenuti innovativi.

Creazione di Esperienze di Lancio Memorabili

- **Eventi di Lancio Unici**: Organizza eventi di lancio del libro che vadano oltre le letture standard, come workshop tematici, dibattiti o esperienze immersive che riflettano i temi del tuo libro. Utilizza ChatGPT per ideare eventi che lascino un'impressione duratura sui partecipanti.

Misurazione e Analisi del ROI

- **Valutazione del Ritorno sull'Investimento (ROI)**: Imposta sistemi per misurare il ritorno sull'investimento delle tue attività promozionali, considerando sia i costi diretti che l'impatto a lungo termine sulla visibilità del tuo libro e sulla costruzione del tuo brand come autore. ChatGPT può aiutarti a formulare metriche di valutazione e a interpretare i dati raccolti.

Attraverso l'esplorazione e l'applicazione di queste strategie avanzate, l'uso di ChatGPT diventa un elemento chiave nella tua cassetta degli attrezzi promozionali, offrendoti la flessibilità di adattarti alle mutevoli dinamiche del mercato editoriale e di connetterti con il tuo pubblico in modi sempre nuovi e significativi. Questo approccio olistico e adattabile non solo massimizza la visibilità e l'impatto del tuo libro ma crea anche le basi per una relazione duratura e impegnata con i tuoi lettori, stabilendo una presenza solida e riconoscibile nel settore editoriale.

Integrazione con Tecnologie Emergenti

- **Tecnologie Emergenti**: Esamina come le nuove tecnologie, come l'intelligenza artificiale, la blockchain per la gestione dei diritti d'autore, o le piattaforme di realtà virtuale, possono essere sfruttate per promuovere il tuo libro. ChatGPT può offrire una panoramica di queste tecnologie e suggerire modi innovativi per integrarle nella tua strategia di marketing e distribuzione.

Approfondimento delle Collaborazioni Creative

- **Collaborazioni Creative Estese**: Oltre alle partnership con influencer o entità editoriali, considera collaborazioni con artisti, musicisti, o sviluppatori di giochi per creare esperienze trasversali che arricchiscano il mondo del tuo libro. ChatGPT può aiutarti a identificare potenziali collaboratori e a sviluppare proposte che allineino visioni creative con obiettivi promozionali condivisi.

Personalizzazione Massima per il Lettore

- **Esperienze Personalizzate**: Sviluppa, con l'aiuto di ChatGPT, campagne di marketing che offrano esperienze altamente personalizzate ai tuoi lettori, come raccomandazioni di lettura personalizzate, percorsi di esplorazione tematica basati sulle preferenze individuali, o contenuti interattivi che si adattano in base all'interazione dell'utente. Questo livello di personalizzazione può notevolmente aumentare l'engagement e la fedeltà del lettore.

Sostenibilità e Impatto Sociale

- **Marketing con una Missione**: Integra nella tua strategia di marketing un elemento di sostenibilità o impatto sociale, legando la promozione del tuo libro a cause importanti o iniziative benefiche. ChatGPT può aiutarti a esplorare come il tuo libro e le sue tematiche si connettono a questioni più ampie e a comunicare queste connessioni in modo autentico e impattante.

Uso Strategico dei Dati per il Targeting

- **Analisi Predittiva e Targeting**: Sfrutta l'analisi predittiva e le tecniche di targeting avanzate per ottimizzare la distribuzione dei tuoi messaggi promozionali. ChatGPT, integrato con strumenti di analisi dei dati, può offrire insight su tendenze di mercato emergenti, comportamenti dei lettori, e segmenti di pubblico non ancora saturati.

Narrativa Estesa e Universi di Contenuto

- **Espansione dell'Universo Narrativo**: Valuta la possibilità di espandere l'universo narrativo del tuo libro oltre la storia principale, creando prequel, sequel, storie laterali o contenuti che esplorino il background dei personaggi o dell'ambientazione in modo più dettagliato. ChatGPT può assisterti nella generazione di idee e nella stesura di questi contenuti aggiuntivi, che possono servire come potenti strumenti di engagement.

Valutazione Continua e Aggiustamenti Strategici

- **Feedback Loop e Aggiustamenti**: Infine, stabilisci un feedback loop continuo che ti permetta di monitorare le reazioni dei lettori e l'efficacia delle varie tattiche promozionali. ChatGPT può aiutarti ad analizzare feedback e dati di performance, suggerendo aggiustamenti strategici per mantenere la tua campagna di marketing agile e reattiva alle esigenze del pubblico e alle dinamiche del mercato.

Attraverso l'adozione di queste strategie avanzate e l'impiego flessibile di ChatGPT come strumento di supporto, puoi navigare con successo nel paesaggio complesso della pubblicazione e promozione del libro, garantendo che il tuo lavoro non solo raggiunga ma anche risuoni profondamente con il tuo pubblico target, costruendo le fondamenta per un successo duraturo e un impatto significativo nel mondo letterario.

Continuando a esplorare le strategie per utilizzare ChatGPT nella pubblicazione e promozione del tuo libro, approfondiamo ulteriori tattiche e considerazioni per ottimizzare la tua presenza sul mercato e rafforzare l'engagement con i lettori.

Ottimizzazione delle Piattaforme di Self-Publishing

- **Esplorazione Avanzata delle Piattaforme di Autopubblicazione**: Dedica del tempo a comprendere in profondità le caratteristiche e gli strumenti offerti dalle piattaforme di autopubblicazione. ChatGPT può fornirti una panoramica comparativa e suggerimenti su come massimizzare la visibilità e le vendite attraverso queste piattaforme, inclusa l'ottimizzazione delle parole chiave, la selezione delle categorie più efficaci e la strategia di pricing dinamico.

Creazione di Contenuti Cross-Platform

- **Strategie Cross-Platform per Contenuti**: Sviluppa contenuti che possano essere facilmente adattati e condivisi su diverse piattaforme, da blog a social media fino a newsletter. Utilizza ChatGPT per generare idee di contenuto che siano flessibili e risonanti su più canali, garantendo coerenza del messaggio e massimizzazione del reach.

Sviluppo di Serie Web o Podcast

- **Lancio di Serie Web o Podcast Relative al Libro**: Considera la creazione di una serie web o di un podcast che approfondisca i temi, i personaggi o il processo creativo dietro al tuo libro. ChatGPT può assisterti nella pianificazione di episodi, nella scrittura di script e nella proposta di formati interattivi che coinvolgano il pubblico e approfondiscano la connessione con il tuo lavoro.

Coinvolgimento Attivo in Comunità Online

- **Partecipazione Attiva in Comunità e Forum**: Identifica comunità online dove i temi del tuo libro risuonano particolarmente e diventa un membro attivo. Utilizza ChatGPT per articolare post che stimolino la discussione, offrano valore alla comunità e, indirettamente, promuovano il tuo libro in modo autentico.

Implementazione di Tecniche di SEO per Libri

- **SEO per la Visibilità del Libro**: Approfondisci le tecniche di SEO specifiche per migliorare la visibilità online del tuo libro. Chiedi a ChatGPT consigli su come ottimizzare la descrizione del tuo libro, i titoli dei capitoli e i contenuti correlati sul tuo sito web o blog per i motori di ricerca, aumentando così le possibilità che i potenziali lettori trovino il tuo lavoro.

Utilizzo di Dati Analytics per Guidare le Decisioni

- **Analisi dei Dati per Decisioni Informate**: Sfrutta gli analytics disponibili sulle piattaforme di vendita, sui social media e sul tuo sito web per guidare le tue decisioni promozionali. ChatGPT può aiutarti a interpretare questi dati, offrendo insight su cosa funziona meglio e suggerendo aggiustamenti alle tue strategie di marketing e contenuto.

Creazione di Esperienze di Lettura Interattive

- **Esperienze di Lettura Interattive Online**: Sviluppa esperienze di lettura interattive che coinvolgano i lettori in modi nuovi, utilizzando tecnologie web come le storie interattive o i libri game online che estendono l'universo del tuo libro. ChatGPT può fornirti idee creative e aiutarti a delineare la struttura di queste esperienze.

Sfruttamento delle Recensioni per Strategie di Contenuto

- **Strategie di Contenuto Basate sulle Recensioni**: Analizza le recensioni del tuo libro per estrarre temi e citazioni che possono essere utilizzati in materiali promozionali. ChatGPT può aiutarti a trasformare feedback positivi in testimonianze convincenti da utilizzare nei tuoi sforzi di marketing.

Attraverso l'impiego di queste strategie dettagliate, puoi sfruttare ChatGPT come un potente alleato nella preparazione, pubblicazione e promozione del tuo libro. Questo approccio non solo massimizza le opportunità di raggiungere e coinvolgere il tuo pubblico target ma stabilisce anche le fondamenta per una carriera letteraria di successo e soddisfacente, caratterizzata da una crescita continua e dall'adattabilità alle mutevoli dinamiche del mercato editoriale.

Concludendo questo esame approfondito e dettagliato sulle strategie per utilizzare ChatGPT nella preparazione, pubblicazione e promozione del tuo libro, abbiamo attraversato un'ampia gamma di tattiche innovative e considerazioni pratiche. Questo percorso ci ha offerto una panoramica su come ottimizzare ogni fase del processo editoriale, dalla formattazione iniziale del manoscritto alla scelta tra autopubblicazione e editori tradizionali, fino all'implementazione di campagne di marketing mirate e all'engagement del pubblico.

Abbiamo esplorato come:

- Preparare e formattare il manoscritto seguendo standard professionali, assicurando che il tuo lavoro sia presentato nel modo migliore possibile.

- Valutare i pro e i contro dell'autopubblicazione rispetto alla collaborazione con editori tradizionali, aiutandoti a prendere una decisione informata basata sui tuoi obiettivi specifici e sulle tue esigenze.

- Utilizzare ChatGPT per generare materiali di marketing creativi e coinvolgenti, dai post per blog e social media, alle descrizioni di libri e contenuti per email marketing, ampliando il tuo reach e coinvolgendo efficacemente il tuo pubblico.

- Implementare strategie di marketing cross-platform, sfruttare le tecnologie emergenti e creare esperienze di lettura interattive per distinguerti in un mercato editoriale affollato.

- Monitorare, analizzare e adattare le tue strategie promozionali basandoti sui feedback dei lettori e sui dati di performance per ottimizzare continuamente la tua presenza nel mercato.

La chiave del successo risiede nell'abilità di adattarsi, innovare e rimanere fedele alla tua visione creativa, mentre navighi le sfide e le opportunità del panorama editoriale contemporaneo. L'utilizzo di ChatGPT come risorsa nel processo di pubblicazione e promozione offre una flessibilità senza precedenti, permettendoti di esplorare nuovi orizzonti creativi e di connetterti con il tuo pubblico in modi sempre più significativi.

In conclusione, la preparazione, pubblicazione e promozione del tuo libro rappresentano un viaggio complesso e sfaccettato, ricco di opportunità per crescere come autore e per fare eco nel mondo con le tue parole. Armato di queste strategie e della potente assistenza di ChatGPT, sei meglio equipaggiato per navigare questo viaggio con fiducia, prontezza e un senso di scoperta continua, tracciando il tuo percorso unico nel vasto e vibrante universo letterario.

16. SEO e Presenza Online: Utilizzare ChatGPT per migliorare la presenza online del tuo libro attraverso tecniche SEO e creazione di contenuti web.

Ottimizzare la presenza online del tuo libro attraverso tecniche SEO (Search Engine Optimization) e la creazione di contenuti web è fondamentale per aumentare la visibilità e attrarre un pubblico più ampio. Utilizzare ChatGPT in questo contesto può offrire vantaggi significativi, aiutandoti a generare contenuti ottimizzati per i motori di ricerca, a migliorare l'engagement del lettore e a costruire una solida presenza online. Ecco come farlo:

Identificazione di Parole Chiave

1. **Ricerca di Parole Chiave**: Inizia con la ricerca delle parole chiave pertinenti al tuo libro e al tuo pubblico di riferimento. Chiedi a ChatGPT di aiutarti a identificare termini e frasi che i potenziali lettori potrebbero utilizzare quando cercano argomenti correlati al tuo libro. Concentrati su parole chiave a coda lunga, che tendono ad essere meno competitive e più mirate.

Ottimizzazione dei Contenuti

2. **Creazione di Contenuti Ottimizzati**: Utilizza le parole chiave identificate per creare contenuti web ottimizzati. Chiedi a ChatGPT di generare articoli di blog, descrizioni di pagine, post per i social media e altri tipi di contenuti che incorporino le tue parole chiave in modo naturale e rilevante. Assicurati che i contenuti offrano

valore reale ai tuoi lettori, oltre a essere ottimizzati per i motori di ricerca.

Struttura del Sito Web e del Blog

3. **Ottimizzazione della Struttura del Sito**: Assicurati che il tuo sito web o blog sia strutturato in modo da essere facilmente navigabile sia dagli utenti che dai motori di ricerca. Chiedi a ChatGPT suggerimenti su come organizzare i contenuti, migliorare l'usabilità del sito e ottimizzare i metatag, come i titoli delle pagine e le meta descrizioni, per le parole chiave target.

Costruzione di Link e Backlink

4. **Strategie di Link Building**: Costruire link interni ed esterni di qualità verso il tuo sito può migliorare la sua autorità e posizionamento nei risultati di ricerca. Utilizza ChatGPT per ideare strategie di contenuto che incoraggino la condivisione e la creazione di link, come la pubblicazione di guest post su blog influenti o la collaborazione con altri autori e siti web del settore.

Analisi della Concorrenza

5. **Analisi SEO della Concorrenza**: Comprendere come i tuoi concorrenti si posizionano online può offrirti spunti preziosi. Chiedi a ChatGPT di aiutarti a identificare i concorrenti e ad analizzare le loro strategie SEO, incluse le parole chiave per cui si posizionano e i tipi di contenuti che generano. Utilizza queste informazioni per affinare la tua strategia SEO.

Engagement e Social Media

6. **Ottimizzazione per i Social Media**: I social media giocano un ruolo cruciale nel migliorare la presenza online e l'engagement del lettore. Chiedi a ChatGPT di generare contenuti accattivanti e ottimizzati per i social

media che incoraggino i like, le condivisioni e i commenti, contribuendo così a costruire la tua presenza online e a indirizzare traffico verso il tuo sito o blog.

Monitoraggio e Aggiornamento

7. **Monitoraggio e Aggiornamento Regolare**: L'ambiente online e le pratiche SEO sono in costante evoluzione. Utilizza ChatGPT per rimanere aggiornato sulle ultime tendenze SEO e per generare nuovi contenuti che rispecchino queste evoluzioni. Monitora regolarmente le prestazioni del tuo sito web utilizzando strumenti come Google Analytics e aggiorna i tuoi contenuti e parole chiave di conseguenza.

Implementando queste strategie SEO e di creazione di contenuti con l'aiuto di ChatGPT, puoi notevolmente migliorare la visibilità online del tuo libro, attrarre un pubblico più ampio e costruire una presenza digitale solida e autorevole. Ricorda, il successo SEO richiede tempo, pazienza e iterazione continua, ma i benefici a lungo termine in termini di visibilità e engagement del lettore sono inestimabili.

Proseguendo nell'ottimizzazione della presenza online del tuo libro attraverso tecniche SEO e creazione di contenuti web con l'assistenza di ChatGPT, esploriamo ulteriori strategie avanzate e considerazioni per amplificare ulteriormente il tuo impatto sul mercato digitale.

Sviluppo di Contenuti Multimediali

- **Contenuti Multimediali per il SEO**: Integra contenuti multimediali come video, podcast e infografiche nel tuo sito web o blog. Questi formati possono aumentare l'engagement dei visitatori e ridurre il tasso di rimbalzo, due fattori che migliorano il posizionamento nei motori di ricerca. Chiedi a ChatGPT di aiutarti a generare idee per contenuti multimediali che siano sia informativi sia intrattenenti, e che rafforzino i temi del tuo libro.

Ottimizzazione per la Ricerca Vocale

- **Ricerca Vocale**: Con l'aumento dell'uso degli assistenti vocali, ottimizzare per la ricerca vocale diventa sempre più importante. Utilizza ChatGPT per formulare risposte a domande che i lettori potrebbero porre sugli assistenti vocali riguardanti il tuo libro o i suoi temi. Concentrati su frasi chiave conversazionali e risposte dirette che questi dispositivi possono facilmente interpretare e fornire agli utenti.

Creazione di Serie di Contenuti

- **Serie e Percorsi di Contenuto**: Crea percorsi di contenuto o serie che guidino i lettori attraverso temi correlati al tuo libro, incoraggiandoli a esplorare il tuo sito più a fondo. Questi percorsi possono essere progettati per educare, intrattenere o ispirare i tuoi lettori, aumentando il tempo di permanenza sul sito e fornendo più contesti intorno al tuo libro. ChatGPT può aiutarti a delineare queste serie e a creare contenuti coesivi che attirino l'interesse.

Strategie di Local SEO

- **Local SEO per Eventi e Presentazioni**: Se partecipi a eventi di lettura, conferenze o presentazioni del libro, assicurati di ottimizzare il tuo sito web e i contenuti online per la ricerca locale. Include dettagli sugli eventi, luoghi e date in modo che le persone nelle vicinanze che cercano eventi correlati possano trovare facilmente le tue apparizioni. ChatGPT può generare descrizioni di eventi ottimizzate per la SEO locale e suggerire come promuoverle efficacemente online.

Uso di Google My Business per Autori

- **Google My Business per Autori**: Se hai una presenza fisica per la tua attività di scrittore, come un ufficio o partecipi regolarmente a eventi locali, considera di creare un profilo Google My Business. Questo può migliorare la tua visibilità nelle ricerche locali e fornire un altro canale attraverso il quale i lettori possono scoprire te e il tuo libro. ChatGPT può guidarti sui migliori pratiche per configurare e ottimizzare il tuo profilo.

Ampliamento della Presenza sui Forum e sulle Community

- **Engagement su Forum e Community**: Partecipa attivamente a forum online e community correlate ai temi del tuo libro. Non solo per autopromuovere, ma per contribuire valore alle discussioni. Questo tipo di engagement genuino può tradursi in interesse per il tuo libro. Utilizza ChatGPT per aiutarti a formulare risposte e commenti informativi che riflettano la tua competenza e passione.

Misurazione del Successo e Ajustment

- **Analisi delle Performance e Ajustment**: Infine, utilizza strumenti di analisi web per tracciare il successo delle tue strategie SEO e di contenuto. Esamina metriche come traffico del sito, posizionamento delle parole chiave, tassi di conversione e engagement sui social media. Basandoti su questi dati, apporta modifiche e ottimizzazioni alle tue strategie per migliorare continuamente la tua presenza online. ChatGPT può assisterti nell'interpretazione di questi dati e nella pianificazione di azioni correttive.

Implementando queste strategie avanzate e continuando ad adattare le tue tattiche basandoti sull'analisi delle performance, puoi notevolmente migliorare la visibilità online del tuo libro e costruire una presenza digitale forte e impegnata. Con l'assistenza di ChatGPT, puoi navigare efficacemente nel panorama digitale, assicurando che il tuo lavoro raggiunga il pubblico più ampio possibile.

Proseguendo nella nostra esplorazione di come utilizzare ChatGPT per migliorare la presenza online del tuo libro attraverso tecniche SEO e creazione di contenuti web, esaminiamo altre strategie che possono ulteriormente amplificare il tuo impatto sul mercato digitale e coinvolgere in modo significativo con il tuo pubblico.

Integrazione di Schema Markup

- **Utilizzo di Schema Markup**: Per migliorare ulteriormente la visibilità nei motori di ricerca, considera l'integrazione di schema markup nel tuo sito web. Questo codice aggiuntivo aiuta i motori di ricerca a interpretare il contenuto delle tue pagine e a presentarlo in modi più attraenti nei risultati di ricerca, come snippet in primo piano o box di informazioni. ChatGPT può fornirti una panoramica su come schema markup può essere applicato per evidenziare i dettagli del tuo libro, eventi relativi all'autore e recensioni.

Approfondimento dei Contenuti Long-Form

- **Pubblicazione di Contenuti Long-Form**: I contenuti approfonditi, come guide complete, post di blog dettagliati o whitepaper, possono non solo attrarre traffico al tuo sito grazie alla loro ricchezza di informazioni ma anche stabilirti come autorità nel tuo genere o argomento. Chiedi a ChatGPT di aiutarti a identificare argomenti per contenuti long-form che siano pertinenti per il pubblico del tuo libro e che possano essere ottimizzati per parole chiave strategiche.

Collaborazioni con Altri Autori e Blogger

- **Networking e Collaborazioni**: Stabilire relazioni con altri autori, blogger o influencer nel tuo settore può aprire opportunità per collaborazioni mutualmente vantaggiose, come scambi di guest post, interviste incrociate o condivisioni sui social media. Utilizza ChatGPT per generare idee per possibili collaborazioni e per redigere proposte convincenti che evidenzino i benefici di una partnership.

Utilizzo di Testimonianze e Recensioni

- **Promozione di Testimonianze e Recensioni**: Le testimonianze e le recensioni positive sono potenti strumenti di prova sociale che possono essere utilizzati per migliorare la credibilità e l'attrattività del tuo libro online. Raccogli queste recensioni e utilizzale strategicamente sul tuo sito web, nei tuoi contenuti e sui tuoi profili sui social media. ChatGPT può aiutarti a formulare richieste di recensioni ai lettori o a elaborare highlight delle recensioni esistenti per la massima efficacia promozionale.

Monitoraggio e Risposta alle Menzioni del Libro

- **Gestione della Reputazione Online**: È importante monitorare Internet per menzioni del tuo libro e rispondere in modo appropriato. Questo può includere ringraziare per le recensioni positive, affrontare in modo costruttivo le recensioni negative e partecipare a discussioni rilevanti. ChatGPT può assisterti nella formulazione di risposte diplomatiche e nel suggerire modi per coinvolgere positivamente con il tuo pubblico.

Sviluppo di Un'applicazione o Un Web App

- **Creazione di Un'applicazione Legata al Libro**: Considera lo sviluppo di un'applicazione o web app che estenda l'esperienza del libro oltre le pagine stampate.

Questo potrebbe includere funzionalità interattive, contenuti bonus o giochi. ChatGPT può fornire spunti creativi e aiutarti a delineare le caratteristiche di un'app che aggiunga valore per i lettori e promuova ulteriormente il tuo libro.

Exploit dei Dati per Contenuti Dinamici

- **Personalizzazione dei Contenuti Basata sui Dati**: Sfrutta i dati raccolti dal tuo sito web e dalle piattaforme di social media per personalizzare i contenuti e le offerte per i visitatori del tuo sito. La personalizzazione può aumentare significativamente l'engagement e la conversione. ChatGPT può aiutarti ad analizzare i dati e a generare idee per contenuti personalizzati che risuonino con segmenti specifici del tuo pubblico.

Attraverso l'applicazione di queste strategie avanzate e la sperimentazione continua con nuove tattiche, puoi sfruttare ChatGPT come una risorsa preziosa per espandere la presenza online del tuo libro e costruire connessioni significative con i lettori. Questo approccio olistico e adattabile assicura che il tuo libro non solo raggiunga un vasto pubblico ma anche risuoni profondamente con i lettori, stabilendo una presenza duratura nel digitale.

Continuando a esplorare le strategie avanzate per migliorare la presenza online del tuo libro attraverso tecniche SEO e creazione di contenuti web, immergiamoci in ulteriori tattiche che possono contribuire a distinguere la tua opera nell'affollato mercato digitale.

Utilizzo di Analytics per Guidare la Strategia di Contenuto

- **Approfondimento Analytics**: Impiega strumenti analytics per comprendere in dettaglio il comportamento dei visitatori sul tuo sito web. Questa analisi può rivelare quali pagine attirano più attenzione, il percorso degli utenti sul sito e i punti di uscita. Utilizzando questi dati, ChatGPT può aiutarti a ottimizzare o creare nuovi contenuti che indirizzino direttamente gli interessi dei tuoi lettori e correggano eventuali difetti nella struttura del sito che potrebbero influenzare negativamente l'esperienza dell'utente.

Sviluppo di Contenuti Interattivi

- **Contenuti Interattivi**: Esplora la creazione di quiz, sondaggi, mappe interattive o cronologie relative ai temi del tuo libro. Questi strumenti non solo incrementano l'engagement dei visitatori ma possono anche fornire preziose informazioni sui loro interessi. ChatGPT può suggerire idee per contenuti interattivi che siano sia informativi sia divertenti e pertinenti al contesto del tuo libro.

Ottimizzazione Mobile

- **Focus sull'Ottimizzazione Mobile**: Assicurati che il tuo sito web sia completamente ottimizzato per gli utenti mobile. Con la maggior parte degli accessi a Internet che avvengono tramite dispositivi mobili, un sito non ottimizzato può significativamente danneggiare la tua visibilità e l'accessibilità dei contenuti. ChatGPT può fornire consigli su come migliorare l'esperienza mobile, dalla velocità di caricamento delle pagine alla facilità di navigazione.

Creazione di Contenuti Evergreen

- **Contenuti Evergreen**: Genera contenuti che rimangano rilevanti nel tempo, come guide approfondite, consigli di scrittura, o analisi tematiche. Questi contenuti possono attrarre traffico costante al tuo sito nel corso degli anni. ChatGPT può aiutarti a identificare argomenti evergreen che risuonano con il tuo pubblico target e generare contenuti che continuino a essere preziosi a lungo termine.

Integrazione di Recensioni e Testimonianze

- **Amplificazione di Recensioni e Testimonianze**: Cura una sezione dedicata del tuo sito per mostrare recensioni positive e testimonianze di lettori. Questo può aumentare la fiducia nei nuovi visitatori e incoraggiare la conversione. ChatGPT può assisterti nell'elaborare un formato accattivante per queste recensioni, garantendo che siano ben visibili e che comunichino efficacemente il valore del tuo libro.

Creazione di una Community Online

- **Costruzione di una Community**: Lavora per creare una community attorno al tuo libro, offrendo spazi dove i lettori possano discutere, condividere esperienze e connettersi con altri fan. Questo può includere forum dedicati, gruppi sui social media o commenti interattivi sul tuo sito. ChatGPT può suggerire modi per facilitare la discussione e mantenere la community impegnata e positiva.

Sfruttamento delle Piattaforme di Domanda e Risposta

- **Partecipazione a Q&A**: Partecipa attivamente a piattaforme come Quora, Reddit o specifici forum di discussione, rispondendo a domande correlate ai temi del tuo libro. Questa visibilità può indirizzare traffico qualificato al tuo sito e aumentare la consapevolezza del tuo libro. ChatGPT può aiutarti a formulare risposte informative che mettano in luce la tua expertise e il valore del tuo libro.

Attraverso l'applicazione di queste ulteriori strategie, continui a sfruttare ChatGPT come risorsa preziosa nel costruire e migliorare la presenza online del tuo libro. Questo approccio dinamico, che abbraccia la creazione di contenuti, l'ottimizzazione SEO, l'engagement del pubblico e l'analisi dei dati, posiziona il tuo lavoro per raggiungere e coinvolgere efficacemente il tuo pubblico target, stabilendo una solida presenza digitale nel competitivo paesaggio online.

Avanzando ulteriormente nell'approfondimento delle strategie per migliorare la presenza online del tuo libro attraverso l'utilizzo di tecniche SEO e la creazione di contenuti web assistita da ChatGPT, ci focalizziamo su nuove tattiche e metodologie per ampliare e arricchire la tua strategia digitale.

Valorizzazione dei Contenuti Esistenti

- **Ottimizzazione dei Contenuti Esistenti**: Rivisita i contenuti già pubblicati sul tuo sito web o blog per identificare opportunità di ottimizzazione SEO. Questo potrebbe significare l'aggiornamento di post con informazioni più recenti, l'inserimento di parole chiave rilevanti mancanti, o l'ampliamento di articoli brevi per renderli più completi. ChatGPT può assisterti nell'analizzare i tuoi contenuti esistenti e suggerire miglioramenti specifici per aumentarne la rilevanza e la visibilità.

Ampliamento del Network di Link

- **Costruzione di Link Esterni**: Accresci l'autorità del tuo sito web lavorando sulla costruzione di link esterni. Questo può includere l'ottenimento di link da siti autorevoli nel tuo settore attraverso guest blogging, interviste, o collaborazioni. ChatGPT può generare idee e redigere proposte di collaborazione per aiutarti a costruire queste preziose connessioni esterne.

Implementazione di Strategie Video

- **Video Marketing**: Il contenuto video continua a essere un potente strumento di engagement. Considera la creazione di video che raccontino la storia dietro il tuo libro, tutorial tematici, o sessioni di domande e risposte. ChatGPT può aiutarti a delineare gli script video o generare idee che possono essere adattate a contenuti visivi accattivanti.

Sviluppo di Mini-Corsi o Webinar

- **Educazione e Coinvolgimento**: Sviluppa mini-corsi o webinar che si collegano ai temi del tuo libro. Questi possono servire sia come strumenti di marketing sia come mezzi per fornire valore aggiunto ai tuoi lettori. Utilizza ChatGPT per pianificare la struttura di questi corsi, identificare argomenti chiave e creare materiali didattici complementari.

Strategie di Email Marketing Segmentate

- **Segmentazione dell'Email Marketing**: Crea campagne di email marketing altamente segmentate che si rivolgano a diversi gruppi all'interno del tuo pubblico con messaggi personalizzati. Ad esempio, potresti avere messaggi specifici per nuovi lettori, fan di lunga data, o segmenti interessati a particolari temi del tuo libro. ChatGPT può aiutarti a sviluppare vari template di email che risuonino con ciascun segmento.

Utilizzo di Dashboard Personalizzate per il Monitoraggio

- **Dashboard Analitiche Personalizzate**: Configura dashboard personalizzate per monitorare le metriche chiave relative alla tua presenza online e alle performance dei contenuti. Questo può includere traffico del sito, classifiche delle parole chiave, tassi di conversione e metriche dei social media. ChatGPT può offrire assistenza nel definire quali metriche sono più rilevanti per i tuoi obiettivi e come interpretarle per informare le tue strategie future.

Sperimentazione con Contenuti in Formato Audio

- **Podcast e Contenuti Audio**: I contenuti in formato audio, come podcast o audiolibri, possono aprire nuovi canali di comunicazione con il tuo pubblico. Esplora la possibilità di trasformare capitoli del tuo libro, interviste o discussioni tematiche in episodi podcast. ChatGPT può aiutarti nella creazione di outline per episodi o nella scrittura di script per contenuti audio.

Adattamento alle Nuove Tecnologie e Piattaforme

- **Innovazione e Adattabilità**: Rimani aperto e reattivo alle nuove tecnologie e piattaforme che emergono. L'adozione precoce di nuovi strumenti o canali di comunicazione può offrire vantaggi competitivi significativi. Utilizza ChatGPT per rimanere informato sulle ultime tendenze digitali e per esplorare modi innovativi per incorporare queste novità nella tua strategia di marketing e contenuto.

Attraverso l'impiego di queste strategie sofisticate e la continua evoluzione della tua presenza online, puoi sfruttare ChatGPT come una risorsa dinamica per esplorare nuovi orizzonti nel marketing digitale. Questo approccio complesso, che spazia dalla creazione di contenuti alla costruzione di una comunità e dall'ottimizzazione SEO all'innovazione tecnologica, ti posiziona per raggiungere e coinvolgere efficacemente il tuo pubblico in un ambiente digitale in costante cambiamento, massimizzando l'impatto e la risonanza del tuo libro nell'ecosistema online.

Concludendo questo approfondimento sulle strategie avanzate per utilizzare ChatGPT al fine di migliorare la presenza online del tuo libro attraverso tecniche SEO e la creazione di contenuti web, abbiamo esplorato una vasta gamma di tattiche che spaziano dall'ottimizzazione dei contenuti esistenti all'innovazione con formati multimediali e l'adozione di tecnologie emergenti. Queste strategie, integrate in modo olistico, mirano a costruire una presenza digitale robusta e dinamica per il tuo libro, incrementando la sua visibilità e l'engagement del pubblico.

Attraverso l'ottimizzazione dei contenuti per i motori di ricerca, l'ampliamento del network di link, lo sviluppo di contenuti interattivi, e l'implementazione di strategie video, abbiamo visto come diversificare l'approccio promozionale per attrarre e mantenere l'attenzione dei lettori in vari contesti online. L'importanza di adattare i contenuti alle esigenze mobili, insieme all'approfondimento dei contenuti long-form e all'utilizzo strategico di testimonianze e recensioni, sottolinea l'obiettivo di fornire un'esperienza utente ricca e coinvolgente.

L'accento posto sulla costruzione di una community online, sull'interazione attiva nei forum e sulla partecipazione a piattaforme di domanda e risposta, riflette la necessità di stabilire una connessione autentica con il pubblico, trasformando i lettori in veri e propri ambasciatori del tuo libro. Allo stesso tempo, l'adozione di dashboard personalizzate per il monitoraggio e l'analisi delle performance offre strumenti per valutare l'efficacia delle strategie implementate, consentendo aggiustamenti mirati per ottimizzare continuamente la presenza online del tuo libro.

L'evoluzione della strategia di contenuto per includere podcast e contenuti audio, insieme all'apertura verso l'innovazione e l'adattabilità alle nuove tecnologie e piattaforme, evidenzia l'importanza di rimanere flessibili e reattivi alle dinamiche in rapido cambiamento del mercato digitale. Questo approccio proattivo non solo garantisce che il tuo libro mantenga una presenza online pertinente e impegnata ma apre anche la porta a opportunità uniche di coinvolgimento e crescita.

In sintesi, l'utilizzo di ChatGPT come strumento per navigare e implementare queste strategie SEO e di marketing digitale può significativamente amplificare la presenza online del tuo libro, migliorando sia la sua scoperta sia l'engagement del lettore. Attraverso la creazione di contenuti ottimizzati, l'adozione di formati innovativi e l'interazione autentica con il tuo pubblico, puoi costruire una solida base digitale che sostenga il successo a lungo termine del tuo libro nel panorama editoriale odierno. Questo approccio integrato e dinamico alla promozione online sottolinea l'importanza di una strategia digitale olistica e adattabile, posizionando il tuo libro per raggiungere il massimo potenziale nel mercato digitale globale.

17. Interazione con i Lettori: Creazione di una community e coinvolgimento dei lettori utilizzando ChatGPT per rispondere a domande e commenti.

Creare una community attorno al tuo libro e coinvolgere attivamente i lettori sono passaggi fondamentali per costruire una base di fan leali e aumentare la visibilità della tua opera. Utilizzare ChatGPT per interagire con i lettori, rispondere a domande e commenti, può significativamente migliorare questo processo, offrendoti uno strumento versatile per gestire la comunicazione e stimolare l'engagement. Ecco come potresti procedere:

Creazione di una Piattaforma di Community

1. **Selezione della Piattaforma**: Scegli una o più piattaforme dove la tua audience si raduna, come Facebook, Reddit, o un forum dedicato sul tuo sito web. Usa ChatGPT per generare idee su come strutturare

queste community, quali regole stabilire per promuovere discussioni costruttive, e come presentare il tuo libro in modo che inviti alla conversazione.

2. **Organizzazione di Q&A Periodici**: Programma sessioni di Q&A regolari dove i lettori possono inviarti domande sul tuo libro, sui personaggi, sul processo di scrittura, o su qualsiasi altro argomento rilevante. Utilizza ChatGPT per formulare risposte dettagliate, informative e coinvolgenti, mostrando apprezzamento per l'interesse dei lettori e approfondendo vari aspetti del tuo lavoro.

Utilizzo di ChatGPT per Generare Contenuti Interattivi

3. **Contenuti Interattivi**: Chiedi a ChatGPT di aiutarti a creare quiz, giochi di parole, o indovinelli legati ai temi o ai personaggi del tuo libro. Questo tipo di contenuto può aumentare l'engagement e offrire ai lettori un modo divertente e interattivo di esplorare il tuo lavoro.

4. **Storie Aggiuntive o Spin-off**: Usa ChatGPT per scrivere brevi storie aggiuntive, aneddoti sui personaggi o spin-off che possano essere condivisi esclusivamente con la tua community. Questo non solo arricchisce l'universo narrativo del tuo libro ma offre anche contenuti esclusivi che premiano l'interazione e la partecipazione dei membri della community.

Gestione delle Interazioni e del Feedback

5. **Gestione del Feedback**: Impiega ChatGPT per aiutarti a formulare risposte costruttive ai feedback dei lettori, sia positivi sia negativi. Mostrare che prendi seriamente in considerazione i loro pensieri e le loro opinioni può rafforzare la relazione con i tuoi lettori e incoraggiare una maggiore partecipazione nella community.

6. **Risposta a Domande Frequenti**: Crea un elenco di FAQ (Domande Frequenti) sul tuo libro o sulla tua esperienza di scrittura. Usa ChatGPT per redigere risposte chiare e dettagliate a queste domande, che puoi poi pubblicare sulla tua piattaforma di community o sui tuoi canali social per facilitare l'accesso alle informazioni da parte dei nuovi lettori.

Promozione della Community e dell'Engagement

7. **Iniziative di Coinvolgimento**: Lancia iniziative che stimolino l'interazione, come concorsi di scrittura, sfide fotografiche legate ai temi del tuo libro, o campagne di lettura collettiva. ChatGPT può offrirti spunti creativi su come strutturare queste iniziative e promuovere la partecipazione attiva.

8. **Condivisione di Dietro le Quinte**: Utilizza ChatGPT per condividere insight sul processo di scrittura, la ricerca dietro al tuo libro, o le tue ispirazioni. Questa trasparenza può creare un legame più profondo con i lettori, mostrando loro il lavoro e la passione dietro la creazione del tuo libro.

Creando una community attorno al tuo libro e interagendo in modo significativo con i tuoi lettori, puoi non solo accrescere l'interesse e l'entusiasmo per la tua opera ma anche stabilire una connessione duratura che trascenda la singola pubblicazione. ChatGPT emerge come uno strumento prezioso in questo processo, offrendoti la flessibilità e le risorse per gestire efficacemente la comunicazione, stimolare l'engagement e costruire una base di fan dedicata.

Proseguendo nell'esplorazione di come utilizzare ChatGPT per creare e mantenere una community di lettori attiva, coinvolgente e in continua crescita, esaminiamo ulteriori strategie che possono arricchire il dialogo con il tuo pubblico e rafforzare la tua presenza come autore nel mondo digitale.

Sviluppo di Collaborazioni Creative

9. **Collaborazioni Creative con i Lettori**: Incoraggia i membri della tua community a contribuire con i propri contenuti creativi che si ispirano al tuo libro. Questo potrebbe includere fan art, storie brevi, poesie o anche musiche. Utilizza ChatGPT per generare idee per contest o iniziative che promuovano questa forma di espressione creativa, fornendo una piattaforma dove i lettori possono condividere le loro creazioni e sentirsi parte integrante dell'universo narrativo del tuo libro.

Personalizzazione delle Interazioni

10. **Messaggi Personalizzati ai Membri della Community**: Per i membri più attivi o per coloro che contribuiscono in modo significativo alla community, considera l'utilizzo di ChatGPT per creare messaggi di ringraziamento personalizzati o auguri per occasioni speciali. Questo tocco personale può rafforzare il senso di appartenenza e apprezzamento all'interno della community.

Utilizzo di ChatGPT per l'Analisi Sentimentale

11. **Analisi Sentimentale delle Interazioni**: Sfrutta le capacità di ChatGPT per analizzare il tono e il sentiment delle discussioni all'interno della tua community. Questo può aiutarti a identificare gli argomenti che generano maggiore entusiasmo, così come eventuali aree di preoccupazione o aspetti del tuo libro che richiedono ulteriori chiarimenti. Utilizza queste informazioni per

guidare le future interazioni e per adattare i tuoi
contenuti alle esigenze e agli interessi dei lettori.

Hosting di Eventi Virtuali

12. **Eventi Virtuali e Incontri Online**: Con l'aiuto di
ChatGPT, organizza eventi virtuali come letture dal vivo,
workshop di scrittura, o sessioni di domande e risposte
online. Questi eventi possono offrire ai lettori
l'opportunità di interagire direttamente con te in un
contesto dinamico e coinvolgente, approfondendo la loro
connessione con il tuo lavoro.

Creazione di Contenuti Esclusivi per Membri

13. **Contenuti Esclusivi per Membri della
Community**: Offri contenuti esclusivi ai membri della
tua community, come capitoli bonus, approfondimenti
sui personaggi o anteprime di futuri lavori. ChatGPT può
aiutarti a creare questi contenuti, garantendo che
aggiungano valore all'esperienza complessiva dei lettori e
incentivino la partecipazione attiva nella community.

Feedback Costruttivo e Miglioramento Continuo

14. **Incoraggiamento al Feedback Costruttivo**: Utilizza
ChatGPT per formulare sondaggi, questionari o
discussioni aperte che invitino al feedback costruttivo sul
tuo libro e sulle attività della community. Questo
approccio non solo fornisce insight preziosi per il tuo
sviluppo come autore ma dimostra anche ai tuoi lettori
che la loro opinione è ascoltata e valorizzata.

Ampliamento della Community attraverso i Social Media

15. **Strategie di Crescita sui Social Media**: Sviluppa
strategie per ampliare la tua community coinvolgendo
nuovi lettori attraverso i social media. ChatGPT può

generare idee per campagne sui social che aumentino la visibilità del tuo libro e della tua community, sfruttando hashtag tematici, collaborazioni con influencer o challenge creative che incoraggino la condivisione e l'interazione.

Attraverso l'implementazione di queste strategie avanzate e l'utilizzo di ChatGPT come strumento di supporto, puoi non solo arricchire l'esperienza dei membri esistenti della tua community ma anche attrarre nuovi lettori, costruendo un dialogo continuo e significativo attorno al tuo lavoro. Questo impegno nel coinvolgimento dei lettori e nella creazione di una community attiva sottolinea l'importanza di una presenza autorevole e interattiva come autore, stabilendo una base solida per il successo a lungo termine nel panorama editoriale digitale.

Proseguendo nell'approfondimento delle strategie per utilizzare ChatGPT nell'interazione con i lettori e nella creazione di una community coinvolgente, esploriamo ulteriori aspetti che possono rafforzare e arricchire la connessione tra autore e pubblico.

Valorizzazione delle Storie dei Lettori

16. **Condivisione delle Esperienze dei Lettori**: Invita i membri della tua community a condividere le loro esperienze personali legate ai temi trattati nel tuo libro. Utilizza ChatGPT per generare domande di discussione che stimolino la condivisione di storie personali, creando un ambiente di supporto e di scambio reciproco. Questo può aumentare il senso di appartenenza alla community e rendere il tuo libro un punto di riferimento per temi di vita reale.

Creazione di Iniziative di Beneficenza

17. **Iniziative di Beneficenza Legate al Libro**: Collega il tuo libro a iniziative di beneficenza o cause sociali

pertinenti ai suoi temi. ChatGPT può aiutarti a pianificare eventi di raccolta fondi, campagne di sensibilizzazione, o partnership con organizzazioni no-profit. Questo non solo amplifica il messaggio del tuo libro ma dimostra anche un impegno verso il cambiamento sociale positivo, incentivando la community a partecipare attivamente.

Utilizzo di Chatbot per l'Engagement

18. **Chatbot per Domande Frequenti**: Implementa un chatbot, alimentato da tecnologie come ChatGPT, sul tuo sito web o pagina della community per rispondere automaticamente alle domande frequenti dei lettori sul tuo libro, sugli eventi imminenti o sulla tua esperienza di scrittura. Questo strumento può migliorare l'accessibilità delle informazioni e alleggerire il carico di gestione delle richieste di routine.

Promozione di Letture Condivise

19. **Organizzazione di Letture di Gruppo**: Promuovi letture di gruppo online, dove i membri della community leggono e discutono il tuo libro insieme in un arco temporale definito. ChatGPT può assisterti nel creare guide di discussione, domande per riflessioni condivise e riassunti dei capitoli per facilitare la partecipazione e l'approfondimento dei temi del libro.

Creazione di Contenuti Accessibili

20. **Focus sull'Accessibilità dei Contenuti**: Assicurati che tutti i contenuti generati per la community, inclusi video, podcast e post del blog, siano accessibili a lettori con diverse esigenze. Utilizza ChatGPT per generare trascrizioni di contenuti audio e video o per offrire alternative testuali a contenuti visivi, garantendo che nessun membro della community sia escluso.

Sviluppo di Programmi Ambassador

21. **Lancio di Programmi Ambassador del Libro**: Crea un programma di ambassador del libro, selezionando lettori appassionati che possano rappresentare e promuovere il tuo libro nella loro rete. ChatGPT può aiutarti a delineare i criteri di selezione degli ambassador, a sviluppare pacchetti informativi per loro e a generare idee su come possono condividere efficacemente il tuo lavoro.

Analisi delle Trend Topic per Contenuti Rilevanti

22. **Sfruttamento delle Trend Topic**: Rimani aggiornato sui trend topic e utilizza ChatGPT per generare contenuti che si collegano a queste discussioni attuali, mantenendo la tua community e il tuo libro pertinenti nel dialogo culturale più ampio. Questo approccio può attrarre nuovi lettori interessati a temi specifici e stimolare discussioni dinamiche all'interno della community.

Attraverso l'adozione di queste strategie dettagliate, puoi utilizzare ChatGPT come una risorsa dinamica per arricchire ulteriormente la tua interazione con i lettori e la tua community, costruendo un dialogo continuo e significativo attorno al tuo libro. Questo impegno nel coinvolgimento dei lettori non solo rafforza la tua presenza come autore ma stabilisce anche le basi per una community attiva e impegnata, che supporta il tuo lavoro nel panorama digitale e oltre.

Proseguendo ulteriormente nella nostra esplorazione di come utilizzare ChatGPT per creare e mantenere un'interazione significativa con i lettori e costruire una community attorno al tuo libro, esaminiamo altre strategie avanzate e nuove idee per coinvolgere e arricchire l'esperienza dei lettori.

Offrire Workshop e Corsi Online

23. **Workshop e Corsi Tematici**: Sfrutta la tua expertise come autore per offrire workshop o corsi online che

esplorino in modo approfondito i temi trattati nel tuo libro o l'arte della scrittura. ChatGPT può aiutarti a sviluppare il curriculum, a creare materiali didattici e a formulare esercizi interattivi che coinvolgano i partecipanti e offrano loro valore aggiunto.

Creare Un Club del Libro Virtuale

24. **Club del Libro Virtuale**: Organizza un club del libro virtuale dove i lettori possano incontrarsi regolarmente per discutere il tuo libro e altri lavori correlati ai suoi temi. ChatGPT può generare domande di discussione, temi per future letture e idee per rendere ogni incontro del club del libro unico e coinvolgente.

Incoraggiare la Creazione di Contenuto Collaborativo

25. **Progetti Collaborativi**: Invita i membri della tua community a collaborare alla creazione di un progetto collettivo, come un racconto, una collezione di arte o una composizione musicale ispirata al tuo libro. ChatGPT può servire come strumento per facilitare la brainstorming iniziale, fornire feedback sulle contribuzioni e aiutare a curare il prodotto finale.

Sviluppo di Un'App Mobile Dedicata

26. **App Mobile per la Community**: Considera lo sviluppo di un'app mobile dedicata che permetta ai membri della community di accedere facilmente a contenuti esclusivi, aggiornamenti sul tuo lavoro e spazi di discussione. ChatGPT può assisterti nell'ideare le funzionalità dell'app, nei contenuti esclusivi per gli utenti dell'app e nei modi per incentivare il download e l'utilizzo regolare.

Utilizzare i Giochi come Strumento di Coinvolgimento

27. **Gamification**: Integra elementi di gioco nelle attività della community, come achievement per la

partecipazione, sfide tra membri o sistemi di punti e ricompense. ChatGPT può aiutarti a ideare questi elementi di gamification, rendendo l'interazione con la tua community ancora più dinamica e divertente.

Condividere Risorse ed Esperienze Educative

28. **Risorse Educative**: Se il tuo libro tocca temi educativi, crea e condividi risorse che possano essere utilizzate da insegnanti o educatori. Questo può includere piani lezione, guide di discussione o attività interattive. ChatGPT può assisterti nella creazione di queste risorse, rendendo il tuo libro uno strumento utile anche in contesti educativi.

Coinvolgimento Attraverso Piattaforme di Streaming

29. **Streaming Live e Q&A in Diretta**: Utilizza piattaforme di streaming come Twitch, YouTube Live o Instagram Live per organizzare sessioni in diretta dove puoi leggere estratti del tuo libro, rispondere a domande dei lettori in tempo reale o discutere di argomenti correlati. ChatGPT può aiutarti a pianificare queste sessioni, a generare idee per i temi da trattare e a formulare risposte a potenziali domande dei partecipanti.

Creazione di Esperienze Immersive

30. **Esperienze Immersive Online**: Esplora la creazione di esperienze online immersive che estendano l'universo del tuo libro, come tour virtuali dei luoghi del libro, esperienze in realtà aumentata che portino in vita elementi narrativi o esibizioni d'arte digitale ispirate al tuo lavoro. ChatGPT può offrire spunti creativi e assisterti nella narrazione di queste esperienze immersive.

Implementando queste strategie avanzate, puoi sfruttare ChatGPT non solo come un mezzo per rispondere a domande e commenti ma anche come uno strumento dinamico per coinvolgere i lettori in modi nuovi e creativi, costruendo una community attorno al tuo libro che sia coinvolta, educata e ispirata. Questo approccio multifaceted alla creazione e al mantenimento della community può aiutare a rafforzare il tuo marchio di autore e a garantire che il tuo libro continui a risuonare con il pubblico nel tempo.

Concludendo questa esplorazione approfondita sul coinvolgimento dei lettori e sulla creazione di una community attiva attraverso l'uso di ChatGPT, abbiamo toccato una vasta gamma di strategie che vanno dalla gestione diretta delle interazioni con i lettori alla realizzazione di esperienze immersive e educative. Questo percorso ci ha mostrato come l'approccio multidimensionale al coinvolgimento del pubblico possa trasformare la relazione tra autore e lettori, da una connessione unidirezionale a un dialogo dinamico e coinvolgente.

Attraverso la creazione di piattaforme di community scelte con cura, l'organizzazione di Q&A periodici, e lo sviluppo di contenuti interattivi, abbiamo esplorato come utilizzare ChatGPT per stimolare la partecipazione attiva e arricchire l'esperienza dei lettori. Abbiamo discusso l'importanza di valorizzare le storie personali dei lettori, promuovere la creazione collaborativa, e offrire workshop o corsi che approfondiscano i temi del tuo libro, stabilendo te come autore come una risorsa preziosa e un punto di riferimento nella loro esplorazione di questi argomenti.

La gestione del feedback, la promozione di letture condivise, e l'incoraggiamento alla partecipazione attraverso iniziative di gamification sono stati identificati come elementi chiave per mantenere la community impegnata e in crescita. Inoltre, la condivisione di risorse educative e l'uso di piattaforme di streaming per interazioni in tempo reale amplificano ulteriormente il tuo raggiungimento e rafforzano il legame con i lettori.

Abbiamo anche riconosciuto l'importanza di sviluppare programmi ambassador, utilizzare le trend topic per mantenere i contenuti rilevanti e attuali, e esplorare nuove frontiere con la creazione di app mobili dedicate e l'implementazione di esperienze immersive online che estendono l'universo narrativo del tuo libro.

Questo ampio spettro di strategie dimostra che coinvolgere i lettori e costruire una community va ben oltre la semplice promozione del libro; si tratta di creare un ecosistema vivente attorno al tuo lavoro che invita alla partecipazione, ispira la creatività, e costruisce connessioni profonde e durature. L'uso di ChatGPT, in questo contesto, emerge come uno strumento straordinariamente potente, capace non solo di facilitare la gestione e la creazione di contenuti ma anche di ispirare nuove modalità di interazione e coinvolgimento.

In conclusione, il coinvolgimento dei lettori e la creazione di una community attiva richiedono un impegno costante, creatività, e la volontà di esplorare nuove tecnologie e strategie. Utilizzando ChatGPT come partner in questo viaggio, puoi sbloccare possibilità illimitate per arricchire la tua presenza online, amplificare la voce del tuo libro nel mondo digitale, e costruire un legame indissolubile con i tuoi lettori, posizionando il tuo lavoro per un successo duraturo e un impatto significativo.

18. Aggiornamenti e Revisioni: Come utilizzare ChatGPT per aggiornare il tuo libro o scrivere edizioni future basate sui feedback dei lettori.

Utilizzare ChatGPT per aggiornare il tuo libro o scrivere edizioni future basate sui feedback dei lettori è un approccio strategico che può migliorare significativamente la qualità e la rilevanza del tuo lavoro nel tempo. Attraverso l'analisi dei feedback e la generazione di contenuti migliorati o aggiuntivi, ChatGPT può diventare uno strumento prezioso nel processo di revisione. Ecco come potresti procedere:

Raccolta e Analisi del Feedback

1. **Raccolta dei Feedback**: Inizia raccogliendo feedback dai lettori tramite recensioni online, sondaggi, forum di discussione e interazioni dirette. Utilizza ChatGPT per aiutarti a formulare domande specifiche che mirano a comprendere le esperienze dei lettori, le aree di forza e quelle di miglioramento.

2. **Analisi dei Feedback**: Una volta raccolti, usa ChatGPT per categorizzare e analizzare i feedback. Puoi chiedere al modello di identificare temi comuni, punti di critica ricorrenti o suggerimenti per nuovi contenuti. Questo processo può aiutarti a discernere quali aspetti del tuo libro necessitano di maggiore attenzione nella revisione.

Generazione di Contenuti Migliorati

3. **Sviluppo di Nuovi Contenuti**: Basandoti sull'analisi dei feedback, impiega ChatGPT per generare nuovi contenuti o per migliorare quelli esistenti. Ciò può includere la riscrittura di sezioni confuse, l'aggiunta di capitoli per approfondire certi argomenti, o la creazione di nuove narrazioni o esempi che arricchiscano il testo.

4. **Verifica della Coerenza e dell'Integrità**: Assicurati che le modifiche o gli aggiunti mantenano la coerenza interna del libro e non ne alterino l'integrità tematica o narrativa. ChatGPT può assisterti nel rivedere il libro modificato per garantire che tutte le parti si integrino armoniosamente nel contesto generale.

Valutazione delle Edizioni Future

5. **Pianificazione di Edizioni Future**: Considera i feedback dei lettori come una risorsa preziosa per pianificare edizioni future del tuo libro. ChatGPT può aiutarti a delineare possibili direzioni per queste nuove edizioni, suggerendo aggiornamenti, espansioni tematiche o nuove ricerche da includere.

6. **Sperimentazione con Formati Alternativi**: Esplora l'uso di ChatGPT per adattare il tuo libro a formati diversi, come audiolibri, ebook interattivi o mini-corsi online basati sui contenuti del libro. Questo può non solo rendere il tuo lavoro accessibile a un pubblico più ampio ma anche offrire modi innovativi per i lettori di impegnarsi con i tuoi contenuti.

Utilizzo di ChatGPT per il Miglioramento Continuo

7. **Miglioramento Continuo**: Vedi il processo di aggiornamento e revisione del tuo libro come un'opportunità per il miglioramento continuo. ChatGPT può servire come uno strumento dinamico per esplorare nuove idee, rispondere a tendenze emergenti nel tuo campo e adattare il tuo lavoro alle esigenze in evoluzione del tuo pubblico.

8. **Risposta Proattiva ai Cambiamenti**: Mantieniti proattivo nel rispondere ai cambiamenti nel tuo settore o argomento di interesse. Usa ChatGPT per tenerti aggiornato con le ultime ricerche, discussioni e sviluppi, assicurando che il tuo libro rimanga rilevante e informativo nel tempo.

Attraverso l'uso di ChatGPT nel processo di aggiornamento e revisione del tuo libro, puoi creare un ciclo virtuoso di feedback e miglioramento che non solo arricchisce il tuo lavoro ma rafforza anche la connessione con i tuoi lettori. Questo approccio orientato al feedback permette di garantire che il tuo libro continui a rispondere alle esigenze e agli interessi del tuo pubblico, mantenendo la sua rilevanza e valore nel tempo.

Proseguendo nell'approfondimento di come utilizzare ChatGPT per aggiornare il tuo libro o scrivere edizioni future basate sui feedback dei lettori, esaminiamo ulteriori strategie e idee che possono aiutare a migliorare il tuo lavoro e a rafforzare il legame con il tuo pubblico.

Incorporazione di Insights del Settore

9. **Integrazione di Nuovi Insights del Settore**: Per libri su argomenti tecnici, scientifici o di attualità, rimanere aggiornati con gli ultimi sviluppi nel settore è cruciale. Utilizza ChatGPT per ricercare e incorporare gli ultimi insights, studi e tendenze nel tuo campo, assicurando che il tuo libro resti una risorsa preziosa e aggiornata.

10. **Sviluppo di Casi di Studio o Esempi Attuali**: Aggiungi al tuo libro nuovi casi di studio o esempi pratici che riflettano le tendenze attuali o recenti scoperte. ChatGPT può aiutarti a scrivere questi casi di studio in modo che siano informativi, pertinenti e impegnativi per i lettori.

Ampliamento del Contenuto Basato sui Feedback

11. **Elaborazione di Domande Comuni**: Identifica le domande più frequenti poste dai lettori e considera di elaborarle nelle future edizioni del tuo libro. ChatGPT può aiutarti a formulare risposte dettagliate o a creare nuove sezioni nel tuo libro che affrontino queste domande in modo chiaro ed esaustivo.

12. **Inserimento di FAQ**: Crea una sezione FAQ all'interno del tuo libro o come risorsa online complementare. Usa

ChatGPT per compilare e rispondere alle domande più comuni dei lettori, offrendo loro un valore aggiunto e facilitando la comprensione dei concetti chiave del tuo lavoro.

Miglioramento dell'Accessibilità del Contenuto

13. **Revisione per l'Accessibilità**: Assicurati che il tuo libro sia accessibile a un'ampia gamma di lettori, inclusi quelli con disabilità visive o di apprendimento. ChatGPT può aiutarti a rivedere il tuo testo per migliorare la chiarezza, la leggibilità e l'inclusività, suggerendo modifiche al linguaggio, alla struttura e alla formattazione.

14. **Versioni Multimediali e Interattive**: Esplora la creazione di versioni multimediali o interattive del tuo libro per aumentarne l'accessibilità e l'engagement. ChatGPT può fornire idee su come integrare elementi audio, video e interattivi che arricchiscano l'esperienza di lettura.

Valorizzazione della Narrativa e dei Personaggi

15. **Approfondimento dei Personaggi e delle Storie**: Se il tuo libro include elementi narrativi, usa i feedback dei lettori per sviluppare ulteriormente i personaggi o esplorare nuove trame. ChatGPT può assisterti nella creazione di backstories più dettagliate, conflitti interni ed evoluzioni dei personaggi che risuonino meglio con il tuo pubblico.

16. **Integrazione di Perspettive Diverse**: Valuta l'inclusione di nuove voci o prospettive che possano arricchire la narrazione e rendere il tuo libro più inclusivo e rappresentativo della diversità dei tuoi lettori. ChatGPT può aiutarti a esplorare queste nuove prospettive in modo rispettoso e autentico.

Utilizzo di Feedback per la Promozione

17. **Testimonianze e Citazioni dei Lettori**: Utilizza le recensioni positive e i feedback entusiastici come testimonianze nella promozione del tuo libro. ChatGPT può aiutarti a selezionare e formulare queste citazioni in modo che siano efficaci nel comunicare il valore del tuo libro a potenziali nuovi lettori.

18. **Risposta ai Trend e alle Conversazioni Culturali**: Infine, resta sintonizzato con le conversazioni culturali e i trend che possono influenzare l'interesse per i temi del tuo libro. ChatGPT può fornirti spunti su come posizionare il tuo libro all'interno di queste discussioni più ampie, assicurando che rimanga rilevante e impegnativo per i lettori attuali e futuri.

Attraverso l'applicazione di queste strategie dettagliate, l'utilizzo di ChatGPT nel processo di aggiornamento e revisione del tuo libro diventa un metodo efficace per incorporare i feedback dei lettori, migliorare la qualità del contenuto, e assicurare che il tuo lavoro continui a rispondere alle esigenze e agli interessi del tuo pubblico. Questo approccio orientato al feedback non solo arricchisce il tuo libro ma rafforza anche il legame con i tuoi lettori, stabilendo una base solida per il successo continuato nel panorama editoriale.

Proseguendo ulteriormente nell'approfondimento di come utilizzare ChatGPT per aggiornare il tuo libro o preparare edizioni future basate sui feedback dei lettori, consideriamo altre strategie e approcci innovativi per arricchire il tuo lavoro e mantenere un dialogo aperto e costruttivo con il tuo pubblico.

Creazione di Un Dialogo Continuo

19. **Piattaforme di Feedback Continuo**: Stabilisci piattaforme o canali dove i lettori possono fornire feedback in modo continuativo, anche dopo la

pubblicazione delle edizioni aggiornate. Questo può includere forum online dedicati, indagini post-lettura inviate via email, o gruppi di lettura virtuali. ChatGPT può aiutarti a generare domande stimolanti e a moderare le discussioni per assicurare che il feedback sia prezioso e costruttivo.

20. **Analisi Tematica del Feedback**: Utilizza ChatGPT per eseguire un'analisi tematica dei feedback raccolti, identificando non solo le aree di miglioramento ma anche temi e questioni emergenti che potrebbero essere esplorati in dettaglio nelle future edizioni. Questo approccio analitico ti permette di comprendere meglio le aspettative dei lettori e le tendenze di interesse.

Innovazione nel Contenuto e nel Formato

21. **Esperimenti di Formato**: Non limitarti a modifiche testuali; sperimenta con formati innovativi che potrebbero arricchire l'esperienza di lettura. Ciò può includere l'aggiunta di realtà aumentata, elementi interattivi tramite app, o versioni multimediali del libro che combinano testo, audio e video. ChatGPT può offrire spunti creativi e assistenza nella progettazione di questi formati sperimentali.

22. **Adattamento a Diversi Livelli di Lettura**: Considera l'adattamento del tuo libro per soddisfare diversi livelli di comprensione o gruppi di età, ampliando così il tuo pubblico. ChatGPT può aiutarti a riformulare i contenuti per renderli accessibili a un pubblico più giovane o a lettori non nativi della lingua in cui è scritto il libro, mantenendo intatti i concetti chiave e il valore educativo.

Ampliamento attraverso Contenuti Complementari

23. **Sviluppo di Contenuti Complementari**: Crea materiali complementari che approfondiscano i temi, i

personaggi o le storie del tuo libro. Questo può includere guide allo studio, workbook, o serie di video didattici. ChatGPT può assisterti nella creazione di questi materiali, aggiungendo ulteriore valore al tuo libro e incentivando l'apprendimento e la discussione tra i lettori.

24. **Collaborazione con Esperti**: Per libri che trattano argomenti specialistici, considera la collaborazione con esperti del settore per aggiornamenti o edizioni future. ChatGPT può aiutarti a redigere proposte di collaborazione, a integrare efficacemente il loro contributo nel tuo libro, e a garantire che le informazioni siano accurate e aggiornate.

Valorizzazione del Processo Creativo

25. **Diario del Processo Creativo**: Condividi con i lettori il processo di revisione e aggiornamento del tuo libro attraverso blog, video diari, o aggiornamenti sui social media. Utilizza ChatGPT per narrare questa esperienza, offrendo insight sulle sfide incontrate, le decisioni prese, e come i feedback dei lettori hanno influenzato il risultato finale. Questa trasparenza può aumentare l'interesse e il coinvolgimento dei lettori, mostrando loro l'impatto del loro contributo.

26. **Feedback Visivo**: Per libri con una forte componente visiva, incoraggia i lettori a inviare feedback sotto forma di fan art, mappe concettuali o infografiche. ChatGPT può aiutarti a organizzare e presentare queste risposte visive, creando una galleria online che celebri la creatività dei lettori e offra nuove prospettive sul tuo lavoro.

Implementando queste strategie dettagliate, l'uso di ChatGPT diventa un elemento centrale nel tuo processo di revisione, consentendoti di analizzare i feedback, generare contenuti migliorati, e mantenere un dialogo aperto e dinamico con i lettori. Questo approccio non solo arricchisce il tuo lavoro ma rafforza anche il legame con il tuo pubblico, stabilendo una base solida per il successo continuato e l'evoluzione del tuo libro nel tempo.

Proseguendo nell'approfondimento delle strategie per utilizzare ChatGPT nell'aggiornamento del tuo libro e nella scrittura di edizioni future basate sui feedback dei lettori, esaminiamo ulteriori metodi e idee per raffinare il tuo lavoro e mantenere un legame stretto e produttivo con il tuo pubblico.

Implementazione di Tecniche di Storytelling Interattivo

27. **Storytelling Interattivo**: Considera l'introduzione di elementi di storytelling interattivo che permettano ai lettori di influenzare il corso di storie future o di esplorare percorsi narrativi alternativi basati su scelte popolari o suggerimenti. ChatGPT può aiutarti a sviluppare scenari interattivi o a generare contenuti che si adattino alle preferenze espresse dai lettori, offrendo un'esperienza di lettura personalizzata e coinvolgente.

28. **Sondaggi e Votazioni per Contenuti Futuri**: Usa sondaggi o sistemi di votazione per coinvolgere i lettori nelle decisioni riguardanti temi, personaggi o trame per le edizioni future del tuo libro. ChatGPT può assisterti nella formulazione di domande chiare e nella creazione di opzioni di voto che stimolino l'interesse e la partecipazione della community.

Creazione di Ambientazioni e Personaggi Collaborativi

29. **Co-creazione di Ambientazioni e Personaggi**: Invita i lettori a contribuire con idee per ambientazioni, personaggi secondari o elementi di trama che potrebbero essere incorporati nelle edizioni future. Utilizzando

ChatGPT, puoi sviluppare workshop o sessioni collaborative online dove le idee dei lettori vengono esplorate e potenzialmente selezionate per lo sviluppo, rafforzando il senso di appartenenza e co-autorialità nella tua opera.

30. **Analisi Predictiva per Tendenze Future**: Sfrutta le capacità di ChatGPT per condurre analisi predictive su tendenze letterarie, temi emergenti nel discorso culturale o interessi specifici del tuo pubblico target. Queste informazioni possono guidarti nell'adattare i contenuti del tuo libro per assicurare che rimanga rilevante e impegnativo nel tempo.

Valorizzazione del Feedback attraverso la Narrazione

31. **Narrative Basate sui Feedback**: Trasforma i feedback dei lettori in brevi storie, aneddoti o casi di studio che vengono poi incorporati nel tuo libro come esempi pratici o testimonianze della comunità di lettori. ChatGPT può aiutarti a narrativizzare questi feedback in modo che siano sia informativi sia emotivamente resonanti, aggiungendo uno strato di interazione personale al tuo lavoro.

32. **Incorporazione di Q&A dei Lettori**: Dedica una sezione del tuo libro o del tuo sito web a un Q&A approfondito, dove rispondi alle domande più interessanti, curiose o frequenti poste dai lettori. Utilizza ChatGPT per articolare risposte che siano non solo informative ma anche coinvolgenti e riflessive, mostrando il tuo apprezzamento per il coinvolgimento dei lettori.

Espansione del Contesto Culturale e Storico

33. **Approfondimenti Culturali e Storici**: Se il tuo libro tocca specifici contesti culturali, storici o sociali, usa i

feedback dei lettori per arricchire queste esplorazioni con nuove ricerche, interviste a esperti o viaggi di studio. ChatGPT può aiutarti a integrare questi approfondimenti nel tuo lavoro in modo che arricchiscano la comprensione dei lettori senza sovraccaricare la narrazione principale.

34. **Mantenimento di Un Archivio di Feedback**: Crea un archivio digitale accessibile dei feedback dei lettori, inclusi commenti, recensioni e suggerimenti. Questo archivio non solo ti serve come risorsa preziosa per le revisioni future ma dimostra anche ai lettori che il loro contributo è valutato e preservato. ChatGPT può assisterti nell'organizzazione e nell'analisi di questo archivio per identificare pattern di feedback o aree di interesse comune.

Implementando queste strategie, l'utilizzo di ChatGPT diventa fondamentale nel processo di aggiornamento e arricchimento del tuo libro, permettendoti di integrare efficacemente i feedback dei lettori e di esplorare nuove direzioni creative basate sulle loro risposte e preferenze. Questo ciclo continuo di feedback e revisione non solo migliora la qualità del tuo lavoro ma rafforza anche la relazione tra autore e lettori, creando un dialogo costruttivo che valorizza e incoraggia la partecipazione attiva della tua community.

Concludendo l'approfondimento sulle strategie avanzate per utilizzare ChatGPT nell'aggiornamento del tuo libro e nella preparazione di future edizioni basate sui feedback dei lettori, abbiamo esplorato una vasta gamma di metodi che abbracciano l'analisi del feedback, la generazione di nuovi contenuti, la co-creazione con la community, e l'adattamento alle tendenze emergenti. Questo esame dettagliato sottolinea l'importanza di una strategia dinamica e reattiva nel mantenimento della rilevanza e dell'impatto del tuo lavoro nel tempo.

Attraverso la raccolta e l'analisi di feedback dettagliati, abbiamo visto come ChatGPT possa servire come uno strumento prezioso per comprendere le aspettative e le esperienze dei lettori, identificando aree di forza da enfatizzare e punti di debolezza da migliorare. L'impiego di ChatGPT nella generazione di nuovi contenuti e nell'arricchimento di edizioni future permette di rispondere in modo mirato alle esigenze del pubblico, rafforzando l'engagement e la soddisfazione dei lettori.

L'esplorazione di formati innovativi e l'incorporazione di elementi interattivi offrono modi creativi per ampliare l'esperienza di lettura, rendendo il tuo libro non solo una fonte di informazione o intrattenimento ma anche un punto di partenza per l'esplorazione personale e la scoperta. La co-creazione con la community, sostenuta dall'uso di ChatGPT, apre nuove vie di dialogo e collaborazione, arricchendo il tessuto narrativo del tuo lavoro con voci diverse e prospettive fresche.

L'adattamento ai feedback e alle tendenze culturali evidenzia l'importanza di mantenere il tuo lavoro allineato con il discorso sociale e culturale più ampio, garantendo che il tuo libro rimanga pertinente e impegnativo per i lettori attuali e futuri. La creazione di un archivio di feedback serve non solo come testimonianza del coinvolgimento dei lettori ma anche come risorsa inestimabile per le revisioni future, sottolineando l'importanza di considerare i lettori come collaboratori attivi nel processo creativo.

In sintesi, l'uso di ChatGPT nel processo di aggiornamento e revisione del tuo libro emerge come un approccio innovativo che valorizza il feedback dei lettori, incoraggia la partecipazione della community, e sfrutta le potenzialità delle tecnologie emergenti per arricchire e diversificare i contenuti. Questo ciclo di feedback e miglioramento non solo migliora la qualità del tuo lavoro ma rafforza anche il legame tra autore e lettori, stabilendo una base solida per il successo continuato e l'evoluzione del tuo libro nel dinamico paesaggio editoriale.

19. Case Studies di Successo: Presentazione di studi di caso e testimonianze di autori che hanno utilizzato con successo ChatGPT nella scrittura di libri.

Al momento, non ho accesso a dati in tempo reale o a fonti esterne che mi permettano di fornire studi di caso o testimonianze specifiche di autori che hanno utilizzato ChatGPT nella scrittura di libri. Tuttavia, posso delineare come autori e scrittori potrebbero teoricamente utilizzare ChatGPT per arricchire il processo di scrittura e sviluppo dei loro lavori, basandomi su scenari plausibili e applicazioni generali dell'intelligenza artificiale nella scrittura creativa e non solo.

Sviluppo di Idee e Brainstorming

Scenario: Un autore in fase iniziale di sviluppo di un romanzo di fantascienza lotta a trovare un concetto unico che lo distingua. Utilizzando ChatGPT, richiede suggerimenti per trame basate su avanzamenti tecnologici futuri e integra questi input nel processo di brainstorming, riuscendo a definire una premessa originale che esplora l'impatto dell'intelligenza artificiale sulla società futura.

Superamento del Blocco dello Scrittore

Scenario: Una scrittrice di gialli sperimenta un blocco creativo nel mezzo di un capitolo cruciale. Ricorrendo a ChatGPT, descrive la trama fino al punto di stallo e chiede diverse direzioni in cui la storia potrebbe evolvere. Le risposte ricevute le offrono nuove prospettive e la ispirano a superare il blocco, proseguendo con rinnovato entusiasmo.

Revisione e Editing

Scenario: Un autore di saggi storici utilizza ChatGPT per affinare la struttura del suo ultimo lavoro, inserendo il testo di alcuni paragrafi per ricevere suggerimenti su come migliorare la chiarezza e il flusso narrativo. Gli input ricevuti lo aiutano a rendere il saggio più coinvolgente e accessibile a un pubblico più ampio.

Generazione di Contenuti Aggiuntivi

Scenario: Una poetessa cerca di espandere la sua raccolta con poesie che esplorino temi specifici in stili diversi. Utilizza ChatGPT per generare esempi di poesie basate su questi temi, utilizzando le proposte come fonte di ispirazione per sviluppare ulteriormente le sue idee originali, arricchendo la raccolta con nuove voci e prospettive.

Feedback e Sviluppo di Personaggi

Scenario: Uno scrittore di romanzi fantasy lotta con lo sviluppo di un personaggio secondario, il cui arco narrativo non sembra completamente realizzato. Attraverso un dialogo con ChatGPT, elabora la backstory del personaggio, i suoi motivi e le sue interazioni con altri personaggi, ricevendo feedback che lo guidano nel trasformare il personaggio secondario in una figura più complessa e integrata nella trama.

Questi scenari ipotetici illustrano il potenziale di ChatGPT come strumento versatile nel processo di scrittura, offrendo aiuto nel brainstorming, superamento dei blocchi creativi, revisione e affinamento dei testi, generazione di contenuti aggiuntivi e sviluppo di personaggi. Mentre le applicazioni pratiche variano in base alle esigenze individuali degli autori, l'integrazione di ChatGPT nella scrittura di libri rappresenta un'avanzata frontiera creativa, capace di potenziare l'innovazione narrativa e il successo editoriale.

Approfondendo ulteriormente il potenziale di ChatGPT come strumento di supporto nella scrittura di libri, possiamo esplorare altre modalità attraverso le quali gli autori potrebbero trarre vantaggio dalla tecnologia AI per migliorare i loro lavori e processi creativi.

Assistenza nella Ricerca

Scenario: Un autore sta scrivendo un romanzo storico ambientato nel Rinascimento italiano ma si trova a dover dedicare molto tempo alla ricerca storica per garantire l'accuratezza del contesto. Pur non potendo navigare su internet, ChatGPT può essere utilizzato per fornire un primo livello di informazioni su eventi storici, figure chiave e contesti culturali basati sulla sua vasta base di dati addestrata fino al suo ultimo aggiornamento, facilitando l'autore nella ricerca preliminare e nell'ideazione di scenari plausibili.

Dialoghi e Interazioni Realistici

Scenario: Una scrittrice sta sviluppando un dramma contemporaneo che richiede dialoghi intensi e realisticamente sfumati tra i personaggi. L'autrice utilizza ChatGPT per esperimenti con diversi stili di dialogo, inserendo le caratteristiche dei suoi personaggi e i contesti delle loro interazioni per ricevere suggerimenti su come potrebbero parlare o reagire in determinate situazioni. Questo esercizio la aiuta a rifinire i dialoghi in modo che risuonino autenticamente con i lettori.

Ambientazioni Descrittive

Scenario: Un autore di fantascienza vuole creare mondi alieni dettagliati e convincenti. Utilizzando ChatGPT, genera descrizioni dettagliate di paesaggi, ecosistemi e società aliene, sfruttando l'AI per esplorare possibilità creative che potrebbero non emergere immediatamente nella mente umana. Queste descrizioni servono come trampolino di lancio per ulteriori sviluppi narrativi e arricchiscono l'immaginario del libro.

Sviluppo di Sottotrame

Scenario: Uno scrittore di romanzi a più voci fatica a intrecciare le sottotrame dei vari personaggi in modo che si uniscano in un climax coeso. Attraverso iterazioni di dialogo con ChatGPT, l'autore esplora diverse direzioni per le sottotrame, testando come le azioni e le decisioni di un personaggio possono influenzare le storie degli altri. Questo processo gli permette di visualizzare connessioni complesse e di tessere insieme un tessuto narrativo più ricco e interconnesso.

Feedback sul Ritmo Narrativo

Scenario: Un'autrice di thriller è preoccupata che alcune parti del suo manoscritto possano trascinarsi, diminuendo la tensione e l'interesse dei lettori. Inserisce sezioni del testo in ChatGPT, chiedendo un'analisi del ritmo narrativo e suggerimenti per aumentare la tensione o l'interesse. L'AI le fornisce feedback su dove il ritmo potrebbe beneficiare di un aumento di azione o suspense, aiutandola a modificare il testo per mantenere i lettori agganciati dalla prima all'ultima pagina.

Questi scenari illustrano come ChatGPT possa servire come un complemento alla creatività e all'artigianato dello scrittore, offrendo nuove prospettive, idee e soluzioni a sfide comuni incontrate nel processo di scrittura. L'integrazione di questa tecnologia nel flusso di lavoro di un autore non sostituisce l'intuito creativo o la profondità emotiva che solo la mente umana può portare alla narrazione, ma può significativamente ampliare le capacità dell'autore di esplorare, sviluppare e perfezionare il proprio lavoro in modi precedentemente inimmaginabili.

Continuando a esplorare le possibilità offerte da ChatGPT nell'ambito della scrittura e revisione di libri, emergono ulteriori scenari che dimostrano la flessibilità e l'ampio raggio d'azione di questa tecnologia nell'assistere gli autori in vari aspetti del loro processo creativo.

Esplorazione di Generi e Tematiche

Scenario: Un autore desideroso di esplorare un nuovo genere letterario utilizza ChatGPT per immergersi nelle convenzioni e nelle strutture narrative tipiche di quel genere. Attraverso conversazioni con l'AI, l'autore riceve suggerimenti su tropi comuni, dinamiche dei personaggi e schemi di trama che possono aiutarlo a navigare con successo nel nuovo territorio creativo, fornendo allo stesso tempo una base solida su cui innovare.

Integrazione di Elementi Educativi

Scenario: Uno scrittore di libri per bambini vuole integrare concetti educativi nei suoi racconti in modo sottile e divertente. Con l'assistenza di ChatGPT, identifica modi per incorporare lezioni su scienza, storia o moralità all'interno delle avventure dei suoi personaggi, rendendo il processo di apprendimento naturale e coinvolgente per i giovani lettori.

Perfezionamento di Scene Complesse

Scenario: Un autore sta lavorando su una scena complessa che richiede un equilibrio tra dialogo, azione interna dei personaggi e descrizioni ambientali. Utilizza ChatGPT per simulare diverse versioni della scena, sperimentando con il ritmo e la focalizzazione per determinare l'approccio più efficace che catturi l'intensità emotiva e mantenga il flusso narrativo.

Creazione di Guide e Materiali Didattici Complementari

Scenario: L'autore di un manuale tecnico o educativo usa ChatGPT per creare esercizi, quiz, e altri materiali didattici che complementano i capitoli del suo libro. Questi materiali aggiuntivi non solo rafforzano l'apprendimento ma offrono anche ai lettori modi interattivi di testare la loro comprensione dei temi trattati.

Sviluppo di Strategie di Marketing e Promozione

Scenario: Un autore indipendente si prepara al lancio del suo nuovo libro e utilizza ChatGPT per ideare strategie di marketing e promozionali creative. Insieme, generano idee per post sui social media, contenuti per il blog, e strategie di email marketing che raccontano la storia dietro il libro, i suoi temi principali e ciò che lo rende unico, aumentando l'interesse e l'anticipazione tra i potenziali lettori.

Feedback per la Copertina e il Design del Libro

Scenario: Prima della pubblicazione, un autore sta valutando diverse opzioni di design per la copertina del suo libro. Presenta le opzioni a ChatGPT insieme a una descrizione del contenuto e del tono del libro, ricevendo feedback su come ogni design potrebbe essere percepito dal pubblico target, aiutandolo a prendere una decisione informata che allinei l'aspetto visivo del libro con il suo contenuto.

Analisi e Adattamento alle Recensioni Post-Pubblicazione

Scenario: Dopo la pubblicazione, un autore raccoglie recensioni e feedback dai lettori. Utilizza ChatGPT per analizzare i commenti, identificando tendenze nei feedback, punti di forza lodati universalmente e aree di miglioramento. Questa analisi lo aiuta a pianificare aggiornamenti futuri del libro o a sviluppare nuovi progetti con una maggiore consapevolezza delle aspettative dei lettori.

Questi scenari illustrano solo alcune delle molteplici modalità con cui ChatGPT può arricchire il processo di scrittura e pubblicazione, agendo come un assistente versatile che supporta l'autore dalla concezione iniziale fino al post-pubblicazione.

L'adozione di questa tecnologia può significare non solo un miglioramento della qualità dei lavori prodotti ma anche una più profonda comprensione delle dinamiche di coinvolgimento dei lettori, cruciali per il successo in un mercato editoriale sempre più competitivo.

Continuando a esplorare l'uso di ChatGPT nel processo creativo e editoriale, esaminiamo ulteriormente come gli autori possono sfruttare questa tecnologia per affrontare sfide uniche, arricchire il loro lavoro e connettersi più profondamente con il loro pubblico.

Ottimizzazione dei Percorsi Narrativi

Scenario: Un autore di romanzi interattivi cerca di creare percorsi narrativi che offrano ai lettori scelte significative influenzando l'esito della storia. ChatGPT può essere utilizzato per mappare le possibili direzioni della trama basate su queste scelte, aiutando l'autore a visualizzare le ramificazioni della storia e a garantire coerenza e soddisfazione indipendentemente dalle decisioni prese dal lettore.

Analisi del Linguaggio e del Stile

Scenario: Un poeta desidera esplorare nuovi stili e forme poetiche, sperimentando con linguaggi e strutture diverse. Utilizzando ChatGPT, l'autore può esaminare esempi di vari stili poetici, generare poesie che adottano questi approcci e ricevere feedback sulla fluidità, sul ritmo e sull'uso di immagini poetiche, affinando così la propria capacità di lavorare in una gamma più ampia di forme poetiche.

Espansione del World-Building

Scenario: Lo scrittore di una serie fantasy desidera espandere il world-building della sua saga, introducendo nuove culture, creature e mitologie. ChatGPT può aiutare a generare idee per questi elementi, fornendo descrizioni dettagliate e suggerendo come possono integrarsi nella narrazione esistente per arricchire il mondo del libro e aumentare l'immersione dei lettori.

Creazione di Materiale Didattico Complementare

Scenario: L'autore di un saggio divulgativo vuole rendere il suo lavoro più accessibile a lettori di tutte le età, inclusi studenti delle scuole. Utilizzando ChatGPT, può sviluppare materiali didattici complementari, come riassunti capitolo per capitolo, domande di discussione e attività pratiche che insegnanti possono utilizzare per facilitare l'apprendimento e stimolare il dibattito tra gli studenti.

Sviluppo di Strategie di Engagement sui Social Media

Scenario: Per promuovere il lancio del suo ultimo libro, un autore vuole creare una campagna sui social media che catturi l'interesse e stimoli la curiosità. ChatGPT può assistere nella generazione di contenuti accattivanti per i post, nella creazione di teaser narrativi e nella formulazione di domande interattive che incoraggino i follower a partecipare e condividere, aumentando così la visibilità del libro.

Personalizzazione delle Esperienze di Lettura

Scenario: In cerca di modi per rendere il suo prossimo libro più personale e coinvolgente, un autore riflette sull'idea di includere sezioni che possano essere personalizzate dai lettori. ChatGPT può essere impiegato per creare template di storie o capitoli che i lettori possono modificare inserendo i propri nomi, scelte o dettagli personali, offrendo un'esperienza di lettura unica e personalizzata.

Feedback Pre-Pubblicazione

Scenario: Prima della pubblicazione finale, un autore desidera ottenere un feedback su bozze iniziali del suo libro. ChatGPT può essere utilizzato per creare sondaggi o questionari dettagliati da inviare a un gruppo selezionato di lettori beta, raccogliendo così impressioni e suggerimenti che possono essere utilizzati per rifinire il manoscritto prima del lancio ufficiale.

Questi scenari evidenziano solo alcune delle infinite possibilità offerte dall'uso di ChatGPT nel campo della scrittura e pubblicazione di libri. Integrando questa tecnologia nel processo creativo, gli autori possono non solo superare ostacoli e sfide ma anche scoprire nuove vie per innovare e coinvolgere il loro pubblico, potenziando la portata e l'impatto del loro lavoro nel vasto panorama letterario.

Concludendo l'esplorazione delle possibilità offerte da ChatGPT nell'ambito della scrittura, revisione e promozione di libri, abbiamo visto come questa tecnologia AI possa servire come uno strumento multidimensionale per gli autori. ChatGPT si dimostra capace di assistere in ogni fase del processo creativo, dalla genesi delle idee iniziali fino al post-pubblicazione, offrendo soluzioni innovative, supporto nel brainstorming, aiuto nella risoluzione di blocchi creativi, e strategie per un engagement efficace del pubblico.

Gli autori possono sfruttare ChatGPT per:

- **Generare e affinare idee**, esplorando nuovi temi, generi e possibilità narrative che possono non essere immediatamente evidenti.

- **Sviluppare personaggi e trame**, approfittando della capacità di ChatGPT di fornire dettagliati background, personalità complesse e dinamiche relazionali, arricchendo così la narrazione.

- **Superare il blocco dello scrittore**, utilizzando ChatGPT per suggerire nuovi sviluppi di trama o per esplorare differenti direzioni narrative.

- **Rivedere e perfezionare il testo**, beneficiando di feedback su stile, grammatica e coerenza, e ricevendo suggerimenti per migliorare la chiarezza e l'efficacia della narrazione.

- **Creare contenuti aggiuntivi**, come post per blog, articoli, interviste e materiali promozionali, per supportare il marketing e la promozione del libro.

- **Coinvolgere e ampliare la community di lettori**, generando interazioni significative attraverso Q&A, sondaggi, concorsi e altre iniziative creative che arricchiscono l'esperienza dei lettori.

La capacità di ChatGPT di analizzare e generare testo basato su richieste specifiche lo rende particolarmente utile per gli autori che cercano di connettersi con il loro pubblico su un livello più profondo, personalizzando l'esperienza di lettura e creando un dialogo continuo che va oltre il libro stesso. Inoltre, l'utilizzo di ChatGPT per sperimentare con formati e media diversi può aprire nuovi canali di espressione e distribuzione, ampliando il potenziale di raggiungimento del libro.

Importante è sottolineare che, nonostante le notevoli capacità di ChatGPT, l'intuito creativo, la sensibilità emotiva e la visione artistica dell'autore rimangono insostituibili. ChatGPT serve come un complemento alla creatività umana, offrendo supporto, ispirazione e risorse, ma è l'autore che guida il processo creativo, imbue il lavoro con significato personale e connette in modo autentico con i lettori.

In conclusione, l'integrazione di ChatGPT nel processo di scrittura e pubblicazione rappresenta una frontiera emozionante per gli autori, offrendo opportunità senza precedenti per esplorare la creatività, affinare la maestria narrativa e costruire relazioni significative con il pubblico. Questo approccio innovativo non solo arricchisce il panorama letterario ma apre anche nuove vie per la condivisione di storie che ispirano, informano e coinvolgono lettori in tutto il mondo.

20. Risorse e Strumenti Aggiuntivi: Elenco di risorse, strumenti e community online per autori che utilizzano ChatGPT nella loro pratica di scrittura.

Per gli autori interessati ad approfondire l'utilizzo di ChatGPT e altre tecnologie AI nella loro pratica di scrittura, esiste una varietà di risorse, strumenti e community online che possono fornire supporto, ispirazione e opportunità di apprendimento. Ecco un elenco di alcune risorse preziose:

Piattaforme e Strumenti di Scrittura AI

1. **OpenAI Playground**: La piattaforma stessa su cui ChatGPT opera offre un ambiente sperimentale dove gli autori possono testare diverse impostazioni e stili di risposta per generare testi.

2. **ShortlyAI**: Uno strumento di scrittura basato su intelligenza artificiale che aiuta nella creazione di bozze, idee per storie, e nella superazione del blocco dello scrittore.

3. **Sudowrite**: Progettato per assistere gli scrittori nella revisione e nell'ampliamento dei loro lavori, Sudowrite offre suggerimenti per sinonimi, aiuta a generare descrizioni dettagliate e a superare il blocco creativo.

4. **Hemingway Editor**: Anche se non basato su AI nel modo in cui lo è ChatGPT, Hemingway Editor è uno strumento prezioso per rendere il tuo scritto più chiaro, potente e coinvolgente, evidenziando frasi complesse e suggerendo miglioramenti.

Community e Forum Online

5. **Reddit (r/writing, r/WritersGroup, r/fantasywriters)**: Queste community sono luoghi eccellenti dove gli scrittori possono condividere le loro esperienze, chiedere feedback e discutere l'uso di AI nella scrittura.

6. **Absolute Write Water Cooler**: Una comunità online di scrittori di vario genere che offre forum di discussione su una vasta gamma di argomenti, inclusa la scrittura assistita da AI.

7. **NaNoWriMo (National Novel Writing Month) Forums**: Durante il NaNoWriMo e anche nei mesi successivi, gli scrittori di tutto il mondo si riuniscono in questi forum per supportarsi a vicenda. La sezione "Life After NaNoWriMo" può essere particolarmente utile per discutere strumenti come ChatGPT.

Risorse Educative e Tutorial

8. **Coursera e Udemy**: Entrambe le piattaforme offrono corsi sull'uso dell'intelligenza artificiale nella creatività e nella scrittura, tenuti da esperti del settore.

9. **YouTube**: Canali come "Chris Fox", "Jenna Moreci", e "Hello Future Me" offrono consigli di scrittura che

possono essere utili quando si integrano strumenti AI nel
processo creativo.

10. **Blog e Articoli**: Blog come "Writer's Digest" e "The
    Creative Penn" spesso esplorano le nuove tecnologie nella
    scrittura, offrendo approfondimenti su come strumenti
    come ChatGPT possano essere incorporati nel processo
    creativo.

Gruppi e Workshop Online

11. **Meetup**: Cerca gruppi locali di scrittori o workshop che
    si concentrano sulla scrittura assistita da AI. Questi
    incontri possono offrire preziose opportunità di
    networking e apprendimento collaborativo.

12. **Scribophile**: Una piattaforma online dove gli scrittori
    possono pubblicare i loro lavori per ricevere feedback
    costruttivi dalla community, con la possibilità di
    discutere l'uso di AI nella scrittura.

Strumenti di Produttività e Organizzazione

13. **Trello o Notion**: Mentre sviluppi il tuo progetto di
    scrittura con l'assistenza di ChatGPT, strumenti di
    organizzazione del lavoro come Trello e Notion possono
    aiutare a tenere traccia dei progressi, delle idee e dei
    feedback.

14. **Grammarly**: Anche se principalmente uno strumento di
    correzione grammaticale, Grammarly può aiutare a
    perfezionare il testo generato da ChatGPT, assicurando
    che la qualità della scrittura rimanga alta.

Queste risorse, strumenti e community rappresentano solo la
punta dell'iceberg delle possibilità disponibili per gli autori che
desiderano esplorare l'uso dell'intelligenza artificiale nella
scrittura. L'importante è rimanere curiosi, aperti
all'esplorazione e attenti a come queste tecnologie possono

servire al meglio il tuo processo creativo e i tuoi obiettivi narrativi.

Concludendo questo libro sulla rivoluzionaria intersezione tra l'intelligenza artificiale, specificamente ChatGPT, e il mondo della scrittura, abbiamo attraversato un viaggio che esplora come gli autori possono sfruttare le capacità di ChatGPT per ispirare, facilitare e arricchire il loro processo creativo. Dalla generazione di idee iniziali, allo sviluppo di trame complesse, alla revisione e all'editing, fino alla promozione e al coinvolgimento della community, ChatGPT emerge come uno strumento versatile e potente, capace di trasformare sia il processo di scrittura che l'esperienza di lettura.

Abbiamo discusso:

- **Introduzione a ChatGPT**: Le basi di cosa sia ChatGPT e come funziona, fornendo un solido punto di partenza per gli autori interessati a integrare l'AI nel loro lavoro.

- **Preparazione Iniziale**: Strategie per impostare obiettivi chiari e utilizzare ChatGPT per brainstorming e ricerca iniziale.

- **Strutturazione del Libro**: Come ChatGPT può aiutare a sviluppare un indice dettagliato e la struttura complessiva del libro.

- **Ricerca di Contenuto**: L'utilizzo di ChatGPT per approfondire la ricerca sui temi trattati nel libro.

- **Sviluppo del Capitolo**: Guida alla creazione di capitoli utilizzando ChatGPT per generare contenuti, idee e sottotitoli.

- **Creazione di Personaggi e Case Studies**: Come ChatGPT può assistere nella costruzione di personaggi realistici e studi di caso utili.

- **Revisione e Editing**: Consigli sull'uso di ChatGPT per la revisione e la modifica del manoscritto.

- **Feedback e Collaborazione**: Integrare ChatGPT nel processo di raccolta feedback e collaborazione con lettori e colleghi.

- **Superare il Blocco dello Scrittore**: Utilizzo di ChatGPT come strumento per superare blocchi creativi e trovare ispirazione.

- **Titoli e Sottotitoli**: Creazione di titoli accattivanti e sottotitoli con l'aiuto di ChatGPT.

- **Introduzioni e Conclusioni**: Scrivere introduzioni coinvolgenti e conclusioni significative con ChatGPT.

- **Metafore e Analogie**: Generare metafore, similitudini e analogie che arricchiscono il testo.

- **Citazioni e Riferimenti**: Guida all'uso di ChatGPT per trovare e integrare citazioni pertinenti.

- **Marketing e Promozione**: Strategie per utilizzare ChatGPT nella creazione di materiali di marketing.

- **Pubblicazione**: Consigli per preparare il manoscritto per la pubblicazione con l'assistenza di ChatGPT.

- **Interazione con i Lettori**: Creazione di una community e coinvolgimento dei lettori utilizzando ChatGPT.

- **Aggiornamenti e Revisioni**: Come utilizzare ChatGPT per aggiornare il libro o preparare edizioni future.

- **Case Studies di Successo**: Esplorazione di come alcuni autori hanno utilizzato ChatGPT con successo.

Per ulteriori approfondimenti, tutorial e guide su come incorporare ChatGPT e altre tecnologie AI nella tua pratica di scrittura, ecco alcuni siti web e risorse utili:

- **OpenAI's Blog**: Approfondimenti diretti dal team che ha sviluppato ChatGPT (openai.com/blog).

- **Writer's Digest**: Consigli sulla scrittura e sull'uso di tecnologie digitali per autori (writersdigest.com).

- **The Creative Penn**: Risorse e podcast sull'uso della tecnologia nella scrittura e pubblicazione (thecreativepenn.com).

- **Coursera & Udemy**: Corsi online che coprono l'integrazione dell'intelligenza artificiale nella creatività (coursera.org, udemy.com).

Questo libro mira a essere una risorsa per gli autori di tutti i generi e livelli di esperienza, offrendo spunti su come l'intelligenza artificiale, in particolare ChatGPT, può essere sfruttata per superare le sfide tradizionali della scrittura e scoprire nuove opportunità creative. L'avvento di queste tecnologie non sostituisce il tocco umano unico nella narrativa, ma offre strumenti aggiuntivi che possono ispirare e amplificare la vostra voce autoriale, portando le vostre storie a nuovi orizzonti.

www.ingramcontent.com/pod-product-compliance
Lightning Source LLC
Chambersburg PA
CBHW050500160726
48003CB00001B/90